Menschen,
die uns bewegten

20 DEUTSCHE BIOGRAFIEN IM 20. JAHRHUNDERT

(HG.) INES MAYER
REINHOLD WEBER

Menschen, die uns bewegten

20 DEUTSCHE BIOGRAFIEN IM 20. JAHRHUNDERT

emons:

Inhalt

Vorwort

Die Männer und Frauen, deren Biografien in diesem Buch versammelt sind, haben eines gemeinsam: Sie alle mussten sich den Herausforderungen und Widersprüchlichkeiten des 20. Jahrhunderts stellen. Kriege und Terror, politische Utopien, totalitäre Ideologien und Diktaturen, politisch motivierte Gewalt, Menschenrechtsverletzungen, Flucht und Vertreibung sind die Kennzeichen dieses 20. Jahrhunderts, aber auch die demokratische Gesellschaft, der Sozialstaat, Wohlstand, Liberalisierung und die europäische Integration. Die Porträtierten stammen aus ganz unterschiedlichen Milieus und politischen Strömungen. Ihre Vielfalt macht es möglich, ein faszinierendes Bild des 20. Jahrhunderts zu zeichnen, das eine bis dahin ungekannte Eskalation der Gewalt brachte, aber auch neue Hoffnungen. Viele aus dieser Porträtgalerie wurden noch im »langen« 19. Jahrhundert politisch sozialisiert. Sie haben das Kaiserreich, den Durchbruch der Moderne, den Ersten Weltkrieg als »Urkatastrophe des 20. Jahrhunderts« und die Weimarer Republik als erste Demokratie auf deutschem Boden erlebt und gestaltet. Manche haben im »Dritten Reich« Widerstand geleistet und damit besonderen Mut und Entschlossenheit bewiesen. Einige davon sind Opfer der NS-Gewalt geworden. Andere hingegen sind den totalitären Verlockungen des 20. Jahrhunderts (zumindest zeitweise) erlegen oder haben sich instrumentalisieren lassen – oder sie mussten einfach überleben. Viele von ihnen konnten nach 1945 an die demokratischen Traditionen in Deutschland anknüpfen und waren ein wichtiges personelles Kontinuum beim Wiederauf-

Nach dem Ersten Weltkrieg, der »Urkatastrophe des 20. Jahrhunderts«, folgten Niederlage, Revolution und Errichtung der ersten Demokratie auf deutschem Boden. Das Foto zeigt das Verteilen von Waffen an revolutionäre Truppen am 9. November 1918 im Hof der Stuttgarter Rotebühlkaserne (Foto: Landesmedienzentrum Baden-Württemberg, Stuttgart).

Das NS-Regime sitzt fest im Sattel: Adolf Hitler am 1. April 1938 in der Stuttgarter Königstraße, bejubelt von einer begeisterten Menschenmenge (Foto: Landesmedienzentrum Baden-Württemberg, Stuttgart).

bau der Demokratie in (West-)Deutschland. Andere wiederum bekamen eine »zweite Chance«, haben dazugelernt und sich zu Demokraten entwickelt. Nicht wenige der Porträtierten haben die drei großen politischen Umwälzungen von 1918, 1933 und 1945 und damit drei politische Systeme erlebt.

Es gibt darüber hinaus eine weitere Gemeinsamkeit: Alle 20 politischen Köpfe stammen aus dem heutigen Baden-Württemberg oder haben eine wichtige Phase ihres Lebens dort verbracht. Sie haben damit Elemente der spezifischen politischen Kultur des deutschen Südwestens auf die gesamtdeutsche Ebene getragen – sei es der sprichwörtliche Liberalismus aus dem badischen »Musterländle« oder das ausgleichende Wesen, das gemeinhin den Schwaben nachgesagt wird.

Das 20. Jahrhundert hat viele Gesichter. Das historische Panorama, das die hier Versammelten eröffnen, ist dabei nur eine Perspektive auf die Epoche. Aber sie schärft den Blick für das, was hinter uns liegt, und für die Art, wie es unsere Gegenwart bestimmt. Die Portätierten sind Vorkämpfer der Demokratie, der sozialen Verpflichtung, des Friedens und der Geschlechtergerechtigkeit, die hier von ausgewiesenen Expertinnen und Experten in kurzen biografischen Essays dargestellt werden. Es sind Mutige, die zu jenen wenigen gehören, die aktiven Widerstand gegen den Nationalsozialismus geleistet haben oder die – wie es der Sozialdemokrat und NS-Verfolgte Kurt Schumacher nach 1945 nannte – einfach nur »sauber geblieben sind und sich nicht den Charakter erkältet haben«. Aber, um

Nach der Katastrophe des »Dritten Reiches« arbeitet die Zusammenbruchsgesellschaft am Wiederaufbau: Schutträumen in der zerstörten Kaiserstraße in Karlsruhe im Jahr 1945 (Foto: Landesmedienzentrum Baden-Württemberg, Stuttgart).

in seiner Wortwahl zu bleiben, es gab eben auch die »Defekten und Brüchigen«, diejenigen, die den Verlockungen des Regimes nicht standhalten konnten und die Fehler gemacht haben, die sie später bereut haben – oder eben auch nicht.

Alle 20 Köpfe sind Personen der jüngsten Zeitgeschichte, die nach dem berühmten Wort der Historikerin Barbara Tuchman Geschichte ist, die noch qualmt. Sie werden – je nach Perspektive – kontrovers diskutiert, niemals nur einseitig heroisiert oder verurteilt. So wird manch ein »Säulenheiliger« von seinem Sockel geholt, kommt uns damit aber näher als in der üblichen Entrückung. Jenseits der oftmals ideologisch bedingten Zuschreibungen werden die politischen Köpfe vielmehr mit all ihren Widersprüchlichkeiten dargestellt. Die Lebenswege der hier Beschriebenen sind keine geradlinigen Erfolgsgeschichten, sondern gleichen oftmals eher Irrwegen. Nicht zuletzt wird also deutlich: »Helden« fallen nicht vom Himmel – schon gar nicht in der deutschen Geschichte des 20. Jahrhunderts mit ihren Brüchen und Katastrophen.

Unser herzlicher Dank geht an die Autorinnen und Autoren, an Rüdiger Müller vom emons Verlag, an die Lektorin Nicole Janke, an die Grafikerin Karen Auch und nicht zuletzt an die Bildgeber, die uns dabei unterstützt haben, dass dieses Buch nicht nur ein Lese-, sondern auch ein Bilderbuch geworden ist.

Ines Mayer und Reinhold Weber

WALTER MÜHLHAUSEN

Friedrich Ebert (1871–1925)
Sozialdemokrat und Staatsmann

Der Sattler aus Heidelberg war das erste demokratische Staatsoberhaupt Deutschlands. 1918/19 bahnte er den Weg in die Demokratie. Als Reichspräsident verteidigte er mit hohem Verantwortungsethos die von vielen ungeliebte Republik.

Weimar am 11. Februar 1919, gegen 16 Uhr: Auf der Tagesordnung der Nationalversammlung steht die Wahl des Reichspräsidenten. Es gilt als sicher, dass der SPD-Vorsitzende Friedrich Ebert, der fünf Tage zuvor als Vorsitzender der revolutionären Übergangsregierung das erste demokratische Reichsparlament im Weimarer Theater eröffnet hat, das Rennen machen wird. Weil es an diesem Tag insgesamt schon die fünfte Abstimmung der Nationalversammlung ist, beginnt man mit dem fünften Buchstaben im Alphabet, dem »E«. Und so wird als Erster Ebert zur Urne gerufen. Das führt zu allgemeiner Heiterkeit im Saal und verursacht auch bei ihm ein Schmunzeln. Das Ergebnis steht nach einer halbstündigen Auszählung fest. Ebert, der für Beobachter vor dem entscheidenden Augenblick sehr ernst wirkt, erhält 277 von 379 abgegebenen Stimmen.

Dass mit Ebert einer jener im Kaiserreich als »Reichsfeinde« diffamierten Sozialdemokraten erstes demokratisches Staatsoberhaupt in der deutschen Geschichte wird, macht den verfassungspolitischen Neubeginn weithin sichtbar. Für den Heidelberger Sattlergesellen bedeutet dies die Krönung seines politischen Weges. Der Sozialdemokrat offenbart in seiner Dankesrede an die Abgeordneten sein Amtsverständnis: »Ich will und werde als der Beauftragte des ganzen deutschen Volkes handeln, nicht als Vormann einer einzigen Partei.« Diese Verpflichtung zur Überparteilichkeit, das Leitmotiv des politischen Handelns des ersten Reichspräsidenten, ist ein Novum für ein deutsches Staatsoberhaupt und sollte stilbildend auch für die Bundespräsidenten der zweiten deutschen Republik werden. Der Sozialdemokrat fühlt sich jedoch auch seinen Wurzeln verpflichtet: »Ich bekenne aber auch, dass ich ein Sohn des Arbeiterstandes bin, aufgewachsen in der Gedankenwelt des Sozialismus, und dass ich weder meinen Ursprung noch meine Überzeugung jemals zu verleugnen gesonnen bin.« In diesem Spannungsfeld zwischen Staatsinteresse und Parteiräson steht Ebert sechs Jahre an der Spitze einer von vielen ungeliebten, von außen bedrängten und innerlich zerrissenen Republik.

Vom Sattlergesellen zum Arbeiterführer

Eberts Ursprung war eine Wohnung von knapp 50 Quadratmetern in der Altstadt Heidelbergs, wo er am 4. Februar im Reichsgründungsjahr 1871 als siebtes von neun Kindern eines Schneiderehepaares geboren wurde und die typische Jugend in

Friedrich Ebert als Reichspräsident, aufgenommen 1919.

In seiner Eigenschaft als Mitglied der Revolutionsregierung begrüßt Friedrich Ebert die heimkehrenden Truppen am 10. Dezember 1918 in Berlin.

einem Kleinhandwerkerhaushalt durchlebte. Nach Volksschule und Sattlerlehre ging er Anfang 1889 auf Wanderschaft, auf der er sich der von Staat und Gesellschaft ausgegrenzten Sozialdemokratie anschloss. In Bremen, 1891 Endstation der Wanderschaft, vollzogen sich politisch wie privat entscheidende Weichenstellungen: Hier heiratete er die aus ärmlichen Verhältnissen stammende Fabrikarbeiterin und Gewerkschafterin Louise Rump (1873–1955) und gründete eine Familie. Hier erwarb er sich auch das Rüstzeug eines Parteiarbeiters. Seine Karriere verdankte er seinem Engagement, seinem Redetalent, seiner Organisationsfähigkeit sowie seinen autodidaktisch erworbenen Kenntnissen in Sozialpolitik und Sozialrecht, die ihn zum versierten Berater der Arbeiterschaft machten, zunächst ehrenamtlich als Gastwirt (1894–1900) und ab 1900 als besoldeter Arbeitersekretär und als SPD-Fraktionsvorsitzender im Bremer Landtag.

Der bald auch über die Region hinaus bekannte Parteiführer wurde auf dem Parteitag 1905 in den zentralen SPD-Vorstand gewählt, wo er sich als Organisator und als Mann des Ausgleichs zwischen den auseinanderstrebenden Flügeln der kontinuierlich wachsenden Partei bewährte, deren Mitgliederzahl bis 1914 auf über eine Million anstieg. Seit den »roten« Wahlen von 1912, bei denen Ebert erstmals ein Reichstagsmandat gewann, stellte die SPD mit 110 von 397 Abgeordneten die stärkste Fraktion. Nach dem Tod des zum »Arbeiterkaiser« stilisierten Vorsitzenden August Bebel wählte der Parteitag in Jena am 20. September 1913 den Heidelberger mit 433 von 473 Stimmen zum Parteivorsitzenden neben Hugo Haase. Auch in der Parteispitze ging es Ebert darum, die politische Schlagkraft der SPD zu erhöhen, um so dem kaiserlichen Klassenstaat Reformen abzuringen. Die tagtägliche Konfrontation mit den Problemen des Proletariats hatte seinen Standort in den ideologischen Grabenkämpfen der SPD geprägt. Er wollte Demokratie und sozialen Fortschritt auf dem Weg der Reform verwirklichen.

Unter dieser Zielsetzung stand auch seine Politik im Ersten Weltkrieg, als weite Teile der SPD mit der Zustimmung zu den Kriegskrediten im August 1914 ihren Frieden mit der Nation schlossen. Doch die damit begründete und von Ebert bis Kriegsende verfochtene Burgfriedenspolitik, der Verzicht auf Opposition gegen das System, führte die SPD in eine Zerreißprobe. Die Spaltung der Sozialdemokratie, die im Frühjahr 1917 mit der Bildung der Unabhängigen Sozialdemokratischen Partei (USPD) Realität wurde, versuchte er bis zuletzt zu verhindern – vergeblich. Die Gründung einer zweiten sozialdemokratischen Partei, in der sich die Gegner der Burgfriedenspolitik sammelten, stärkte jedoch Eberts Position innerhalb der Mehrheitssozialdemokratie und ermöglichte ein Zugehen auf die bürgerlich-demokratischen Parteien.

Als im September und Oktober 1918 eine erste parlamentarische Regierung gebildet werden sollte, drängte er – trotz der sich abzeichnenden militärischen Niederlage – seine Partei gegen Widerstände zum Eintritt in die Regierung von Reichskanzler Max von Baden. Es sei »verdammte Pflicht und Schuldigkeit« der SPD, sich in die »Bresche zu werfen«, um den ersehnten Frieden herbeizuführen, die Revolution zu vermeiden und die Monarchie zu demokratisieren. In dieser Aufforderung spiegelte sich seine während des Krieges immer stärker gewordene Identifikation mit dem Schicksal der Nation wider, die sich mit einem über die eigene Partei hinausreichenden Verantwortungsethos paarte – beides Elemente, die später sein Handeln als Revolutionsführer und Staatsoberhaupt prägen sollten.

Wegbereiter der Republik

Friedrich Ebert war in der Kriegszeit zu einem auch über die eigene Partei hinaus geachteten Politiker aufgestiegen und zur Schlüsselfigur im durch Krieg und Revolution geschwächten Reich geworden. Als das Kaiserreich in der Agonie lag, der Krieg verloren war und die revolutionäre Welle die fürstlichen Kronen fortspülte, trug der letzte kaiserliche Reichskanzler Prinz Max am Mittag des 9. November 1918 dem SPD-Vorsitzenden die Reichskanzlerschaft an. Ebert akzeptierte: »Es ist ein schweres Amt, aber ich werde es übernehmen.«

Dieser verfassungsrechtlich höchst problematische, aber politisch unausweichliche Akt markiert eine historische Wende: Der Regierungschef des kaiserlichen Deutschland legte dem Vorsitzenden der SPD das Schicksal des Reiches in die Hände. Von dem jähen Zusammenbruch überrascht, trat Ebert in die Verantwortung. Mit der Parlamentarisierung des Reiches, der Abdankung Wilhelms II. und der Übernahme der Regierung waren zentrale Ziele der SPD erreicht worden. Ganz in diesem Sinne formulierte Ebert kurz danach: »Deutschland hat seine Revolution vollendet.« Die Weichen waren gestellt. Wie es verfassungsrechtlich weitergehen sollte, ließ er noch offen. Hatte er sich bis zum 9. November noch mit einer »Monarchie mit sozialem Einschlag unter parlamentarischem System« einverstanden erklärt – allerdings ohne den gänzlich diskreditierten Kaiser als Regenten –, so wurde er von der weiteren Entwicklung überrollt. Sein Mitvorsitzender an der Spitze der Partei, Philipp Scheidemann, rief, sehr zum Unwillen Eberts, vom Balkon des Reichstags die Republik aus. Es gab kein Zurück mehr. Jetzt ging es darum, ohne große Verwerfungen den Weg in die Republik zu bahnen, denn, so hatte Ebert Anfang November geschrieben: »Die Demokratie ist für Reich und Volk eine Lebensnotwendigkeit.« Der sozialen Demokratie galt sein Streben.

So begriff er den am Tag nach der Übernahme der Reichskanzlerschaft paritätisch aus SPD und USPD gebildeten Rat der Volksbeauftragten als Konkursverwalter des alten Regimes und als Treuhänder der Macht. Die sechsköpfige Revolutionsregierung hatte in einer der komplexesten Problemlagen deutscher Geschichte das Erbe des Kaiserreiches und die Folgelasten des verlorenen Krieges zu überwinden. Zugleich galt es, den reibungslosen Übergang in den demokratischen Verfassungsstaat zu sichern.

Friedrich Ebert mit seiner Ehefrau Louise auf dem Weg zur Stimmabgabe bei der Reichstagswahl im Juni 1920.

Neben einem auf die Funktionstüchtigkeit des Staates ausgerichteten Handeln und Denken war die Sorge um die Konsolidierung der desolaten wirtschaftlichen und sozialen Lage für den Verzicht der Revolutionsregierung auf einen umfassenden personellen Wechsel in den politischen und militärischen Kernbereichen verantwortlich. Das gehörte zu den Basiskompromissen, die für viele Zeitgenossen und einige Historiker über das unbedingt erforderliche Maß hinausgegangen sind. Damit habe die Revolutionsregierung Chancen zu einer als notwendig erachteten Neuordnung nicht genutzt. Doch der Blick auf das, was nicht geschaffen wurde, hat den Blick auf das, was erreicht und was verhindert wurde, bisweilen verstellt. Es gab nicht nur verpasste Chancen, sondern auch verhinderte Katastrophen. Es war das Verdienst von Ebert und der Revolutionsregierung, dass angesichts der schwierigen Rahmenbedingungen das Chaos vermieden wurde und schon nach so kurzer Zeit ein Reichsparlament seine Arbeit aufnehmen konnte. Darüber hinaus verwirklichte der Rat der Volksbeauftragten am 12. November grundlegende sozialdemokratische Forderungen: Frauenwahlrecht, Verhältniswahlrecht und Achtstundentag wurden eingeführt und die Grundrechte gesichert.

Ebert erreichte in der Revolution das, was er für notwendig und möglich hielt: die parlamentarische Demokratie. Wer beseelt war von dem Glauben, dass die Republik nur dann lebensfähig sei, wenn die im Kaiserreich bestehende gesellschaftliche Kluft zwischen »Reichstreuen« auf der einen Seite und den sozialdemokratischen »vaterlandslosen Gesellen« auf der anderen Seite überwunden werde, und wer weiterhin den Wählerwillen zum Richtmaß politischen Handelns nahm, der konnte keine grundlegend andere Politik betreiben, als sie Ebert in den Revolutionsmonaten verfolgte. Das blieben seine Orientierungsmarken auch als Staatsoberhaupt.

Staatsoberhaupt in Krisenzeiten

Die Weimarer Verfassung schuf im Misstrauen gegenüber den Parteien einen starken Reichspräsidenten. Doch anders als von den Verfassungsschöpfern gedacht, die in einem machtvollen Reichspräsidenten ein Gegengewicht zu Parlament und Kabinett installierten, verstand sich Ebert immer als Teil und nicht als Gegenpol der Reichsregierung. Für ihn war die Einigkeit der Regierung unverrückbare Maxime. Stets um Konsens bemüht, griff er – stärker als es nach außen drang – aktiv in die Politik ein. Seine Rolle sah er als Hüter der Verfassung und Bewahrer der demokratischen Ordnung. Dabei schöpfte er die Rechte des Reichspräsidenten voll aus und formte das höchste Staatsamt, für das es kein Vorbild gab, zu einer machtvollen Institution im politischen Koordinatensystem der Republik. Dazu kam ein hohes Maß an Pflichtgefühl, das umso mehr wiegt, als andere sich der Bürde des Amtes entledigten und manch eine Regierung vorschnell die Flinte ins Korn warf. So erlebte Ebert in seinen sechs Amtsjahren neun Reichskanzler. Wenn er 1922 vor Parteifreunden davon sprach, dass Sozialdemokraten gelernt hätten, »dort stehen zu bleiben«, wohin sie gerufen worden seien, so machte er sich das zur eigenen Maxime und forderte das auch von anderen ein.

Doch schon bald nach Amtsantritt musste er anderes erfahren. Aus Protest gegen die Forderungen des im Mai 1919 von den Siegermächten überreichten Entwurfs eines Friedensvertrages, dessen Bedingungen für die Mehrheit der Deutschen und auch für Ebert schlichtweg unannehmbar waren, trat die erste Reichsregierung unter Philipp Scheidemann zurück. In den entscheidenden Tagen des Juni 1919 hegte auch Ebert, dem psychischen Zusammenbruch nahe, Gedanken an einen Rücktritt. Doch er rang sich zur unvermeidlichen Unterzeichnung durch und blieb in der Erkenntnis im Amt, dass nach der Demission des Kabinetts sein Rücktritt eine Staatskrise auslösen musste.

In der Folgezeit bemühte sich Ebert um einen breiten Konsens in außenpolitischen Fragen. Dabei stellte er sich hinter die Erfüllungspolitik, mit der Berlin den Siegermächten beweisen wollte, dass die Reparationsforderungen die Leistungskraft Deutschlands überstiegen. Für Ebert blieb es außenpolitische Leitlinie, durch beharrliche Verhandlungen mit den Alliierten zu versuchen, die Last der Reparationen zu reduzieren und letztlich Deutschland wieder in den Kreis der gleichberechtigten Nationen zu führen. Solche Ausrichtung nach Westen sah Ebert torpediert, als Reichskanzler Joseph Wirth und Außenminister Walther Rathenau im April 1922 mit Sowjetrussland den Vertrag von Rapallo abschlossen, der die Aufnahme diplomatischer Beziehungen zwischen beiden Staaten festlegte. Er glaubte (mit gutem Grund) durch den ohne sein Wissen unterzeichneten Vertrag das Verhältnis zu den Westmächten belastet und fühlte sich als Reichspräsident, der das außenpolitische Vertretungsrecht besaß, überrumpelt. Dennoch wollte er keine Regierungskrise heraufbeschwören und unterließ es, mit Kanzler und Außenminister einen verfassungsrechtlichen Konflikt auszufechten. Denn die Geschlossenheit der Regierung war für ihn höchstes Gebot. Angesichts der permanenten Krisensituationen erhob er es zum Prinzip, dass »die Leitung fest in den Händen

Das Staatsoberhaupt im Kreis von Berliner Kindern anlässlich eines Empfangs für Vertreter der amerikanischen Kinderhilfe im Garten des Reichspräsidentenpalais, Juni 1924.

der Regierung bleiben müsse«, wie er dies einmal am Kabinettstisch formulierte. Dabei ging es ihm stets darum, die Funktionstüchtigkeit des parlamentarischen Systems zu sichern.

So setzte sich Ebert immer für eine breite und stabile Regierungsmehrheit ein, getragen von der Ansicht, dass für das Überleben der Demokratie die Kooperation von sozialdemokratischer Arbeiterschaft und demokratischem Bürgertum unerlässlich sei. Nach den Wahlen zur Nationalversammlung schmiedete er die Weimarer Koalition aus SPD, katholischer Zentrumspartei und linksliberaler Deutscher Demokratischer Partei (DDP). Nachdem dieses Bündnis 1920 seine komfortable Mehrheit verloren hatte, drängte Ebert auf Einbezug der rechtsliberalen Deutschen Volkspartei (DVP) von Gustav Stresemann. Dabei warb er für die Einsicht, dass der Kompromiss zwischen Interessengruppen und Parteien zum unverrückbaren Bestandteil einer parlamentarischen Demokratie gehöre. Er hielt die ideologisch-programmatischen Hürden zwischen den Parteien für überwindbar und forderte stets eine Unterordnung parteitaktischer Ziele unter das abstrakt formulierte Wohl des Staates ein. Doch dem stand die Segmentierung in eine Vielzahl von Parteien entgegen, die weiter in ihren Milieus verhaftet blieben.

Makler der Einheit und der Einigkeit

Eine Politik des Kompromisses verfolgte er auch zwischen Reich und Ländern. Der Kurpfälzer Ebert, ein bekennender Süddeutscher, wie er in einem 1919 veröffentlichten Lebenslauf einleitend schrieb, warb um Verständnis für die Erfordernisse des Reiches, erkannte aber sogleich die »Stammeseigenschaften« der einzelnen Länder an. Einheit in der Vielfalt war die Botschaft auf seinen ersten Reisen, bei denen er, vor allem im Süden des Landes, stets als ein um Ausgleich bemühtes Staatsoberhaupt auftrat, wenn er versicherte, die Reichsregierung wolle die Länder nicht »in eine Art spanischen Stiefel« einschnüren.

Um die Einheit des Reiches trotz separatistischer Strömungen und außenpolitischer Belastungen zu sichern, aber auch um die sich stetig verschärfende innere Krise zu überwinden, wandte

Ebert konsequent seine präsidialen Befugnisse an. Wenn das Staatsoberhaupt der Demokratie verpflichtet war, konnte es mit den weiten Verfassungsrechten (vor allem in Artikel 48) eine Bastion gegen die Republikfeinde sein. Lag ihm die Demokratie aber nicht am Herzen, konnte der Reichspräsident das Amt auch gegen die Republik ausnutzen. Eberts Nachfolger Paul von Hindenburg tat dies weidlich. Für Ebert aber blieb die parlamentarische Demokratie mit dem Reichstag als höchstem Organ unverrückbare Norm.

Die Rettung des im Herbst 1923 politisch und wirtschaftlich am Abgrund stehenden Reiches gelang unter Aufbringung seiner ganzen präsidialen Macht, aber zu einem hohen Preis, denn Eberts Maßnahmen stießen auch auf den Widerspruch der SPD. Dies war besonders Ende Oktober 1923 der Fall, als er Reichskanzler Stresemann zur Absetzung der gegen die Reichsregierung opponierenden SPD/KPD-Regierung in Sachsen ermächtigte. Ebert wiederum war enttäuscht, dass die SPD in der Entrüstung über das Vorgehen gegen Sachsen aus der Großen Koalition austrat, denn er erblickte darin einen folgenschweren Fehler seiner Partei, die sich für fünf Jahre von den Regierungsbänken verabschiedete. Beim Bruch der Großen Koalition trat die Distanz zwischen ihm und seiner Partei deutlich zum Vorschein. Darüber konnte auch der Schutzkordon, den die SPD-Führung auf dem folgenden Parteitag im Juni 1924 bildete, nicht hinwegtäuschen, als sie Anträge unterer Parteigliederungen, den einstigen Vorsitzenden Ebert aus der SPD auszuschließen, gar nicht erst zuließ.

Diesen auch von Ebert immer wieder beklagten Spannungen zwischen ihm und seiner Partei stand eine bis weit ins bürgerliche Lager reichende steigende Anerkennung gegenüber, je mehr er es vermochte, dem Amt gemäß seinem eigenen Anspruch gerecht zu werden und ein Präsident aller Deutschen zu sein. Das gelang auch durch eine sachlich-nüchterne Repräsentation. In Abgrenzung zu den waffenklirrenden Inszenierungen Wilhelms II. versah Ebert sein Amt ohne Glanz und Gloria, ohne Pose und Pathos. Mit einer betont zurückhaltenden republikanischen Repräsentation setzte er Maßstäbe. Es fehlte aber nicht an Initiativen, durch symbolische Akte die Identifikation mit der Republik zu stärken und der Gesellschaft ein aus den demokratischen Traditionen geschöpftes geistiges Fundament zu geben. Dazu zählte die Proklamation des Deutschlandliedes zur Nationalhymne 1922, die Besinnung auf die Revolution von 1848 als historischen Referenzort der neuen Republik und die feierliche Begehung des Verfassungstages der Weimarer Republik (11. August) als Ersatz für den fehlenden Nationalfeiertag.

Doch die Demokratiegegner überzogen in ihrem blinden Hass gegen die Republik auch und vor allem den Reichspräsidenten als Symbolfigur der neuen Ordnung mit einer perfiden Diffamierungskampagne. Eine private Fotografie des badenden Ebert wurde, variantenreich verfremdet, zum weidlich verwandten Motiv der Diskreditierung. Es wurde das »wirkungsvollste, weil pöbelhafteste Argument gegen die Republik«, so der Schriftsteller Joseph Roth. Gegen die Verleumdungen setzte sich Ebert mit juristischen Mitteln zur Wehr. Der in mehr als 200 Fällen erfolgte Gang vor Gericht erwies sich jedoch als stumpfe Waffe. So wurde der besonders verletzende Vorwurf des Landesverrats, die auf Ebert gemünzte Fortsetzung der »Dolchstoßlegende«, die die Schuld an der Kriegsniederlage der Arbeiterbewegung in die Schuhe schob und die das politische Klima Weimars nachhaltig vergiftete, in einem Prozess in Magdeburg juristisch bestätigt. Das dortige Schöffengericht stellte in seinem Urteil am Tag vor Heiligabend 1924 fest, dass Eberts Beteiligung am großen Streik der Berliner Munitionsarbeiter im Januar 1918 Landesverrat gewesen sei. Das Urteil traf den Patrioten Ebert bis ins Mark. Der Republik haftete nun das Odium der Geburt aus dem Verrat an. So verschleppte Ebert, durch ein langjähriges Gallenleiden ohnehin gesundheitlich angeschlagen, in Vorbereitung auf die Berufungsverhandlung eine Blinddarmentzündung, die zu spät operiert wurde.

Leitfigur der Demokratie

Mit seinem frühen Tod am 28. Februar 1925 endete der Weg eines Politikers, der sich Demokratie und soziale Gerechtigkeit als Lebensziel gesetzt hatte. Auch dank seiner Politik, die nicht frei von Fehlern und Fehleinschätzungen war, befand sich die Republik von Weimar bei seinem Tod nach Jahren der

Friedrich Ebert (2. v. r.) mit Reichswehrminister Gustav Noske (3. v. r.) und Bekannten beim Baden in der Ostsee 1919. Das private Badehosenfoto begleitet Ebert bis an sein Lebensende: Die Demokratiegegner verwenden es zur Herabsetzung seiner Person und der Republik.

Krisen in einer Phase der relativen Stabilität. Der Reichspräsident hatte im Wesentlichen das getan, was er in einer segmentierten, innerlich wenig befriedeten, äußerlich nachhaltig bedrängten Republik mit sozialen Schieflagen hatte tun können, wenn er sich dem demokratischen Ideal in aller Konsequenz verpflichtet fühlte. Mit seinem unausgesetzten Bemühen um Konsens und Ausgleich sowie dem Appell an den Kompromisswillen war Ebert seiner Zeit voraus, überforderte dabei aber die in wilhelminischer Epoche geprägten Parteien. Beharrungsvermögen und Verantwortungsethos zeichneten ihn aus und machten ihn zum Prototyp des modernen Politikers. Ihm gelang im Gegensatz zu den meisten Entscheidungsträgern der ersten Republik der Wandel vom Milieupolitiker zum Staatsmann. Anders als der Parteifunktionär, für den das Parteiprogramm Richtmaß war, musste der Staatsmann, so urteilte Gustav Radbruch (SPD) schon 1923, »die Fähigkeit haben, ein Prinzip über Bord zu werfen, wenn es die Idee dieses Staates fordert«. Ebert handelte in diesem Sinne. Mit ihm verlor die Republik von Weimar ihren Vorkämpfer und einen ihrer Stützpfeiler.

Lange Zeit blieb Friedrich Ebert als Mann der Revolutionszeit in der historisch-politischen Erinnerung der Deutschen. Er habe gegen starke linksradikale Kräfte den Weg in die Demokratie gebahnt. Doch mit einer in den 1960er-Jahren einsetzenden Revision des Revolutionsbildes, basierend auf der Einschätzung, dass die auf eine Räterepublik hinarbeitenden Kräfte viel schwächer gewesen seien, als man bis dahin angenommen hatte, verlor er seinen Nimbus als »Retter vor dem Bolschewismus«. Es wurden Chancen auf Reformen ausgemacht, deren Nichtverwirklichung für die Instabilität der Republik und damit auch den Untergang 1933 verantwortlich gewesen sei. Das lastete man Ebert und seiner Partei an. Mittlerweile ist dieses Urteil unter Berücksichtigung der enormen Zwangslagen in der Revolutionszeit weitgehend wieder zurückgenommen worden, ebenso wie die Kritik am Reichspräsidenten, der zu leichtfertig mit der Machtfülle seines Amtes umgegangen sei. So nimmt der Sozialdemokrat und Staatsmann Friedrich Ebert als Gründer und Garant der ersten Republik heute einen vorderen Platz in der demokratischen Erinnerungskultur der Bundesrepublik Deutschland ein.

CHRISTOPHER DOWE

Matthias Erzberger (1875–1921) Wegbereiter deutscher Demokratie

Mit seiner Unterschrift beendete er für das deutsche Militär und die Revolutionsregierung den Ersten Weltkrieg. Sein Kampf für die erste deutsche Demokratie machte ihn zu einem der meistgehassten Politiker. Deshalb wurde er 1921 ermordet.

Er habe dem Vaterland ungemein wertvolle Dienste geleistet – so dankte Generalfeldmarschall Paul von Hindenburg am 12. November 1918 im deutschen militärischen Hauptquartier in Spa dem Abgeordneten und Minister Matthias Erzberger. Der katholische Politiker kam geradewegs von der Unterzeichnung des Waffenstillstandes des Ersten Weltkrieges. Mehrere Tage lang hatte Erzberger im Wald von Compiègne mit den Kriegsgegnern über einen Waffenstillstand verhandelt, den sofort zu schließen die deutschen Militärs Ende September 1918 der deutschen Regierung abgefordert hatten. Welche Verbesserungen Erzberger unter schwierigsten Gesprächsbedingungen für Deutschland erreicht hatte, das berichtete er nun dem mächtigsten deutschen Soldaten, der zusammen mit General Ludendorff in der zweiten Kriegshälfte Deutschlands Geschicke beinahe wie in einer Militärdiktatur bestimmt hatte.

Dass Erzberger Leiter der deutschen Verhandlungsdelegation wurde, hatte sich kurzfristig am 6. November 1918 ergeben. Der katholische Schwabe war Anfang Oktober 1918 Minister in der neu gebildeten Regierung von Reichskanzler Max von Baden geworden, die den Krieg beenden und aus Deutschland eine parlamentarische Demokratie machen sollte. Als Regierungsvertreter bei den Waffenstillstandsverhandlungen war ursprünglich der württembergische Liberale Conrad Haußmann vorgesehen gewesen. Der fiel jedoch aus, weil er in Kiel mit meuternden Matrosen verhandelt hatte.

Der Regierung Max von Baden wird bis heute immer wieder vorgeworfen, dass ein Zivilist die deutsche Verhandlungsdelegation anführte und nicht, wie meist bei Waffenstillstandsverhandlungen üblich, ein Militär. Dabei wird jedoch übersehen, dass mehrere gewichtige Gründe für ein solches Vorgehen sprachen. Zunächst sollte so signalisiert werden, dass sich in Deutschland tiefgreifende politische Veränderungen ergeben hatten, die zu einer Entmachtung des Militärs und zu einer Parlamentarisierung und Demokratisierung des politischen Systems führen sollten. Sodann hatte der vorausgehende diplomatische Notenwechsel bei den Deutschen, wie sich später herausstellte, falsche Hoffnungen genährt, bessere Waffenstillstandsbedingungen zu erreichen, wenn kein Militär, sondern ein Zivilist die Verhandlungen für Deutschland führen würde. Schließlich ging es darum, den gerade erst mühsam wiedererrungenen Vorrang der Politik vor dem Militär zu behaupten. Denn im Krieg hatte sich gerade die 3. Oberste Heeresleitung (OHL) unter Hindenburg und Ludendorff immer wieder gegenüber Reichskanz-

Matthias Erzberger (l.) mit Abgeordnetenkollegen beim Verlassen des Reichstags in Berlin im Oktober 1918.

ler, Reichstag und auch Kaiser durchgesetzt. Die begonnenen innenpolitischen Reformen und die gerade vollzogene Entlassung General Ludendorffs waren erste Schritte hin zur Festigung des Primats der Politik. Doch wie fragil die politische Machtverteilung in Deutschland war, hatte sich wenige Tage vor der Entsendung Erzbergers gezeigt. Die deutsche Admiralität hatte ohne Wissen und entgegen den politischen Zielen der neuen Reichsregierung mit der deutschen Kriegsflotte eine militärisch sinnlose und politisch kontraproduktive letzte Seeschlacht führen wollen, um ehrenvoll unterzugehen. Dass es dazu nicht kam, lag an der Weigerung der Matrosen auszulaufen – eine Verweigerung, die den Auftakt zum Ausbruch der Revolution in ganz Deutschland bedeutete und die den Zusammenbruch der alten politischen Ordnung innerhalb weniger Tage zur Folge hatte.

Wie schnell sich diese Veränderungen vollzogen, lässt sich am Beispiel Erzbergers gut verdeutlichen. Am 6. November reiste er – ausgestattet mit Verhandlungsvollmachten des Kaisers und des Reichskanzlers Max von Baden – von Berlin in das Hauptquartier der OHL, um dort von Hindenburg auch dessen Bevollmächtigung zu erhalten. Während Erzberger in den folgenden Tagen im Wald von Compiègne mit den Kriegsgegnern verhandelte, rief der Sozialdemokrat Philipp Scheidemann am 9. November 1918 in Berlin die Republik aus. Der deutsche Kaiser floh ins niederländische Exil und Reichskanzler Max von Baden übergab sein Amt an den Sozialdemokraten Friedrich Ebert, bevor ebenfalls noch am 9. November ein aus Mehrheitssozialdemokratie (MSPD) und Unabhängiger Sozialdemokratie (USPD) gebildeter Rat der Volksbeauftragten mit Friedrich Ebert als einflussreichs-

Waffenstillstandsverhandlungen 1918 im Wald von Compiègne. Stehend vor dem Tisch Matthias Erzberger, ihm gegenüber der französische General Ferdinand Foch. Weil bei den Verhandlungen Fotografierverbot herrschte, ist diese Darstellung der Ereignisse auf einem nachträglich gefertigten Lichtdruck in unser kollektives Bildgedächtnis eingegangen.

tem Politiker die Macht übernahm. Weitgehend von Nachrichten abgeschnitten, konnte Erzberger im Wald von Compiègne die Kriegsgegner davon überzeugen, dass seine Verhandlungsvollmachten trotzdem weiterhin galten. Kurz vor Ablauf eines Ultimatums der Alliierten erhielt Erzberger sowohl von Hindenburg für das Militär als auch von der neuen Revolutionsregierung unter Friedrich Ebert telegrafisch den Auftrag, den Waffenstillstand trotz der Härte der geforderten Bedingungen zu unterzeichnen.

Auf seiner Rückreise von Compiègne informierte Erzberger im belgischen Spa zunächst Hindenburg über die Gespräche mit den Kriegsgegnern, bevor er Aufgaben zur Erfüllung des geschlossenen Abkommens verteilte und sich nach Berlin begab. Dort berichtete er dem Rat der Volksbeauftragten und wurde von diesem gebeten, sich weiter als Staatssekretär um die Umsetzung des Waffenstillstands zu kümmern. Nun galt es, die deutschen Truppen schnellstmöglich auf deutsches Staatsgebiet zurückzuziehen und schwere Waffen sowie zahlreiche Transportmittel dem Feind zu übergeben. Zudem sollten an der Westgrenze breite Streifen Deutschlands entmilitarisiert werden. Deutschland, das machten diese harten Waffenstillstandsbedingungen sehr deutlich, hatte den Krieg verloren, auch wenn das eigene Land – anders als dann im Zweiten Weltkrieg – noch nicht von Kämpfen verheert war. Um dies zu verhindern, hatte Erzberger den Waffenstillstand unterzeichnen müssen.

In den folgenden Monaten und Jahren sollte die politische Rechte Erzbergers Wirken in Compiègne im Rahmen der »Dolchstoßlegende« in Verrat umdeuten und als Waffe gegen die Weimarer Republik und die Demokratie verwenden. Dazu trug Generalfeldmarschall Hindenburg seinen Teil bei, indem er sich die »Dolchstoßlegende« zu eigen machte, der ersten deutschen Demokratie die Schuld an der deutschen Niederlage und den harten Waffenstillstands- und Friedensbedingungen zuschob und diese Geschichtsverfälschungen mit dem Nimbus des überragenden Feldherrn und Siegers der Schlacht von Tannenberg versah.

In den entsprechenden Auseinandersetzungen während der Weimarer Republik ging es um weit mehr als nur um die Frage, wer denn an der deutschen Kriegsniederlage schuld gewesen sei und welchen Anteil Erzbergers Verhandlungsführung an der Härte der Waffenstillstandsbedingungen gehabt habe. Die Kontroversen um die »Dolchstoßlegende« waren vielmehr Teil und Instrument tiefgreifender Auseinandersetzungen darüber, wie Staat und Gesellschaft in Deutschland ganz grundsätzlich aussehen sollten. Diese gesellschaftlichen Großkonflikte waren nicht neu. Sie hatten schon die wilhelminische Gesellschaft erschüttert und wurden nach 1918 in zugespitzter Form ausgetragen.

In der Klassengesellschaft des Kaiserreichs versuchten zudem Teile der Eliten, Partizipationsforderungen der unteren gesellschaftlichen Schichten abzuwehren, um den eigenen Zugriff auf Macht, gesellschaftliches Vermögen und sozial exklusive Positionen nicht teilen zu müssen. Die Arbeiterbewegung kämpfte hingegen für mehr politische Teilhabe und mehr soziale Gerechtigkeit für kleine Leute. Entsprechende Auseinandersetzungen wurden nicht nur auf gesamtgesellschaftlicher Ebene ausgetragen, sondern auch in sozialen Teilgruppen

Im Wald von Compiègne waren die Delegationen in Eisenbahnwagen untergebracht. Links im Bild der Zug der deutschen Delegation.

wie dem Katholizismus. Und Erzberger zählte innerhalb des politischen Katholizismus zu den prominentesten Vorkämpfern der sogenannten populistischen Bewegung, die gegen alte katholische Eliten aus Adel und Bürgertum und für mehr Macht und Einfluss kleinbürgerlicher Schichten und der Arbeiterbewegung kämpfte. Vor dem Hintergrund dieser Konfliktlinien hatte sich Erzberger, der 1903 mit 28 Jahren für den oberschwäbischen Wahlkreis Biberach–Leutkirch–Wangen–Waldkirch in den Reichstag gewählt worden war, im deutschen Nationalparlament bald einen Namen gemacht. Er zählte nicht nur zu den ausgewiesenen Finanzspezialisten, sondern wurde wegen seiner Rolle bei der Aufdeckung von deutschen Kolonialskandalen selbst international beachtet.

Steile politische Karriere aus einfachen Verhältnissen

Erzbergers steile politische Karriere, die ihn aus einfachen Verhältnissen bis auf weltpolitisches Parkett führte, lässt sich nur vor dem Hintergrund dieser Verwerfungen der deutschen Gesellschaft verstehen. Als überzeugter Katholik, als sozialer Aufsteiger und als Süddeutscher vereinte der 1875 in Buttenhausen auf der Schwäbischen Alb geborene Erzberger, der sich nach Abschluss seiner Volksschullehrerausbildung für die Politik entschied, mehrere Kriterien, die Anstoß erregen konnten. Als bekennender Zentrumspolitiker griff er scharf und öffentlichkeitswirksam alles an, was ihm im wilhelminischen Deutschland als religiös bedingte Benachteiligung der Katholiken erschien. Das war nicht wenig, denn viele verstanden Deutschland zunächst einmal als protestantische Nation. Dementsprechend sollten hohe Verwaltungs- und Armeeposten, aber auch zahlreiche Professuren Protestanten vorbehalten bleiben.

Zu Beginn des Ersten Weltkriegs hatte sich Erzberger dem Militär zur Verfügung gestellt und deutsche Auslandspropaganda für neutrale Staaten organisiert. Zudem übernahm er im Auftrag des Auswärtigen Amtes mehrere diplomatische Geheimmissionen. Aufgrund dieser Tätigkeiten zählte Erzberger während des Krieges zu den am besten informierten Deutschen. Deshalb wurde ihm allmählich bewusst, dass Deutschland den Krieg, den er selbst zu Beginn noch begeistert begrüßt hatte, nicht mehr gewinnen konnte. Konsequent verabschiedete sich Erzberger von weitreichenden Annexionsplänen, die er im Herbst 1914 vertreten hatte, und sprach sich im Reichstag ab Sommer 1917 für einen Verständigungsfrieden mit den Kriegsgegnern aus. Mit einer vielbeachteten Rede vor dem Hauptausschuss des Reichstags stieß Erzberger an, dass sich eine parlamentarische Mehrheit aus SPD, Linksliberalen und Zentrum in einer Resolution für einen Verständigungsfrieden aussprach und sich die genannten Parteien zum sogenannten Interfraktionellen Ausschuss zusammenfanden, um ihre Politik gegenüber Kaiser, Reichsregierung und Oberster Heeresleitung abzustimmen. Dies sollte der Nukleus für die spätere Weimarer Koalition werden.

Matthias Erzberger als Reichstagsabgeordneter und Interessenvertreter seiner oberschwäbischen Wähler in Berlin, aufgenommen um 1911.

Für mehr Partizipation und Frieden

Mit den politischen Ereignissen des Sommers 1917 hatte sich Erzberger bei der politischen Rechten zutiefst verhasst gemacht. Denn die Friedensresolution bedeutete eine Absage an den Radikalnationalismus der deutschen Rechten, die einen Siegfrieden und ein deutsches Großraumimperium in Europa erstrebte. Diese parlamentarische Stellungnahme stellte auch einen Angriff auf die Machtstrukturen des Obrigkeitsstaates Kaiserreich dar, denn Fragen von Krieg und Frieden gehörten verfassungsmäßig nicht in die Zuständigkeit der gewählten Volksvertreter, sondern in die des Kaisers. Schließlich wurde mit der Zusammenarbeit im Rahmen des Interfraktionellen Ausschusses der Druck auf das undemokratische Dreiklassenwahlrecht in Preußen immer größer, das der Aufrechterhaltung der Vorherrschaft der alten Eliten im mit Abstand größten deutschen Einzelstaat diente.

Insbesondere ab dem Sommer 1917 reagierte die radikale Rechte, die ihre außenpolitischen Großraumvorstellungen innenpolitisch zunehmend mit der Propagierung einer Militärdiktatur verband, mit einer aggressiven Hetze gegen Politiker wie Erzberger. Die *Deutsche Zeitung* attackierte den Abgeordneten im Sommer 1917 als »Stinkbombe« im Hauptausschuss des Reichstags und als »eine Kreatur des Judentums«. Für die konservative *Kreuzzeitung* war Erzberger ein »Hochverräter«, für die *Weser-Zeitung* ein »Vaterlandsverschacherer«. Der Vorsitzende des Rheinischen Hauptvereins des Evangelischen Bundes, Hermann Kremers, warf Erzberger und seiner Partei im Herbst 1917 vor, mit ihrer Politik »den protestantischen Geist, der Preußen groß gemacht hat und bisher beherrscht, zu lähmen und den geschichtlich erwachsenen Beruf Preußens, seine Stellung als Schutzmacht der deutsch-protestantischen Kultur«, erschüttern und stürzen zu wollen.

Angesichts starker Widerstände konnten Erzberger und seine Mitstreiter bei den Liberalen und Sozialdemokraten ihren politischen Zielen erst im Herbst 1918 wesentlich näher kommen, nachdem eine letzte große deutsche Militäroffensive gescheitert war und Ludendorff Ende September ultimativ die Herbeiführung eines Waffenstillstandes gefordert hatte. Anfang Oktober 1918 entstand die erste parlamentarische Regierung des Kaiserreiches unter Reichskanzler Max von Baden. Erstmals mit einem Ministeramt betraut, zählte Erzberger zu den einflussreichsten Mitgliedern des neuen Kabinetts, das Friedensverhandlungen und die Demokratisierung des politischen Systems einleitete und damit weitverbreiteten Forderungen der »kleinen Leute«, vor allem aus der Arbeiterschaft, entgegenkam.

Angehörige der alten Eliten lehnten diese politischen Ziele hingegen weiterhin scharf ab. Die *Evangelische Kirchenzeitung* beispielsweise bemühte schon am 20. Oktober 1918, also etwa zwei Wochen bevor der konkrete Beginn von Waffenstillstandsverhandlungen zwischen den Kriegsgegnern vereinbart werden konnte, die »Dolchstoßlegende«. In dem Organ hieß es: »Zusammenbruch hinter der Front – nicht Zusammenbruch unserer Heldenfront. Das ist das erschütternde Ereignis der letzten Tage [...]. Die Heimat hat nicht durchgehalten.«

In der rechten Hetze wurden diese Deutungsmuster in den Wochen und Monaten nach dem Waffenstillstand von Compiègne immer stärker mit der Person Erzbergers verbunden, zumal Erzberger auch für die Revolutionsregierung die Verhandlungen über die regelmäßig anstehende Verlängerung des Waffenstillstands leitete, bis Ende Juni 1919 der Versailler Friedensvertrag den Waffenstillstand ablöste. Die Härte der im Pariser Vorort von den Siegern geforderten Vertragsbedingungen überraschte und schockierte auch Erzberger. Aber anders als viele seiner Abgeordnetenkollegen in der Weimarer Nationalversammlung ließ er seiner national aufgeladenen Empörung nicht freien Lauf, sondern analysierte kühl die deutschen Handlungsmöglichkeiten und votierte für die Unterzeichnung der Friedensbedingungen. Denn erneute Kampfhandlungen, eine militärische Besetzung und Zerstückelung Deutschlands sowie noch härtere Friedensbedingungen waren für ihn keine politische Option. In einem dramatischen innenpolitischen Ringen gelang es Erzberger und anderen ähnlich denkenden Abgeordneten, eine Mehrheit in der Nationalversammlung für die Unterzeichnung des Friedensvertrages zustande zu bringen.

Erste Lynchversuche in Weimar, die Erzberger galten, waren die unmittelbare Folge. Den Hass der politischen Rechten hatte sich Erzberger in den vergangenen Monaten nicht nur wegen seiner außenpolitischen Haltung zugezogen, sondern auch deshalb, weil er erfolgreich dafür gekämpfte hatte, dass in den Wirren der Revolution die katholische Zentrumspartei weiter mit Linksliberalen und gemäßigten Sozialdemokraten zusammenarbeitete, um eine parlamentarische Demokratie zu schaffen. Diese Politik ermöglichte es, in den Bürgerkriegswirren eine Räteherrschaft wie eine autoritäre rechte Diktatur zu verhindern und mit der Weimarer Republik die erste deutsche Demokratie zu schaffen.

Als Finanzminister der sozialen Gerechtigkeit verpflichtet

Nachdem durch die Annahme des Versailler Vertrages das Überleben der neuen Republik außenpolitisch gesichert war, schuf Erzberger mit einer nach ihm benannten Reichsfinanzreform zwischen Sommer 1919 und März 1920 eine tragfähige fiskalische Grundlage für den neuen Staat. Nach der desaströsen Kriegsfinanzierung auf Pump, hohen Kriegsfolgekosten und drohenden enormen Reparationen an die Sieger stand das deutsche Steuer- und Finanzsystem vor dem Kollaps. Erzberger schuf nun innerhalb von neun Monaten völlig neue Strukturen, die im Großen und Ganzen bis heute Bestand haben. Dabei baute er eine leistungsfähige, reichsweit einheitliche Steuer- und Finanzverwaltung auf, die anders als im Kaiserreich nicht mehr den Ländern, sondern dem Reich unterstand. Zudem gestaltete er das Steuersystem nach dem Kriterium der sozialen Gerechtigkeit um und führte beispielsweise eine reichsweit einheitliche Einkommensteuer mit Lohnabzugsverfahren ein. Kriegsgewinne versuchte er mit besonderen Steuern nachträglich abzuschöpfen. Dabei leitete Erzberger die Überzeugung, dass schon vor dem Krieg »der Unterschied in Deutschland zwischen den Be-

Vizekanzler und Reichsfinanzminister Matthias Erzberger (l.) und der »Vater« der Weimarer Reichsverfassung Hugo Preuß im Sommer 1919 in Weimar.

sitzenden und Nichtbesitzenden zu groß« gewesen »und damit zur sozialen Ungerechtigkeit und zu einer Krankheit am Wirtschaftskörper geworden« sei. Den »Grundfehler der Wirtschaftspolitik im Kriege« sah Erzberger darin, »dass man durch die allgemeine Wehrpflicht die lebendigen Leiber mobil gemacht« habe, »dass aber die allgemeine Wehrpflicht haltmachte vor dem Kapital und dem Besitz«.

Schließlich schuf Erzberger auch einen neuen Finanzausgleich zwischen Reich, Ländern und Kommunen und brach mit der finanzpolitischen Tradition des Kaiserreiches, bei der das Reich Kostgänger der Länder war. Mit dieser Steuer- und Finanzpolitik mobilisierte Erzberger viele alte und neue Gegner. Kriegsgewinnler, alte Eliten, aber auch Anhänger eines strikten Föderalismus verbündeten sich gegen Erzberger, der seine Reichsfinanzreform dank der Unterstützung durch die Zentrumspartei und die Sozialdemokratie trotzdem in rekordverdächtigem Tempo realisieren konnte.

Bevorzugtes Ziel beim Generalangriff auf die Demokratie

All dies steigerte die Hetze gegen Erzberger immer weiter: die »Dolchstoßlegende«, der Kampf gegen die Steuerpläne sowie zahllose, zum Teil auch antisemitisch aufgeladene Unterstellungen, mit denen Erzberger als Vorkämpfer der als »Judenrepublik« diffamierten Demokratie bzw. als uneheliches Kind jüdischer Abstammung verunglimpft wurde, dienten der politischen Rechten als Waffen gegen den Reichsfinanzminister und Vizekanzler, der auch Ziel erneuter Attentatsversuche wurde. Ein skandalöses Urteil eines Berliner Gerichts, das Erzberger fälschlicherweise unter anderem des Meineides und der Korruption beschuldigte, sowie der Diebstahl seiner Steuerakten, die ihn entstellend veröffentlicht als Steuerhinterzieher darstellen sollten, führten zu Erzbergers Rücktritt als Reichsfinanzminister. Einen Tag später versuchten Militärs und Angehörige der alten Eliten, mit dem Kapp-Lüttwitz-Putsch die Demokratie zu zerstören und eine autoritäre Herrschaft zu errichten. Erzberger musste sich in Berlin verstecken, während die Reichsregierung nach Stuttgart floh. Ein Generalstreik der Gewerkschaften und die Weigerung großer Teile der Verwaltung, den Anweisungen der Putschisten zu folgen, ließen den Umsturzversuch nach wenigen Tagen zusammenbrechen. Doch bürgerkriegsähnliche Unruhen sollten die Weimarer Republik noch mehrere Jahre erschüttern.

Nach seinem Rücktritt widmete sich Erzberger seiner juristischen Rehabilitierung, die er bis Sommer 1921 erreichte. Doch bevor er wieder auf die Bühne der Reichspolitik zurückkehren konnte, ermordeten ihn Angehörige der antirepublikanischen Geheimorganisation Consul, die sich aus Freikorpskämpfern rekrutierte. Ziel der Attentäter war es nicht nur, eine Schlüsselfigur der jungen Demokratie zu beseitigen. Sie wollten mit ihrer Tat auch Proteste der politischen Linken provozieren, die der Reichswehr und den Freikorps als Vorwand für einen Putsch dienen sollten, um endlich eine autoritäre Herrschaft zu errichten.

Es kam zwar zu keinem Putsch von rechts, doch zeigten die Reaktionen auf die Ermordung Erzbergers, wie tief die Verwerfungen in der deutschen Gesellschaft waren. Entsetzen, Trauer und Protest auf Seiten der demokratischen Kräfte und der radikalen Linken standen Jubel und Triumph auf der Rechten gegenüber. In vielen Universitätsstädten sangen Studenten: »Nun danket alle Gott, für diesen braven Mord. Den Erzhalunken, scharrt ihn ein, heilig soll uns der Mörder sein, die Fahne schwarz-weiß-rot.« Und die ostpreußische *Oletzkoer Kreiszeitung* schrieb: »Erzberger, der allein Schuldige an dem schmählichen Waffenstillstand, Erzberger, der Deutschland den Versailler Schandfrieden vermittelt hat, [...] hat den Lohn erhalten, der ihm als Vaterlandsverräter zukam.« Vor dem Hintergrund solcher Reaktionen ist es kaum verwunderlich, dass sich vier Jahre nach der Ermordung Erzbergers der ehemalige Generalfeldmarschall Paul von Hindenburg bei den Wahlen zum Reichspräsidenten gegen den Kandidaten der Weimarer Koalition durchsetzen konnte. Hindenburg hatte nicht nur die antidemokratische »Dolchstoßlegende« immer wieder öffentlich legitimiert, sondern auch 1920 verbreiten lassen, dass er einem Kerl wie Erzberger seine Hand nie gegeben habe. Dass Erzberger bei den Waffenstillstandsverhandlungen mit Zustimmung des Generals gehandelt und sich Hindenburg bei Erzberger mehrfach für seine Verhandlungserfolge bedankt hatte, das sollte nach dem Willen des späteren zweiten Reichspräsidenten mit dem Mantel des Vergessens umhüllt werden.

Bei einem Spaziergang im Schwarzwald bei Bad Griesbach wurde Matthias Erzberger am 26. August 1921 von Nationalisten brutal ermordet.

BERND BRAUN

Constantin Fehrenbach (1852–1926) Patriot und Integrator

Der südbadische Zentrumspolitiker hatte als einziger Deutscher bis heute die Ämter des Parlamentspräsidenten und des Kanzlers inne. Er war ein gläubiger, aber lebensnaher Katholik, ein wortgewaltiger Redner und Vorzeige-Parlamentarier.

Die Wahlen zum ersten Reichstag der Weimarer Republik vom 6. Juni 1920 endeten für die bisherigen Regierungsparteien SPD, katholische Zentrumspartei und linksliberale Deutsche Demokratische Partei (DDP) mit einer verheerenden Niederlage. Diese sogenannte Weimarer Koalition büßte nicht nur ihre komfortable Dreiviertelmehrheit ein, sondern erreichte nicht einmal mehr die absolute Mehrheit. Vor allem die SPD hatte zugunsten ihrer Linkskonkurrenz von der Unabhängigen Sozialdemokratischen Partei (USPD) massiv an Stimmen verloren; ihr Vorsprung bei den Wahlen zur Nationalversammlung war von mehr als 30 auf jetzt nur noch 4,3 Prozentpunkte zusammengeschmolzen. Die SPD drängte in die Opposition und die Regierungsbildung gestaltete sich äußerst kompliziert. Reichspräsident Friedrich Ebert hatte zunächst wenig Glück bei der Kanzlersuche. Ein halbes Dutzend offizielle und inoffizielle Kandidaten scheiterten daran, eine Regierung zustande zu bringen. In dieser verfahrenen Lage gab der bisherige Präsident der Nationalversammlung, der Zentrumspolitiker Constantin Fehrenbach, dem Drängen seines badischen Landsmannes Ebert nach und erklärte sich bereit, die Kanzlerschaft zu übernehmen.

Noch ganz im Zeichen dieser extrem schwierigen Regierungsbildung führte Constantin Fehrenbach am 28. Juni 1920 gegen Ende seiner Regierungserklärung aus: »Uns hat nur das Bewusstsein der Pflicht gegenüber Volk und Vaterland an diese Stelle geführt. Wenn irgendwo der bedeutende Mann mit gewichtigem Namen und anerkanntem Ansehen aus bewährter Vergangenheit gefunden wird, glauben Sie mir: Es wird für mich keine glücklichere Stunde geben als die, da ich das mir anvertraute Amt in seine Hände legen kann. Gott ist mein Zeuge, ich stehe vor Ihnen als ein Opfer meiner Auffassung von vaterländischer Pflicht, und das gleiche gilt von meinen Herren Kollegen.« Nun pflegen demokratische Regierungschefs selten auf ihr Machtbewusstsein als vorrangiges Motiv für ihr Handeln hinzuweisen, aber dieser bescheidene, ganz auf das Verantwortungsethos zielende Gestus war keineswegs aufgesetzt, sondern entsprang Fehrenbachs Grundüberzeugung.

In der Debatte über die Regierungserklärung redete zuerst der Sozialdemokrat Philipp Scheidemann, der als erster Weimarer Regierungschef die Republik von Februar bis Juni 1919 geführt hatte. Die SPD nahm vor allem an der Regierungsbeteiligung der rechtsliberalen Deutschen Volkspartei (DVP) Anstoß, die die Weimarer Reichsverfassung in der Nationalversammlung abgelehnt hatte. Aber diese Antihaltung bezog sich ausdrücklich nicht

Constantin Fehrenbach als Abgeordneter im Badischen Landtag im Jahr 1885.

Fehrenbach als Student (in der Mitte), vor 1878.

auf Constantin Fehrenbach, wie Scheidemann zu Beginn seiner Rede hervorhob: »Wir erblicken auf der Regierungsbank neben anderen auch Männer, die uns aus gemeinsamer Arbeit wohlbekannt sind, und die wir auch als Vertreter von Auffassungen, die von den unseren abweichen, persönlich schätzen gelernt haben. Das gilt vor allem von dem Herrn Reichskanzler selber. Wir können heute nicht sagen, ob wir nicht eines Tages, vielleicht schon sehr bald, mit ihm und seiner Regierung in hitzige Fehde geraten werden. Aber heute schon möchte ich aussprechen, dass wir auch dann in die Güte seiner Absichten und die Reinheit seines Wollens keinen Zweifel setzen werden.« Es ist wohl ein bis heute einmaliger Vorgang in der deutschen Geschichte, dass ein Kanzler vom ersten Redner der größten Oppositionspartei mit derartigen menschlichen Vorschusslorbeeren bedacht wurde. Daran wird deutlich, dass Fehrenbach der Ruf eines ehrlichen Integrators vorauseilte, der über zahlreiche – nicht *alle* – Parteigrenzen hinweg geachtet wurde. Dies war das Ergebnis einer langen, jedoch keineswegs kontinuierlichen politischen Laufbahn, die ihren Ausgangspunkt in einem kleinen Schwarzwalddorf gerade einmal vier Jahre nach den Erschütterungen der Revolution von 1848 genommen hatte.

Vom Schwarzwaldbuben zum Freiburger Ehrenbürger

Constantin Fehrenbach wurde am 11. Januar 1852 in dem nur wenige Hundert Einwohner zählenden Dorf Wellendingen im Hochschwarzwald geboren. Seine Eltern, der Dorfschullehrer Johann Fehrenbach und seine Ehefrau Rosina, hatten insgesamt sieben Kinder. Das Milieu, in dem Constantin aufwuchs, lässt sich durch drei Merkmale charakterisieren: kleinbürgerlich-bäuerliche Mentalität, katholische Frömmigkeit und finanzielle Bescheidenheit. Eine höhere Schulbildung hätten ihm seine Eltern nicht bezahlen können. Da der Junge aber sehr gut lernte, vom Dorfpfarrer gefördert wurde und nach dem Willen seiner Eltern Priester werden sollte, trat er 1865 im Alter von 13 Jahren in das erzbischöfliche Knabenkonvikt in Freiburg im Breisgau ein. Damit siedelte Constantin Fehrenbach in diejenige Stadt über, die mehr als sechs Jahrzehnte seinen Lebensmittelpunkt bilden sollte und ohne die seine Biografie – privat wie politisch – ganz anders verlaufen wäre.

1871 bestand der überdurchschnittlich begabte Schüler die Reifeprüfung und erhielt die ehrenvolle Aufgabe, die Abiturientenrede seines Jahrgangs zu halten, entsprechend der Tradition der Schule auf Latein. Dass der 19-Jährige mit dieser Ansprache betraut wurde, mag ein Hinweis darauf sein, dass bereits seine Lehrer sein später weithin gerühmtes rhetorisches Talent erkannt hatten.

An die Schulzeit schloss sich ein Theologiestudium an, das auf den Priesterberuf hinausgelaufen wäre, wenn Fehrenbach nicht in buchstäblich letzter Stunde den Absprung geschafft hätte: Auf der Kutschfahrt in das Priesterseminar in St. Peter im Herbst 1874 stieg er am letzten Halt vor dem Ziel aus, kehrte nach Freiburg zurück und ließ die Theologie hinter sich, um im Anschluss an den Militärdienst, gefördert von einer privaten Stiftung, Rechtswissenschaften zu studieren. Welche Motive auch immer den Ausschlag zu diesem spektakulären Schritt gegeben haben mögen (kolportiert werden Gewissensnöte mit dem Zölibat), es war einer von zwei entscheidenden Wendepunkten in Constantin Fehrenbachs Leben. Der zweite Wendepunkt sollte fast 40 weitere Jahre auf sich warten lassen.

Constantin Fehrenbach als Präsident der Nationalversammlung in Weimar im Jahr 1919.

Nach den erfolgreichen Staatsexamina eröffnete Fehrenbach im Frühjahr 1882 eine Rechtsanwaltskanzlei, die er bis 1921 fortführen sollte. Bereits 1879 hatte er Maria Hossner geheiratet, die 1880 ihr einziges Kind, die Tochter Elisabeth, zur Welt brachte. Beruflich und privat etabliert, engagierte sich Fehrenbach nun auch politisch in der Stadt an der Dreisam. Was bei seinem Werdegang kaum überrascht: Als politische Heimat wählte er sich die Zentrumspartei, die Interessenvertretung des in den Zeiten des Kulturkampfes jener Jahre heftig bedrängten katholischen Bevölkerungsteils. Er fungierte von 1884 bis 1895 als Stadtverordneter, danach für 25 Jahre bis zu seiner Kanzlerschaft als Stadtrat. Daneben übernahm er zahlreiche weitere kirchliche, soziale und kulturelle Ehrenämter und schuf sich damit ein breites Netzwerk: von der Mitgliedschaft im Aufsichtsrat des Landesgefängnisses bis hin zum Vorstand des örtlichen Kunstvereins. Ab 1886 war er vier Jahrzehnte lang Vorsitzender des Freiburger Männergesangvereins, ab 1915 stand er ebenfalls bis zu seinem Tod dem Münsterbauverein vor. Durch diese vielen Ämter wurde Fehrenbach der »populärste der Freiburger«, wie es in einem Nachruf heißt. Die logische Folge war die Verleihung der Ehrenbürgerwürde 1920.

Fehrenbach war sicherlich der volkstümlichste und leutseligste unter den zwölf Weimarer Reichskanzlern. Von Politikern bzw. politischen Beobachtern adeliger Herkunft wurde gerade diese Eigenschaft nach 1918 hämisch beurteilt. So befand der Salonadlige und Tagebuchschreiber Harry Graf Kessler, dass die junge Republik mit Männern wie Fehrenbach (»dem Männergesangverein-Vorstand«) sowie den Sozialdemokraten Hermann Müller, Gustav Bauer und Philipp Scheidemann »wirklich keinen Staat machen« könne. Auch der kaiserliche Reichskanzler der Jahre 1900 bis 1909, Bernhard von Bülow, äußert sich in seinen Memoiren abwertend: 1901 habe er nicht ahnen können, dass sein Porträt in der Reichskanzlei »einmal neben Fehrenbach, Joseph Wirth und Gustav Bauer hängen würde«. Was solche Kritiker nicht verstanden hatten, war, dass es für einen Reichskanzler des Kaiserreiches tatsächlich vollauf genügte, *kaisernah* zu sein, wohingegen es für einen Regierungschef in einer parlamentarischen Demokratie unabdingbar war – und ist –, *volksnah* zu sein.

Die Zabern-Affäre als politisches Sprungbrett

Zusätzlich zu seinem lokalen politischen Engagement in Freiburg wurde Fehrenbach als jüngster Abgeordneter 1885 in den Badischen Landtag gewählt, verzichtete jedoch zwei Jahre später freiwillig auf eine Wiederwahl, da sich seine Partei in heftigen Flügelkämpfen verzehrte. In der noch vom Kulturkampf geprägten Atmosphäre hatte sich Fehrenbach, der sich selbst als der »Gemäßigtste unter den Gemäßigten« bezeichnete, demjenigen Parteiflügel angeschlossen, der einen Kurs des Kompromisses gegenüber der badischen Landesregierung verfolgte. Der Parteiführer Theodor Wacker hingegen setzte in den folgenden eineinhalb Jahrzehnten ganz auf Konfrontation, was an den Wahlurnen auf positive Resonanz stieß. Nach 14 Jahren, 1901, kehrte der nunmehr fast 50-jährige Fehrenbach zurück in die Zweite Kammer des Badischen Landtags, wo sich die kulturkämpferischen Wogen mittlerweile geglättet hatten. Er zählte bald zu den führenden Abgeordneten seiner Partei, 1905 wurde er zum Fraktionsvorsitzenden, 1907 zum

Landtagspräsidenten gewählt. Ein Zeichen wachsender Prominenz war auch, dass Fehrenbach ebenfalls 1907 zum Präsidenten des 54. Deutschen Katholikentages in Würzburg bestimmt wurde. Neben den politischen Ämtern in Stadt und Land hatte Fehrenbach seit 1903 auch ein Reichstagsmandat inne, wobei man der Ehrlichkeit halber sagen muss, dass eine solche Dreifachbelastung bei ihm wie bei anderen Abgeordneten weniger einen Hinweis auf eine übermenschliche Arbeitsfähigkeit darstellt als auf die geringeren Anforderungen, die in jener Zeit an solche Ämter gestellt wurden.

In Berlin zählte Fehrenbach zu denjenigen Parlamentariern, die einen Linksruck des Zentrums einläuteten. 1907 wurde er in den Fraktionsvorstand gewählt, ohne dass er im Reichstag besonders in Erscheinung getreten wäre, da sein Arbeitsschwerpunkt bis zu seinem Verzicht auf das Landtagsmandat 1913 nach wie vor in Karlsruhe lag. Zieht man persönliche Bemerkungen und Beiträge zur Geschäftsführung ab, so hielt Fehrenbach bis 1913 zehn Reden im Reichstag, also durchschnittlich eine pro Jahr.

Am 3. Dezember 1913 katapultierte eine einzige Reichstagsrede in der Debatte über die sogenannte Zabern-Affäre den bis dahin auf Reichsebene weitgehend unbekannten, fast 62-jährigen Abgeordneten in die erste Reihe der deutschen Politik. Auslöser der Affäre waren nassforsche Übergriffe einiger in der elsässischen Stadt Zabern (heute: Saverne) stationierter preußischer Offiziere auf die Zivilbevölkerung. Dieser Lokalkonflikt hatte sich zu einer nationalen Verfassungskrise hochgeschaukelt, weil die jeweils vorgesetzten zivilen und militärischen Behörden die Vorgänge verharmlost und damit die patriotischen Gefühle der Elsässer noch mehr verletzt hatten. Auch die Regierungsvertreter bagatellisierten in der Reichstagsdebatte das Vorgefallene. Als erster Abgeordneter ergriff Constantin Fehrenbach das Wort und brandmarkte die Stellungnahme der Reichsregierung als »schwarzen Tag« für das Deutsche Reich. In dieser Situation sei es die

Constantin Fehrenbach mit seiner Tochter Elisabeth 1922 in Wien, links der deutsche Gesandte in Österreich Maximilian Pfeiffer.

Aufgabe des Parlaments, »die Meinung der gerechten und einsichtigen Volksteile zum Ausdruck zu bringen«. Wenn das Militär nicht mehr dem Gesetz unterstehe, wenn es zum Staat im Staate werde, dann drohe dem Deutschen Reich der Untergang. Diese Rede stieß im Zentrum, bei der linksliberalen Fortschrittspartei und bei der SPD – also bei denjenigen Parteien, die fünfeinhalb Jahre später die Weimarer Koalition bilden sollten – auf breite Zustimmung. Das Presseecho fiel dementsprechend aus. Die *Magdeburger Zeitung* schrieb: »Die ganze Bedeutung der in Frage stehenden Vorgänge brachte zum ersten Male am heutigen Tage der Zentrumsabgeordnete Fehrenbach zum Bewußtsein. Sonst ein ruhiger, jovialer Badenser, ging er heute, beinahe unter Tränen, mit der Regierung in einer Weise ins Gericht, daß diese einigermaßen verdutzt wurde über diesen tief von innen kommenden unwiderstehlichen Ton. Die Rede machte ungeheuren Eindruck und wurde wiederholt von brausendem Händeklatschen unterbrochen.« Dieser 3. Dezember 1913 markiert den zweiten Wendepunkt in Fehrenbachs Leben. Mit seiner Stellungnahme zur Zabern-Affäre – vielleicht der wichtigsten Rede, die im Reichstag des Kaiserreiches gehalten wurde, mit Sicherheit aber einer der bedeutendsten Reden in der deutschen Parlamentsgeschichte – trat Fehrenbach »zum ersten Mal in das Rampenlicht der großen Öffentlichkeit, um es nicht wieder zu verlassen«, wie die liberale *Vossische Zeitung* 1926 in einem Nachruf schrieb.

Fehrenbach als Reichstagspräsident (2. v. r.) mit den Vizepräsidenten Heinrich Dove, Philipp Scheidemann und Hermann Paasche (v. l. n. r.).

Als Präsident zweier Parlamente: Repräsentant des alten und des neuen Systems

Fehrenbachs Ansehens- und Machtzuwachs wird an den Ämtern deutlich, die ihm während des Ersten Weltkrieges angetragen wurden: 1917 übernahm er sowohl den Vorsitz im Haushalts- oder Hauptausschuss, dem wichtigsten Ausschuss des Reichstages, als auch im Interfraktionellen Ausschuss (IFA), in dem SPD, Zentrum und Linksliberale ihr Vorgehen koordinierten. Außerdem war er Mitglied im Siebener-Ausschuss, der über die Friedensinitiative von Papst Benedikt XV. beraten sollte. Nach dem Sturz von Reichskanzler Michaelis am 31. Oktober 1917 sollte nach dem Willen des IFA Fehrenbach Reichskanzler werden, falls der Kaiser eine aus der Mitte des Reichstages gebildete Regierung angestrebt hätte. Dies war jedoch erst im Herbst 1918 der Fall. Reichskanzler wurde der Zentrumspolitiker Graf Hertling, der Ende September 1918 zurücktrat. Wiederum waren Fehrenbach und der Liberale Friedrich Payer als Reichskanzler im Gespräch, die aber beide ablehnten, sodass die erste und letzte parlamentarische Regierung des Kaiserreiches von Prinz Max von Baden gebildet wurde. Warum lehnte Fehrenbach das ihm angebotene Amt ab? Aus Loyalität gegenüber seinem Parteifreund Hertling, aus mangelndem Machtbewusstsein, aus der Einsicht, dass der Lauf der Geschichte nicht mehr aufzuhalten war? Vielleicht aber auch aus Loyalität gegenüber dem Amt, das er am 8. Juni 1918 angetreten hatte, als er von den anwesenden Abgeordneten nahezu einstimmig zum Reichstagspräsidenten gewählt worden

Die deutsche Delegation im Zugabteil auf dem Weg zur Konferenz von Spa Anfang Juli 1920: Reichskanzler Fehrenbach, der Staatssekretär in der Reichskanzlei Heinrich Albert, Reichswirtschaftsminister Ernst Scholz, Reichsaußenminister Walter Simons und Reichsfinanzminister Joseph Wirth (v. l. n. r.).

war. Auf jeden Fall gehört keine große Phantasie dazu, um festzustellen, dass unter einem Reichskanzler Fehrenbach die letzten Wochen des Kaiserreiches ähnlich oder sogar identisch verlaufen wären wie unter Max von Baden.

Die Kriegsniederlage und der Sturz der Monarchien trafen Fehrenbach wie ein Schock. Er verließ Berlin fluchtartig Richtung Freiburg und erlitt einen Nervenzusammenbruch. Aber er verfiel nicht in eine Schockstarre, sondern wurde umgehend wieder politisch aktiv. Nach seiner Rückkehr nach Berlin am 15. November 1918 versuchte er beharrlich, aber vergeblich, den Reichstag wieder einzuberufen. Aus seiner Sicht war es schwer verständlich, dass der Rat der Volksbeauftragten zwar mit der alten kaiserlichen Regierung und Bürokratie, aber nicht mit dem Reichstag zusammenarbeiten wollte. Erst als eine Versammlung der Groß-Berliner Soldatenräte am 14. Dezember 1919 Fehrenbachs Initiative scharf als »Verrat am gemeinsamen Vaterland« kritisierte, verzichtete er endgültig darauf, resignierte aber nicht, sondern ließ sich wenig später als Spitzenkandidat des badischen Zentrums für die Wahlen zur Nationalversammlung am 19. Januar 1919 aufstellen. In Weimar wurde er zunächst zum Vizepräsidenten und nach dem Rücktritt von Eduard David (SPD) am 14. Februar 1918 mit fast 98 Prozent der gültigen Stimmen zum Präsidenten der Nationalversammlung gewählt.

Durch seine beiden Präsidentenämter bildete Fehrenbach eine Klammer zwischen dem alten und dem neuen politischen System in Deutschland und signalisierte weiten Teilen des Bürgertums, die noch abseits standen, dass es sich lohnte, sich *in der* und *für die* parlamentarische Demokratie zu engagieren. Der bisherige Monarchist Fehrenbach arrangierte sich nicht nur mit der Republik, er nahm sie als in der historischen Situation einzig mögliche Staatsform an, sodass man ihn zwar nicht als Herzensrepublikaner der ersten Stunde, aber ab der 61. Minute bezeichnen kann. Als Präsident der Nationalversammlung war Fehrenbach ganz in seinem Element. Er leitete souverän die oft schwierigen Plenarsitzungen, er hielt glänzende, zum Teil nicht unumstrittene Reden, die auch deshalb besonders auffielen, weil ihm weder Reichspräsident Friedrich Ebert noch Reichskanzler Gustav Bauer als Redner das Wasser reichen konnten. Am 31. Juli 1919 lobte Fehrenbach die intensive Arbeit der Abgeordneten an der Weimarer Reichsverfassung: »So legen wir nun die Verfassung in die Hände des deutschen Volkes, das wir dadurch zum freiesten Volke der Erde gemacht haben.« Am Schluss der 180. und letzten Sitzung der Konstituante dankte der Abgeordnete Friedrich Payer dem scheidenden Präsidenten Fehrenbach, der »weder das Gleichgewicht, noch den Humor« verloren habe, dessen Unparteilichkeit überall anerkannt werde und der die Verhandlungen »teils mit Güte, teils auch mit sanfter Gewalt« zu einem so guten Ende geführt habe: »Er wird, wenn er aus diesem Amte mit dem Bewußtsein treu und erfolgreich erfüllter Pflicht scheidet, übergehen in die Geschichte als der würdige Präsident der Verfassunggebenden Deutschen Nationalversammlung.«

Kanzler in Krisenzeiten – Kanzler des Übergangs

Das von Payer vorhergesagte »Übergehen in die Geschichte« verzögerte sich aber noch mehrere Jahre, denn keine sechs Wochen nach dieser Eloge trat Constantin Fehrenbach sein Amt als Reichskanzler der ersten Minderheitsregierung in der deutschen Geschichte an. Stärkster Koalitionspartner war mit 13,9 Prozent die DVP, die die Weimarer Republik innerlich ablehnte, gefolgt vom Zentrum und der DDP. Zusammen vertrat die Regierung 35,8 Prozent der Wähler und war damit auf die Tolerierung durch die SPD angewiesen. Für ein solches Kabinett, das von Anfang an auf tönernen Füßen stand, war Fehrenbach als Integrator *zunächst* die Idealbesetzung.

Die zentrale Aufgabe der folgenden Monate war die Ausgestaltung des Versailler Vertrages. Mehrere wichtige Fragen waren offen geblieben, darunter vor allem Höhe und Dauer der Reparationszahlungen. Auf der Konferenz in der belgischen Stadt Spa sollten vom 5. bis 16. Juli 1920 drei Fragenkomplexe – Abrüstung, Kohlelieferungen und Reparationen – erörtert werden. Als Kapital setzte Fehrenbach, der die deutsche Delegation in Spa anführte, auf seine persönliche Glaubwürdigkeit. Der britische Diplomat Viscount D'Abernon berichtet in seinen Memoiren, der Kanzler habe auf alliierte Vorwürfe mit »offensichtlicher Ehrlichkeit« geantwortet: »Ich bin ein alter Mann, der bald vor dem obersten Richter erscheinen wird. Ich bitte mir daher Glauben zu schenken, wenn ich sage, dass ich den ehrlichen Wunsch habe, die übernommenen Vertragsverpflichtungen zu erfüllen, – man soll jedoch nichts Unmögliches von uns verlangen.« Dieser Appell blieb jedoch ohne Resonanz. Der deutsche Vorschlag, dem Deutschen Reich wenigstens 200 000 statt der geforderten 100 000 Soldaten zuzugestehen, wurde abgelehnt. Ein Protokoll über die Abrüstung und eines über Kohlelieferungen wurden von der deutschen Delegation erst unterzeichnet, nachdem die Alliierten mit dem Einmarsch in das Ruhrgebiet gedroht hatten. Fixiert wurde in Spa lediglich der Länderverteilungsschlüssel der Reparationen, aber noch nicht deren Höhe.

Auch wenn Deutschland in Spa erstmals seit der Kriegsniederlage wieder als Konferenzteilnehmer von den Westmächten zugelassen wurde, so waren es doch keine Verhandlungen »von Gleichen mit Gleichen«, wie Fehrenbach bedauernd im Reichstag feststellte, sondern die Verhandlungen beruhten »auf einem durch ein Ultimatum verstärkten Diktat«. Dabei sollte es auch im kommenden Jahr bleiben. Auf der alliierten Konferenz in Paris im Januar 1921 wurden die deutschen Reparationen auf 226 Milliarden Goldmark beziffert. Die Ablehnung dieser Summe von deutscher Seite beantworteten die Siegermächte im März 1921 mit der Besetzung dreier Brückenköpfe auf dem östlichen Rheinufer. Am 27. April 1921 wurde das »Londoner Ultimatum« vorgelegt, das von Deutschland die Annahme der zwar erheblich verringerten, aber immer noch unvorstellbar hohen Summe von 132 Milliarden Goldmark verlangte. In diesem Moment war nicht mehr Vermittlung, sondern eindeutige politische Führung gefordert. Constantin Fehrenbach, mehr »ehrlicher Makler« als autoritärer Regierungschef, konnte die Fliehkräfte innerhalb seines Kabinetts nicht mehr bändigen. Der parteilose Außenminister Walter Simons trat vehement für eine Ablehnung des »Londoner Ultimatums« ein, eine letztlich unrealistische Position. Trotzdem stand Fehrenbach seinem Außenminister bei und trat am 4. Mai 1921 als Reichskanzler zurück. Das Londoner Ultimatum wurde schließlich von seinem Nachfolger Joseph Wirth angenommen – es war der Beginn der sogenannten »Erfüllungspolitik«.

Auch nach dem Ende seiner (Übergangs-)Kanzlerschaft blieb Fehrenbach politisch aktiv. Am 8. Dezember 1921 übernahm er sein bisher höchstes Parteiamt, den Vorsitz der Reichstagsfraktion des Zentrums. Rund vier Jahre später wurde er mitten aus seiner politischen Tätigkeit gerissen. Nach sechswöchigem Krankenlager starb der 74-Jährige am 26. März 1926, vermutlich an den Folgen eines Gehirntumors. Constantin Fehrenbach war einer der bedeutendsten Abgeordneten in der deutschen Geschichte, ein Volksvertreter im besten Sinne des Wortes, ein begnadeter Redner, kein Machtmensch und darum auch kein großer Kanzler, aber ein großer Präsident dreier Parlamente. Heute wäre er wohl der ideale Kandidat für das Amt des Bundespräsidenten.

ULRIKE HÖRSTER-PHILIPPS

Joseph Wirth (1879–1956) Unbequemer Demokrat und Verständigungspolitiker

Er zählt zu den umstrittensten Politikern der Weimarer Zeit. Lange blieb sein politisches Profil unscharf. Die Reichskanzlerpension blieb dem Exilanten in der jungen Bundesrepublik verwehrt. Welches Politikverständnis trieb den Zentrumspolitiker an?

Leidenschaftliche Erregung prägte die Rede Joseph Wirths im Reichstag an jenem denkwürdigen 25. Juni 1922, dem Tag nach der tödlichen Attacke auf Reichsaußenminister Walther Rathenau. Es war eine Rede, die wie keine andere die politische Grundüberzeugung des amtierenden Reichskanzlers zum Ausdruck brachte. »In jeder Stunde Demokratie« – war seine Forderung an alle Deutschen zur aktiven Verteidigung der Republik gegen die deutschnationale Mordhetze der vorausgegangenen Monate, »aber nicht Demokratie, die auf den Tisch schlägt und sagt: wir sind an der Macht! – nein, sondern jene Demokratie, die geduldig in jeder Lage für das eigene [...] Vaterland eine Förderung der Freiheit sucht! In diesem Sinne muss jeder Mund sich regen, um endlich in Deutschland diese Atmosphäre des Mordes, des Zankes, der Vergiftung zu zerstören! Da steht [nach rechts gewandt] der Feind, der sein Gift in die Wunden eines Volkes träufelt, – da steht der Feind – und darüber ist kein Zweifel: Dieser Feind steht rechts!« Wirths Appell – oft verkürzt zu der Formel »Der Feind steht rechts!« – ist bis zum heutigen Tag zu einem vielzitierten Mahnruf geworden. Wirth selbst blieb zeit seines Lebens ein entschiedener Verfechter der Demokratie und ein Gegner von politisch motivierter Gewalt.

Frühe politische Prägung durch das Elternhaus

Der aus Freiburg im Breisgau stammende Joseph Wirth zählte zu den Politikern, die sich schon unmittelbar nach Gründung der Weimarer Republik ohne Vorbehalt auf den Boden der Demokratie gestellt hatten. Entscheidende Prägung erfuhr der junge Wirth durch sein sozial und politisch engagiertes, katholisches Elternhaus. Am 6. September 1879 wurde er als Sohn von Karl Wirth, Maschinenmeister beim Freiburger Verlagshaus Herder, und dessen Ehefrau Agathe geboren. Wie sein politisch aktiver Vater interessierte sich Wirth, der zweitälteste von den drei Wirth-Söhnen, bereits als junger Mann brennend für soziale Fragen. 1906 beendete er sein Studium der Mathematik, Nationalökonomie und Naturwissenschaften mit einer Dissertation im Fach Mathematik an der Universität Freiburg. 1908 wurde er Gymnasialprofessor am örtlichen Realgymnasium. Schon früh schloss er sich der Zentrumspartei an. Sein scharfer Verstand und seine brillante Rednergabe führten zu einer steilen politischen Karriere: 1911 wurde er in den Freiburger Bürgerausschuss gewählt, 1912 in die Stadtverordnetenversammlung. 1913 zog er mit nur 34 Jahren in die Zweite Kammer der Badi-

Joseph Wirth (vorne rechts) und Reichspräsident Friedrich Ebert (vorne links) beim Verlassen des Reichstags nach der Verfassungsfeier am 11. August 1922.

schen Landstände ein. Knapp zwei Monate später wurde er bei Nachwahlen im Wahlkreis Offenburg in den Reichstag gewählt.

Mehr als 40 Jahre später, im Jahr 1956, sollte Wirths Seelsorger, der Freiburger Prälat Ernst Föhr, an seinem Grab die Würdigung vornehmen, Wirth sei ein »Mann mit christlicher Gesinnung« gewesen, der sich als »Anwalt der Armen« verstand und der nicht an den Satz glaubte: »Si vis pacem, para bellum – wenn du den Frieden willst, so rüste zum Krieg«. Denn, so Föhr, Wirth wusste, »was die beiden letzten Kriege uns brachten und was ein neuer Krieg für uns bedeuten würde«. In der Tat war Wirth schon als junger Mann ein Gegner des Krieges. Als die Kriegsbegeisterung in den ersten Augusttagen 1914 euphorische Züge annahm, beklagte er das »über Europa hereingebrochene Unheil«. Aufgrund einer angeborenen Herzschwäche vom Wehrdienst suspendiert, meldete er sich freiwillig zum Sanitätsdienst und erlebte den Krieg als Sanitäter an verschiedenen Fronten, bis ihn eine schwere Erkrankung 1917 nach Berlin zurückholte, wo er aktiv die Friedensresolution seines Parteifreundes Matthias Erzberger unterstützte.

Reichsminister und Reichskanzler in schwieriger Zeit

In den Revolutionstagen des Jahres 1918 wurde Wirth zum badischen Finanzminister ernannt, knapp zwei Jahre später holte ihn der ebenfalls aus Freiburg stammende Reichskanzler Constantin Fehrenbach nach Berlin ins Amt des Reichsfinanzministers in der Nachfolge von Matthias Erzberger. Am 10. Mai 1921 wurde der 41-jährige Joseph Wirth

Wirth auf der Weltwirtschaftskonferenz von Genua, April 1922, im Gespräch mit den russischen Delegierten Leonid Krassin, Georgij Tschitscherin und Adolf Joffe (v. l. n. r.).

als jüngster aller Reichskanzler in dieses hohe Amt berufen, dabei seinen innerparteilichen Gegenspieler und Fraktionskollegen Konrad Adenauer ausstechend. Wirth übernahm das Amt von Fehrenbach, der aufgrund der nahezu unzumutbaren Reparationsforderungen der Alliierten im »Londoner Ultimatum« zurückgetreten war. Reichspräsident Friedrich Ebert hatte sich ausdrücklich für Wirth ausgesprochen. Mit dem neuen Amt hatte Wirth schwere Verantwortung in einer fast aussichtslosen außen- und innenpolitischen Situation des Reiches übernommen. Deutschland war durch den Versailler Vertrag, durch astronomisch hohe Reparationsforderungen und durch seine außenpolitische Isolation in einer schwierigen Lage. Wirth trat dafür ein, die Reparationsforderungen der Alliierten zu erfüllen. Das brachte ihm und seinem Außenminister die abwertende Bezeichnung »Erfüllungspolitiker« ein und setzte eine jahrelang anhaltende Mordhetze gegen ihn und Rathenau in Gang.

Der Rapallo-Vertrag 1922

Wirth verfolgte ein klares außenpolitisches Konzept. Er zählte zu jenem zunächst kleinen Kreis von Vertretern aus Politik, Wirtschaft und Militär, die eine »aktive Ostpolitik« befürworteten, die auf Ausgleich und Verständigung mit Sowjetrussland basieren sollte. Ziel war es, durch die Herstellung friedlicher Beziehungen weitergehende Reparationsforderungen Russlands zu verhindern, den Versailler Vertrag zu mildern und die außenpolitische Isolation Deutschlands zu durchbrechen. Mit dem Abschluss des Rapallo-Vertrags zwischen dem Deutschen Reich und Sowjetrussland am 16. April 1922 am Rande der Weltwirtschaftskonferenz in Genua wurde der erste Vertrag zwischen zwei Staaten mit unterschiedlicher gesellschaftlicher Ordnung abgeschlossen. In ihm waren der gegenseitige Verzicht auf Reparationen, die diplomatische Anerkennung Sowjetrusslands und Handelserleichterungen vorgesehen. Wirth bezeichnete den Rapallo-Vertrag als »wahren Friedensvertrag«. In der Tat schuf der Vertrag die Grundlage für wirtschaftliche Kooperation und anderthalb Jahrzehnte friedlicher Beziehungen zwischen beiden Staaten. Auch wenn die Wogen der Empörung über die deutsch-russische Verständigung bei den Westmächten zunächst hochschlugen und das Abkommen bis heute kontrovers diskutiert wird, sah Wirth die Verständigung mit Sowjetrussland keineswegs als Gegensatz zu einer nach Westen ausgerichteten Verständigungspolitik. Er sollte später die Erfahrungen der Rapallo-Politik in seine politischen Gestaltungskonzepte der 1950er-Jahre mit hineinnehmen.

Zum politischen Selbstverständnis Wirths zählt, dass er sich als national denkender Politiker betrachtete. Die Einheit des Reichs, in der bürgerlichen Revolution von 1848/49 erstrebt, 1871 mit anderem Vorzeichen unter Bismarck auf staatlicher Ebene verwirklicht, galt ihm, wie vielen anderen Politikern seiner Zeit, als hoher Wert. Zeitgenossen und Historiker haben Wirth vorgehalten, er habe die »Schwarze Reichswehr« finanziell unterstützt und damit jene Kräfte gefördert, die die Demokratie bekämpften. Wirth selbst hat sich zu dieser Haltung immer bekannt, denn vor dem Hintergrund der 1920/21 heftig tobenden Auseinandersetzung um die Aufteilung Oberschlesiens versuchte er, mit der Unterstützung der »Schwarzen Reichswehr« gegen polnische Freischärler vorzugehen. Die Abtretung des für die Erfüllung der deutschen Reparationsleistungen so wichtigen oberschlesischen Industriereviers an Polen konnte er damit aber nicht verhindern.

Politische Positionierung in den Zwanzigern

Nach seiner Demission als Reichskanzler im November 1922 geriet Wirth wiederholt in Konflikt mit der Parteiführung des Zentrums um den künftigen politischen Kurs der Partei, speziell wegen ihrer Koalitionsbereitschaft mit den Rechtsparteien und der fehlenden eindeutigen Stellungnahme der Partei zur republikanischen Staatsform. Vorübergehend trat er deshalb 1925/26 aus der Fraktion aus und engagierte sich im überparteilichen republikanischen Kampfverband, dem »Reichsbanner«. 1926 initiierte er die Gründung der »Republikanischen Union« und gab gemeinsam mit dem Reichstagspräsidenten Paul Löbe (SPD) und dem Karlsruher Linksliberalen Ludwig Haas die republikanische Zeitschrift *Die Deutsche Republik* heraus, die das Konzept eines »sozialen und demokratischen Volksstaats« verfocht.

Mehr als in der Zeit seiner Kanzlerschaft konnte er sich nun in seiner geliebten Heimatstadt Freiburg aufhalten. Obwohl Wirth zeit seines Lebens unverheiratet blieb, war er nicht »solo«. In den 1920er- und 1930er-Jahren verband ihn eine langjährige Liebesbeziehung mit seiner Fraktionskollegin Christine Teusch, der späteren Kultusministerin in Nordrhein-Westfalen. Als Minister für die besetzten Gebiete im zweiten Kabinett Hermann Müller (1929/30) und als Innenminister im ersten Kabinett Heinrich Brüning (1930/31) positionierte Wirth sich deutlich gegen den anwachsenden Nationalsozialismus, blieb allerdings wie viele seiner Zeit erfolglos.

Flucht aus Deutschland

Gut ein Jahrzehnt nach dem Rathenau-Mord waren die Kräfte, die vor politischem Mord nicht zurückschreckten, in Deutschland an die Macht gelangt. Wirth, der sich am 23. März 1933 mit Tränen in den Augen dem Fraktionszwang gebeugt und dem »Ermächtigungsgesetz« zugestimmt hatte, musste Deutschland am Tag danach verlassen. Auch wenn er auf eine baldige Rückkehr hoffte, teilte er nicht die Erwartung vieler Zentrumskollegen, dass der Nationalsozialismus durch das Konzept der »Einrahmung« in eine Koalition mit den rechtskonservativen Parteien zu zähmen sei. Die Nachrichten über Verhaftungen und Misshandlungen, die ihn im Exil erreichten, erschütterten Wirth und veranlassten ihn bereits im Frühjahr 1933, sich aktiv für die verhafteten badischen Politiker und Abgeordneten, darunter der badische Staatspräsident Adam Remmele (SPD) und der aus seinem Amt vertriebene Freiburger Oberbürgermeister Karl Bender, einzusetzen.

In den zwölf Jahren seines Exils engagierte Wirth sich unermüdlich gegen das NS-Regime, gegen Antisemitismus und Judenverfolgung. Er hielt sich zunächst in Österreich, der Schweiz und Italien auf, ab 1935 wählte er Paris als ständiges Exil. Er bereiste fast alle europäischen Staaten und führte politische Gespräche mit Politikern, Staatsmännern und Würdenträgern der katholischen Kirche, um über den wahren Charakter des Nationalsozialismus aufzuklären. Hauptzielort war für ihn immer wieder der Vatikan. Vor allem hier wollte er vor Illusionen über das NS-Regime warnen. Vom Heiligen Stuhl erwartete er eindeutige Äußerungen gegen die NS-Diktatur und eine Stellungnahme gegen Rassismus und Antisemitismus. Dabei stand er mit äußerst einflussreichen Kreisen im Vatikan in Verbindung, etwa mit den Jesuitenpatern Robert Leiber, ehemals Schüler Wirths am Freiburger Realgymnasium, später Professor an der päpstlichen Università Gregoriana und enger Vertrauter von Papst Pius XI. und Kardinalstaatssekretär Pacelli, sowie mit Gustav Gundlach, ebenfalls Professor an der päpstlichen Universität.

Als 1935 mit der Verkündung der »Nürnberger Gesetze« die völlige Entrechtung der Juden besiegelt wurde, verstärkte sich Wirths Bemühen, als Katholik »eine Brücke der Verständigung« zwischen Judentum und Christentum zu schlagen – ein äußerst ungewöhnliches Engagement für einen katholischen Politiker. Für ihn zählte die früh vollzogene Judenemanzipation zu den großen Errungenschaften Badens, die Rolle der Juden im Geistesleben war für ihn unverzichtbarer Bestandteil der deutschen Kultur. In vielen Fällen leistete Wirth Fluchthilfe für verfolgte Juden. In den Jahren seines Pariser Exils unterhielt er enge Verbindungen zu jüdischen Organisationen in Frankreich, England und den USA. 1935 wandte er sich mit einem schriftlichen Memorandum an den Vatikan, um eine grundlegende Stellungnahme des Papstes in der Antisemitismusfrage zu erreichen. Drei Jahre später veröffentlichte er im Verlag des Wiener Pauluswerks eine Schrift unter dem Titel *Die Kirche Christi und die Judenfrage*, in der er vorausschauend davor warnte, dass die Juden nur die »ersten Opfer« seien. Zeitgleich zu Wirths Aktivitäten hatte Pius XI. 1938 drei Jesuitenpatres, unter ihnen Gustav Gundlach, mit der Ausarbeitung eines Entwurfs für eine Enzyklika zu Fragen des Antisemitismus beauftragt. Wirth hatte Kenntnis von diesem Vorhaben. Der Entwurf wurde fertiggestellt, gelangte aber wegen des Todes Pius' XI. im Februar 1939 nicht zur Veröffentlichung.

Exil in der Schweiz und Kontakte zum militärischen Widerstand

Am Tag nach dem Überfall der deutschen Truppen auf Polen floh Wirth aus Paris in die Schweiz. Mit fast 60 Jahren musste er nach sechsjähriger Emigration in Frankreich mit zwei möblierten Zimmern in Luzern vorliebnehmen. Fast ein ganzes Jahrzehnt sollte er so verbringen müssen.

Seine aktive Gegnerschaft zum Nationalsozialismus setzte Wirth fort. 1939/40 bemühte er sich, die Möglichkeiten eines Friedensschlusses Deutschlands mit England und Frankreich zu sondieren, und dies in konspirativer Abstimmung mit Teilen des militärischen Widerstands im Reich, die über den ehemaligen Reichswehrminister Otto Geßler zu Generalstabschef Franz Halder führten. Unter den zahlreichen gleichgerichteten Versuchen verschiedener Oppositionskreise in Deutschland um die Jahreswende 1939/40 wurden nach den Unterlagen des *Foreign Office* nur zwei Versuche ernst genommen: die Bemühungen Wirths, formuliert in einem Brief an Premierminister Chamberlain am 24. Dezember 1939, und die zeitlich parallel erfolgenden Vermittlungsbemühungen des Vatikans. Als Reaktion erhielt Wirth eine Fünf-Punkte-Erklärung mit weitgehenden Zugeständnissen Englands für den Fall eines politischen Umsturzes in Deutschland. Obwohl diese Erklärung der britischen Regierung General Franz Halder erreichte, kam es zu keiner Aktion der nationalkonservativen

Joseph Wirth auf dem Balkon seiner Exilwohnung in der Haldenstraße in Luzern, aufgenommen 1948.

Opposition. Die Unentschlossenheit der deutschen Militärs und ein Umschwung in der britischen Politik, in dessen Folge auch Wirth als Verhandlungspartner nicht mehr ernst genommen wurde, ließen im Gegenteil schon bald jede Hoffnung auf einen Friedensschluss schwinden.

Neuorientierung und Nachkriegskonzeptionen

Die Verbindung zwischen Wirth und dem ehemaligen preußischen Ministerpräsidenten Otto Braun (SPD), die auf dem gemeinsamen Schweizer Exil gründete, war die Keimzelle eines sich seit 1942 herausbildenden informellen Kreises deutscher Exilpolitiker in der Schweiz, dessen Anliegen es war, Fragen des Wiederaufbaus und der Gestaltung der politischen Verhältnisse in Nachkriegsdeutschland zu erörtern und durch verschiedene Initiativen Einfluss auf die alliierte Deutschlandplanung zu gewinnen. Der von Joseph Wirth, Otto Braun und dem Juristen Wilhelm Hoegner geleitete Zirkel entwickelte bis zum Kriegsende eine Reihe interessanter Konzepte für ein Deutschland nach Hitler. Am 12. April 1945 konstituierte sich schließlich in Zürich die Arbeitsgemeinschaft »Das Demokratische Deutschland« mit Otto Braun und Joseph Wirth als gleichberechtigten Präsidenten. Im Mai 1945 brachte der Kreis die programmatische Schrift *Das Demokratische Deutschland* heraus, deren verfassungspolitische Überlegungen über die Rolle Deutschlands in Europa und der Welt später zum Teil Eingang fanden in die Gestaltung der Länderverfassungen und des Grundgesetzes.

Mit dem Zusammenbruch des NS-Regimes verband Wirth die Hoffnung, so bald als möglich nach Deutschland zurückkehren zu können. Doch abgesehen von einem Kurzbesuch in Freiburg im Sommer 1945 verweigerten ihm die französischen Besatzungsbehörden bis Mitte 1948 die Einreise. Mehrere Chancen für ein politisches Comeback, auf das Wirth gehofft hatte, zerschlugen sich. Zwei ihm angetragene Kandidaturen für die CDU bei den ersten Bundestagswahlen 1949 wurden zurückgezogen. Ohne Mandat waren seine politischen Handlungsmöglichkeiten beschnitten. Schlimmer noch: Es war die Voraussetzung dafür geschaffen, ihn ins Abseits zu stellen. Der bei seiner Rückkehr nach Freiburg 1949 70-jährige Wirth stand vor einem völligen Neuanfang. Erst vier Jahre nach Kriegsende wurde ihm eine minimale Pension als ehemaliger Gymnasialprofessor zugestanden. Die Adenauer-Regierung verweigerte ihm bis zu seinem Tod im Jahr 1956 die Reichskanzler- und Reichsministerpension, ja sie forderte sogar nach seinem Tod die geleisteten Abschlagzahlungen von den Erben zurück. So lebte Joseph Wirth an seinem Lebensabend unter äußerst eingeschränkten finanziellen Verhältnissen bei der Witwe seines verstorbenen Bruders Hermann in Freiburg. Für ihn begann jetzt die schwierigste, die persönlich leidvollste und die politisch umstrittenste Phase seines Lebens.

Joseph Wirth und DDR-Staatspräsident Wilhelm Pieck am 3. Januar 1952.

Für eine gesamtdeutsche Option – Gespräche mit Ost-Berlin und Moskau

An der Jahreswende 1951/52 reiste Wirth erstmals auf eigenen Wunsch nach Ost-Berlin zu Gesprächen mit DDR-Staatspräsident Wilhelm Pieck, Ministerpräsident Otto Grotewohl und anderen. Diese Reise sollte zum Quell fortdauernder Verdächtigungen als »Handlanger der SED« und »nützlicher Idiot Moskaus« werden. Sein politisches Anliegen war es, unter den Bedingungen des Kalten Krieges mit der DDR und der Sowjetunion ins Gespräch zu kommen, um einen anderen Weg als den der Westintegration und Wiederbewaffnung auszuloten, den sein alter politischer Kontrahent Konrad Adenauer vertrat. Die Wiedergewinnung der deutschen Einheit war ihm ein ernstes Anliegen. Wie viele andere, wie Gustav Heinemann, Helene Wessel, Thomas Dehler oder Martin Niemöller, ging er davon aus, dass die Westintegration die Spaltung Deutschlands vertiefen und den Frieden unsicherer machen würde. Wirth trat für eine gesamtdeutsche Option, für eine Mittlerstellung Deutschlands zwischen Ost und West ein. In gewisser Weise nahm er damit Grundlinien der Ostpolitik der 1970er-Jahre vorweg. Dabei baute er nicht zuletzt auf die Rapallo-Erfahrung, dass man mit den Russen verhandeln könne. Wiederholt traf er in der Folgezeit auch mit hochrangigen Vertretern der Sowjetunion und anlässlich einer Reise in die UdSSR im Jahr 1953 auch mit dem sowjetischen Außenminister Molotow zusammen

Dass der »Rapallo-Kanzler« von einst der politischen Führung der DDR zur Propagierung ihrer deutschland- und sicherheitspolitischen Vorstellungen im Westen hochwillkommen war, steht außer Frage. Ungeachtet der Übereinstimmung in vielen Positionen gab es jedoch erhebliche Differenzen Wirths mit der SED-Führung um die Frage der Freilassung politischer Gefangener in der DDR. Wirth erreichte es im Verlauf der folgenden Jahre, mehr als 100 Häftlinge freizubekommen.

Seit 1952 engagierte sich Wirth in der »Deutschen Sammlung« und seit 1953 im »Bund der Deutschen für Einheit, Frieden und Freiheit«, dessen Vorsitz er gemeinsam mit dem ehemaligen Zentrumspolitiker und Freund Adenauers, Wilhelm Elfes, übernahm – ein breites Bündnis unterschiedlicher politischer Kräfte. 1953 konstituierte sich im Vorfeld der Bundestagswahlen ein vielbeachtetes Wahlbündnis zwischen dem »Bund der Deutschen« und der Gesamtdeutschen Volkspartei Gustav Heinemanns, des späteren Bundespräsidenten, der im Herbst 1950 aus Protest gegen Adenauers Politik der Wiederbewaffnung sein Amt als Bundesinnenminister niedergelegt hatte und aus der CDU ausgetreten war. Bei den Bundestagswahlen scheiterte jedoch der Versuch, eine deutschland- und sicherheitspolitische Alternative ins Parlament zu bringen. Insbesondere im Vorfeld der Wahl waren noch einmal massive Vorwürfe gegen Wirth erhoben worden, die darin gipfelten, er werde von der SED finanziert.

Ein lange verkannter Politiker?

Wirth starb am 3. Januar 1956 in Freiburg nach kurzer Krankheit an Herzversagen. Unter großer Anteilnahme der Bevölkerung wurde er am 5. Januar auf dem Hauptfriedhof seiner Heimatstadt beigesetzt. Politische Honoratioren aus Stadt und Land waren nur in geringer Anzahl unter den Trauergästen. Bezugnehmend vor allem auf das letzte Lebensjahrzehnt Wirths hielt der bereits zitierte Prälat Föhr eine eindrucksvolle, aufrüttelnde Traueransprache, die mit den Worten begann: »Missverstanden! Verleumdet! Verfemt! Das war sein Schicksal. Er hat darunter furchtbar gelitten.« Wirth wollte, so Föhr, »seine Beziehungen zum Osten nützen im Interesse Deutschlands«, auch wenn er sein Anliegen in der Öffentlichkeit nicht habe deutlich machen können. Wirths Bemühungen um eine gesamtdeutsche Lösung hervorhebend, schrieb Altreichskanzler Heinrich Brüning an Föhr: »Ich war tief beeindruckt von Ihren Worten und habe mich aufrichtig gefreut, dass Sie Dr. Wirths Andenken in so ausgezeichneter und warmer Form verteidigt haben [...]. Man hat eben keine Vorstellung in der Heimat mehr von der unendlich schweren Arbeit, die Dr. Wirth in den ersten Jahren nach dem Ersten Weltkrieg für unser Vaterland geleistet hat.«

Wahlplakat der Gesamtdeutschen Volkspartei zur Bundestagswahl 1953.

Die Würdigung der politischen Lebensleistung Joseph Wirths als Minister und Reichskanzler, als Schöpfer des Rapallo-Vertrags, als überzeugter Demokrat und Parlamentarier, als Gegner des NS-Regimes, als überzeugter Katholik und engagierter Kämpfer gegen Antisemitismus und Rassismus blieb jahrzehntelang überschattet von dem aus der Zeit des Kalten Krieges stammenden Vorwurf, er sei ein nützliches Werkzeug der Kommunisten gewesen. Eine dürftige Quellenlage und die faktische Unkenntnis über weite Strecken seines politischen Lebens leisteten den Verleumdungen Vorschub, befeuert durch manchen Widerspruch in der politischen Biografie Wirths. Erst in den frühen 1990er-Jahren wurden Unterlagen zugänglich, die die »weißen Flecken« im Leben Wirths erhellten. Seither hat ein Prozess der Neubewertung dieses lange verkannten Politikers eingesetzt, wenn auch noch nicht alle zählebigen Legenden getilgt sind. Aber gerade deshalb ist Joseph Wirth eine politische Persönlichkeit, die zahlreiche Denkanstöße auch für die Gegenwart gibt.

BERND BRAUN

Hermann Müller (1876–1931)
Kanzler der Zeitenwende

Der gebürtige Mannheimer übernahm als Außenminister, Reichskanzler und Parteiführer Verantwortung in einer weithin verantwortungslosen Zeit. Seinen Einsatz für die Weimarer Demokratie bezahlte er letztlich mit seinem Leben.

Am 21. Juni 1919 nimmt die aus SPD und Zentrumspartei gebildete neue Reichsregierung unter dem Sozialdemokraten Gustav Bauer ihre Arbeit auf. Anders als ihre Vorgängerin beugt sich diese Regierung der Macht des Faktischen und ist am 23. Juni bereit, das Ultimatum der Siegermächte zu akzeptieren und den Friedensvertrag zu unterschreiben, um die angedrohte Wiederaufnahme der Kampfhandlungen zu vermeiden. Den Unterzeichnungsakt in Versailles am 28. Juni überlassen die eigentlichen Kriegsverantwortlichen, die führenden Politiker und Militärs des Kaiserreiches, gerne dem neuen Außenminister Hermann Müller, dem ersten Sozialdemokraten an der Spitze des Auswärtigen Amtes, und Reichsverkehrsminister Johannes Bell vom Zentrum. Am späten Abend des 26. Juni verlässt die kleine deutsche Delegation den Bahnhof Friedrichstraße in Berlin und kommt erst am 28. Juni um 2.50 Uhr nachts am Zielbahnhof in der Nähe von Versailles an. Fast genau zwölf Stunden später, um 14.45 Uhr, werden die Deutschen in ihrem Hotel abgeholt und zum Schloss von Versailles gefahren, in dessen Spiegelsaal die Zeremonie stattfinden soll.

Der Akt gleicht einem Spießrutenlaufen. Hunderte von Augenpaaren verfolgen gespannt bis feindselig jeden Schritt, jede Geste, jeden Blick der deutschen Minister, sobald diese in den vollbesetzten Saal geführt werden. Hermann Müller hat sich vorgenommen, diesen Akt deutscher Demütigung souverän hinter sich zu bringen. Er verzichtet auf die bereitliegende französische Schreibgarnitur und unterzeichnet mit seinem eigenen Füllfederhalter. Sofort machen absurde Gerüchte in der französischen Presse die Runde, dass Müller Geheimtinte benutzt habe, die sich wieder verflüchtigen werde. Damit besiegelt der 43-Jährige am 28. Juni 1919 um 15.12 Uhr das (vorläufige) Ende des Deutschen Reiches als europäische Großmacht, die 1871 in ebendiesem Spiegelsaal durch Otto von Bismarck begründet worden war. Nach der Rückkehr ins Hotel löst sich die ungeheure Nervenanspannung bei Hermann Müller in einem Schweißausbruch, wie er ihn noch nie zuvor erlebt hat: »Das war eben die physische Reaktion, die dieser unerhörten psychischen Belastungsprobe unmittelbar folgte. Und nun erst fühlte ich, daß ich die schwerste Stunde meines Lebens hinter mir hatte.«

Dass Müller mit dem Gang nach Versailles die undankbarste Aufgabe übernommen hatte, die bis heute jemals einem deutschen Außenminister aufgebürdet wurde, brachte ihm bei den »nationalen Kreisen«, die den Krieg verschuldet hatten, keine Sympathien ein. Ganz im Gegenteil. Als Müller

Hermann Müller als Außenminister, aufgenommen um 1919.

1931 im Alter von nur 54 Jahren starb, waren diese »nationalen Kreise« schon länger wieder aus der Deckung hervorgetreten und hatten sich zu einer Gefahr für die Weimarer Republik entwickelt. Einer ihrer Sprecher – Joseph Goebbels – notierte am 21. März 1931 in sein Tagebuch: »Hermann Müller gestern Abend gestorben. Ein Landesverräter weniger.« In der Episode aus Versailles spiegelt sich das Politikverständnis von Hermann Müller wider: die Bereitschaft zur Verantwortung, Mut zur Unpopularität, Nüchternheit und Pragmatismus. Mit dieser Grundeinstellung leitete er ab 1919 als Vorsitzender die SPD und ihre Reichstagsfraktion und amtierte zweimal als Reichskanzler. Dass er einmal in die höchsten Partei- und Staatsämter aufsteigen sollte, war bei seiner sozialen Herkunft alles andere als vorbestimmt.

Vom Sohn eines Fabrikdirektors zum Sozialdemokraten

Der aus der Nähe von Saarbrücken stammende Georg Müller hatte fünf Jahre in der Champagne die Herstellung von Schaumwein gelernt, ein Gewerbe, mit dem er später in Mannheim seine Ehefrau Caroline, seinen dort 1876 geborenen ältesten Sohn Hermann und dessen drei jüngere Geschwister gut ernähren konnte. »Meine Eltern waren nicht wohlhabend, aber das Einkommen meines Vaters hielt Not und Sorgen von uns fern«, urteilte Hermann Müller im Rückblick über diese Mannheimer Jahre. Der soziale Status dürfte sich 1888 nochmals verbessert haben, als Georg Müller die Leitung der Schaumweinfabrik in Niederlößnitz, heute ein Stadtteil von Radebeul, übernahm. Es folgten vier unbeschwerte Jahre in Sachsen, bis der plötzliche Tod des Vaters im Juli 1892 die Familie in eine existenzielle Krise stürzte. Hermann und sein jüngerer Bruder Heinrich mussten das Gymnasium abbrechen, weil das Schulgeld nicht mehr aufgebracht werden konnte. Aus einem weltoffenen, aber keineswegs SPD-nahen Elternhaus stammend, hätte Hermann Müller ohne die eigene Erfahrung, dass Bildung im Kaiserreich völlig vom finanziellen Status der Eltern abhing, wohl niemals Anschluss an die Arbeiterbewegung gefunden. In Frankfurt am Main, der Heimatstadt seiner Mutter, begann er 1893 eine kaufmännische Lehre bei einer Filiale der Keramikfirma Villeroy & Boch und trat noch als 17-Jähriger der SPD und der freien Handlungsgehilfenbewegung bei.

Eine steile Parteikarriere

Zwei Jahre nach dem Ende seiner Lehre wechselte Müller beruflich nach Breslau. Er engagierte sich im dortigen sozialdemokratischen Verein und schrieb gelegentlich Artikel für die lokale SPD-Zeitung *Breslauer Volkswacht*, als ihm 1899 überraschenderweise die Redaktion der *Görlitzer Volkszeitung* angeboten wurde. Dass mit dem erst 23-Jährigen ein noch reichlich unerfahrener Nachwuchsmann diese Offerte erhielt, war kein Zufall, denn die Aufgabe glich einem Himmelfahrtskommando. Nur wenige Monate nach ihrer Gründung stand die *Görlitzer Volkszeitung* bereits vor dem Ruin. Müller ließ sich im August 1899 trotzdem auf das Wagnis ein und bewährte sich glänzend. Es gelang ihm, das SPD-Blatt zu stabilisieren und seine Auflage kontinuierlich zu erhöhen. Er wurde zum zweiten Vorsitzenden des Wahlvereins und 1903 auch in die Stadtverordnetenversammlung von Görlitz gewählt. Außerdem kandidierte er erstmals – erfolglos – für den Reichstag. Hermann Müller hatte sich in Görlitz derart profiliert, dass er auf Vorschlag des Parteivorsitzenden August Bebel zum Zweck der Verjüngung in den Parteivorstand der SPD berufen werden sollte.

Der Parteitag in Jena 1905 verlief jedoch anders als geplant: Unterstützt vom Gewerkschaftsflügel, dem Müller – eine Fehleinschätzung – als zu radikal galt, wurde der als gemäßigter eingestufte Vorsitzende der Bremer SPD, Friedrich Ebert, in den Parteivorstand gewählt. Wesentlich schmerzlicher als diese politische Niederlage war ein privater Schicksalsschlag, denn Ende November 1905 starb Müllers Ehefrau Elfriede, die er 1902 geheiratet hatte, nur fünf Wochen nach der Geburt der Tochter Annemarie an den Folgen ihrer Tuberkuloseerkrankung. Auf dem SPD-Parteitag 1906 in Mannheim rückte Müller dann im zweiten Anlauf doch noch in den Parteivorstand ein, was er selbst durchaus als Wink des Schicksals interpretierte: »So hat Mannheim zum zweiten Male den Lauf meines Le-

Hermann Müller mit seiner zweiten Frau Gottliebe Jäger, aufgenommen um 1909.

bens stark bestimmt und mir die Möglichkeit gegeben, die von Jugend auf in mir schlummernden politischen Kräfte voll zur Auswirkung zu bringen.« Das neue Amt machte den Umzug von Görlitz nach Berlin notwendig, wo er 1909 eine zweite Ehe mit der Lehrerin Gottliebe Jäger einging; 1910 kam die jüngere Tochter Erika zur Welt.

Innerhalb der vergleichsweise kleinen Parteiführung (dem engeren Parteivorstand gehörten 1906 acht und 1913 zehn Mitglieder an) war Hermann Müller für mehr als zehn Jahre der Benjamin. Er war 36 Jahre jünger als August Bebel, während ihn von dem bayerischen Urgestein Ignaz Auer 30 und von dem Sozialexperten Hermann Molkenbuhr immer noch 25 Jahre trennten. Seiner Generation gehörte nur der fünf Jahre ältere Friedrich Ebert an, mit dem ihn trotz dessen Kampfkandidatur 1905 ein freundschaftlich-kollegiales Verhältnis verband. Die beiden Jungen im Parteivorstand besaßen im Unterschied zu den Älteren kein Abgeordnetenmandat und konnten sich daher voll und ganz auf die Organisation und Verwaltung der stetig wachsenden SPD konzentrieren, deren Mitgliederzahl bis 1914 auf über eine Million ansteigen sollte. Ideologisch positionierte sich Müller, wie übrigens auch Ebert, in der praxisorientierten Mitte der Partei.

Müller hatte nicht nur am Ende des Ersten Weltkrieges eine wichtige historische Mission in Frankreich zu erfüllen, sondern bereits unmittelbar vor Ausbruch der Kampfhandlungen. Am 31. Juli 1914 reiste er zu Sondierungsgesprächen über Brüssel nach Paris, um eine gemeinsame Stimmenthaltung der deutschen und französischen Sozialisten bei den anstehenden Abstimmungen über die Kriegskredite auszuloten. Noch während der Hinreise wurde der französische Sozialistenführer und Pazifist Jean Jaurès am Abend des 31. Juli von einem Nationalisten ermordet. Dadurch verloren die entschiedenen Kriegsgegner innerhalb der französischen Linken massiv an Rückhalt. Hermann Müllers Fazit der Gespräche lautete denn auch: »Der Verlauf der gesamten Debatte ließ keinen Zweifel darüber, dass die französische Fraktion in der Kammer für die Kriegskredite stimmen würde.« Damit gingen die beiden wichtigsten Parteien der Internationale getrennte Wege. Ab dem 4. August 1914 stellte sich Müller, wie die Mehrheit der SPD, auf den Boden der Burgfriedenspolitik, auch wenn er sich – da er erst am 23. Juni 1916 bei einer Nachwahl in den Reichstag gewählt wurde – fast zwei Jahre der Gewissensentscheidung »Ja« oder »Nein« zu den Kriegskrediten nicht unterziehen musste.

An den Schaltstellen der Macht

Nach Ausbruch der Revolution wurde Hermann Müller zunächst Mitglied im Vollzugsrat der Berliner Arbeiter- und Soldatenräte, dann stellvertretender Vorsitzender des Zentralrates der Arbeiter- und Soldatenräte Deutschlands. In beiden Gremien setzte er sich für eine Weichenstellung in Richtung einer parlamentarischen Demokratie ein. Über diese entscheidende Phase deutscher Geschichte schrieb er 1928 das Buch *Die November-Revolution*, das die Grundentscheidungen der SPD während dieser kritischen Monate im Abstand von zehn Jahren verteidigte. Für den schlesischen Großwahlkreis Breslau wurde er in die Nationalversammlung gewählt, danach bis zu seinem Tod in den Reichstag für fränkische Wahlkreise, weshalb er zur Unterscheidung von anderen Abgeordneten gleichen Namens im Parlament als »Müller-Franken« bezeichnet wurde; dies war jedoch kein offizieller Namensbestandteil.

Im Juni 1919 stand der gerade 43 Jahre alt gewordene Politiker im Wochentakt dreimal im Rampenlicht. Auf dem Parteitag in Weimar wurden Hermann Müller und Otto Wels am 14. Juni als Nachfolger des Führungstandems Friedrich Ebert und Philipp Scheidemann zu Vorsitzenden der SPD gewählt, am 21. Juni übernahm er den Posten des Außenministers, und am 28. Juni unterzeichnete er den Versailler Vertrag. In den neun Monaten an der Spitze des Auswärtigen Amtes versuchte der neue Minister die verkrusteten Strukturen seines Ministeriums gegen erhebliche Widerstände auf Seiten der »verstaubten« Protokollbeamten zu reformieren.

Als die Regierung Gustav Bauer die Verantwortung für den Kapp-Putsch und die zu schleppend betriebene Militärreform übernahm und zurücktrat, bildete Hermann Müller als bis dahin jüngster Kanzler in der deutschen Geschichte am 27. März 1920 ein Übergangskabinett der Weimarer Koalition (SPD, Zentrum und linksliberale DDP), das nach den Reichstagswahlen am 6. Juni angesichts der verheerenden Niederlage der SPD keine Neuauflage erlebte. Müller plädierte für den Gang in die Opposition und übernahm den Vorsitz der Reichstagsfraktion seiner Partei. Erst seit 1920 entwickelte er sich zu einem der bedeutendsten deutschen Parlamentarier seiner Zeit. Es war vor allem sein Verdienst, dass die 1922 erfolgte Wiedervereinigung mit der USPD ein Erfolg wurde. Einerseits durfte der dadurch ausgelöste Linksruck die Partei nicht völlig aus dem Gleichgewicht bringen, andererseits mussten die in den Konflikten während des Krieges aufgerissenen Gräben wieder überbrückt werden. Müller, der in Auseinandersetzungen stets argumentierte, allenfalls ironisierte, aber niemals beleidigte oder diffamierte, war besonders dazu geeignet, Feinde, wenn nicht in Freunde, so doch zumindest wieder in Parteifreunde zu verwandeln.

Aber nicht nur innerparteilich, sondern auch auf der parlamentarischen Ebene war sein Fingerspitzengefühl gefragt. Die SPD war auch in den Zeiten der Opposition (1920/21, November 1922 bis Juni 1928, unterbrochen durch 83 Tage in der Großen Koalition 1923) indirekt Regierungspartei, da die meisten Reichsregierungen Minderheitskabinette waren. Wollte sie nicht mit antidemokratischen Parteien zum Sturz der jeweiligen Regierung beitragen, musste die SPD diese notgedrungen tolerieren. Aus innerer Überzeugung hingegen stützte sie den Versöhnungskurs von Außenminister Stresemann. Diese Zwitterstellung zwischen Regierung und Opposition war weder nach innen noch nach außen leicht zu vermitteln. Es bedurfte eines Integrators wie Hermann Müller, um diese permanente Zerreißprobe für die SPD zu bewältigen.

Das »Kabinett der Köpfe« im Sommer 1928; stehend v. l. n. r.: Hermann Dietrich (Ernährung), Rudolf Hilferding (Finanzen), Julius Curtius (Wirtschaft), Carl Severing (Inneres), Theodor von Guérard (Verkehr), Georg Schätzel (Reichspost); sitzend v. l. n. r.: Erich Koch-Weser (Justiz), Reichskanzler Hermann Müller, Wilhelm Groener (Reichswehr) und Rudolf Wissell (Arbeit). Es fehlt der erkrankte Außenminister Gustav Stresemann.

Ein Wendepunkt deutscher Geschichte: die zweite Reichskanzlerschaft

Den Reichstagswahlkampf 1928 führte die SPD mit der Parole »Kinderspeisung statt Panzerkreuzer«. Sie erzielte damit am 20. Mai 1928 mit 29,8 Prozent der abgegebenen Stimmen ihr bestes Ergebnis seit den Wahlen zur Nationalversammlung. Erst bei der Bundestagswahl 1957 sollte die SPD wieder ein besseres Resultat erreichen. In der Kanzlerfrage setzte sich Hermann Müller gegen seinen innerparteilichen Rivalen, den preußischen Ministerpräsidenten Otto Braun, durch. Obwohl Braun ebenfalls Mitglied des Reichstages war, besaß Müller einen größeren Rückhalt in der Fraktion. Ein weiteres ausschlaggebendes Motiv dürfte gewesen sein, dass es sich bei ihm um einen »gelernten Kanzler« handelte, der am 28. Juni 1928 nach einer Unterbrechung von fast acht Jahren – ein einmaliger Vorgang in der deutschen Geschichte – seine zweite Kanzlerschaft antrat.

Die Koalitionsfindung hatte sich zuvor äußerst schwierig gestaltet. Die DVP hatte ihren Eintritt in die Reichsregierung an die Bedingung geknüpft, auch in die preußische Landesregierung (eine Weimarer Koalition) aufgenommen zu werden, was Otto Braun ablehnte. Da das Zentrum seine Wahlniederlage und den Verlust des Kanzleramtes noch nicht verkraftet hatte und seine Personalvorschläge in den Verhandlungen nicht durchsetzen konnte, stagnierte die Regierungsbildung. Der erkrankte DVP-Vorsitzende Stresemann, der sich zur Kur im Sanatorium Bühlerhöhe im Schwarzwald aufhielt, löste schließlich den Knoten, indem er in einem offenen Telegramm die Bereitschaft zum Eintritt in die Regierung signalisierte (»Schuss von Bühler-

Hermann Müller am 7. September 1928 während seiner vielbeachteten Rede vor dem Völkerbund.

höhe«) und damit seine Partei vor vollendete Tatsachen stellte. So kam am 28. Juni zwar keine formale Große Koalition zustande, aber wenigstens ein »Kabinett der Köpfe«, in das die fünf beteiligten Parteien (SPD, Zentrum, DVP, DDP und Bayerische Volkspartei) ihre Minister ohne verbindlichen Koalitionsvertrag entsandten. Kein zeitgenössischer Beobachter hätte auch nur einen Pfennig darauf gewettet, dass sich aus diesem auf tönernen Füßen stehenden Kabinett das am längsten amtierende der Weimarer Republik entwickeln sollte. Im April 1929 gelang schließlich die formale Bildung der Großen Koalition. Das Hauptverdienst an der langen Lebensdauer der Regierung gebührt dabei der auf Ausgleich und Kompromiss angelegten Führung durch Hermann Müller.

Die umstrittensten Politikfelder innerhalb der Regierung Müller II waren die Wehr- und die Sozialpolitik. Zündstoff, ja Sprengstoff barg der für den Reichspräsidenten, die Reichswehr und die bürgerlichen Parteien äußerst prestigeträchtige Bau des Panzerkreuzers »A«. Ein frühes Scheitern der Regierung an diesem Rüstungsprojekt konnte nur durch ein äußerst fragwürdiges parlamentarisches Verfahren umgangen werden. Im Kabinett stimmten die SPD-Minister einschließlich des Kanzlers unter Bruch ihres Wahlversprechens *für* den Bau des Panzerkreuzers, im Reichstag als SPD-Abgeordnete aber unter Fraktionszwang *dagegen*. Um die Regierungsfähigkeit Deutschlands zu erhalten, ließ sich Hermann Müller von seiner eigenen Partei derart vorführen.

Auf dem wenig umstrittenen Gebiet der Außenpolitik konnte der Kanzler einen großen persönlichen Erfolg verbuchen. Für den erkrankten Außenminister Stresemann reiste er im September 1928 zur Sitzung des Völkerbundes nach Genf und erreichte dort mit einer aufsehenerregenden Rede von Frankreich die Zusage, Verhandlungen über die vorzeitige Räumung des Rheinlandes und eine endgültige Regelung der Reparationsfrage aufzunehmen. Diese Verhandlungen wurden in Gestalt zweier mehrwöchiger Konferenzen im August 1929 und im Januar 1930 im niederländischen Den Haag durchgeführt. Ergebnis waren der um fünf Jahre vorgezogene Abzug alliierter Truppen aus dem Rheinland (bis 30. Juni 1930) und die definitive Festlegung der Reparationen im Young-Plan.

Die Delegation zur Haager August-Konferenz konnte Hermann Müller nicht leiten, weil er ab Juli rund drei Monate von Berlin abwesend war. Während einer Kur in Bad Mergentheim war der Kanzler schwer an der Galle erkrankt. Er wurde in Heidelberg notoperiert und schwebte zweimal in akuter Lebensgefahr. Der bereits im Februar 1929 gesundheitlich angeschlagene Müller soll auf den Rat, zugunsten seiner Gesundheit auf das Amt des Reichskanzlers zu verzichten, geantwortet haben: »Wenn ich gehe, stürzt das ganze Gebäude der Republik zusammen.« Nun, zumindest sollte das »Gebäude der Republik« im März 1930 Risse erhalten, die letztlich 1933 zu seinem Einsturz entscheidend beitrugen.

Nach seiner Rückkehr nach Berlin am 27. September 1929 war Hermann Müller keine Schonfrist gegönnt. Vielmehr stellte das letzte halbe Jahr seiner Kanzlerschaft eine permanente Regierungskrise dar. Auslösendes Moment war der Tod Gustav Stresemanns am 3. Oktober 1929 – ein Menetekel für den Fortbestand der Großen Koalition. Stresemanns DVP rückte deutlich nach rechts und strebte das Ende dieser Regierungskonstellation an. Durch den Zusammenbruch der New Yorker Börse am 24. Oktober 1929 kollabierte die Weltwirtschaft, weshalb die Arbeitslosenzahlen in Deutschland im Frühjahr 1930 auf über drei Millionen kletterten.

Der von Reichsbankpräsident Hjalmar Schacht und der DVP vom Zaun gebrochene Konflikt über den Finanzplan für das Jahr 1930 konnte durch den Rücktritt von Finanzminister Rudolf Hilferding (SPD) und einen Ämtertausch am 21. Dezember 1929 entschärft werden. Der von NSDAP und DNVP initiierte Volksentscheid gegen den Young-Plan scheiterte am 22. Dezember 1929 zwar deutlich, aber er machte die NSDAP so salonfähig, dass sie Ende Januar 1930 in Thüringen zum ersten Mal an einer Landesregierung beteiligt wurde. Es gelang der Regierung, am 12. und 13. März 1930 den Young-Plan im Reichstag zu verabschieden und Reichspräsident Hindenburg zur Zustimmung zu bewegen – der letzte Erfolg der Großen Koalition.

Die Regierung zerbrach schließlich am 27. März 1930 an einer vergleichsweise läppischen sozialpo-

Hermann Müller zusammen mit dem US-amerikanischen Botschafter Jacob Gould Schurman nach dessen Abschiedsbesuch bei Reichspräsident Hindenburg im Januar 1930.

Ehrung für den verstorbenen Hermann Müller im *Vorwärts* vom 22. März 1931: »Dem Kämpfer für die Rheinlandbefreiung und für die Freiheit der Arbeiterklasse«.

litischen Frage, nämlich der Erhöhung des Beitrags zur Arbeitslosenversicherung um 0,25 Prozent. Die DVP war strikt dagegen, während die SPD darauf nicht verzichten wollte. Die SPD war tölpelhaft genug, sich das Scheitern der Großen Koalition in die Schuhe schieben zu lassen, das von anderen Kräften von langer Hand vorbereitet worden war. Hindenburg und seine Berater wollten eine nationaler ausgerichtete Regierung ohne die SPD installieren und hatten schon seit Monaten die entsprechenden Personen und Konstellationen sondiert. Heinrich Brüning, Fraktionsvorsitzender des Zentrums, hatte schon im Vorfeld seine Zustimmung zur Übernahme der Kanzlerschaft signalisiert und heimlich eine Kabinettsliste aufstellen lassen. In diesem Abgrund von Illoyalität sollte Brüning zwei Jahre später selbst versinken. So bedeutete der Sturz Hermann Müllers eine tiefe Zäsur in der deutschen Geschichte, denn mit ihm endete die letzte parlamentarische Regierung der Weimarer Republik.

Müller hatte einige Mühe, sich wieder in die SPD-Parteiführung zu integrieren, von der er sich in der Phase des Kanzlersturzes zu wenig unterstützt gefühlt hatte. Als der Reichstag im Sommer 1930 vorzeitig aufgelöst wurde, beteiligte sich der loyale Parteisoldat wieder intensiv am Wahlkampf. Auf Warnungen eines Arztes entgegnete Müller, er könne in diesen Wochen nicht fehlen, auch wenn es nicht gut für ihn ausginge.

Nach den Reichstagswahlen am 14. September 1930, bei denen die NSDAP einen erdrutschartigen Zuwachs von zwölf auf 107 Mandate erzielte, konnte Müller seine Partei davon überzeugen, im Interesse der Demokratie die ungeliebte Regierung seines Nachfolgers Brüning zu tolerieren, um Schlimmeres – Adolf Hitler – zu verhindern. Müller hatte sich die Position des einflussreichsten SPD-Parteiführers zurückerobert, was sich noch am 5. März 1931 bei einer stürmischen Fraktionssitzung zeigen sollte, in der sein Votum das Überleben der Regierung Brüning sicherte. Wenige Tage später brach sein altes Gallenleiden erneut aus, das dieses Mal von einer schweren Lungenentzündung begleitet wurde. Am 20. März 1931 starb der neben Friedrich Ebert bedeutendste SPD-Politiker der Weimarer Republik im Alter von ebenfalls erst 54 Jahren. Hermann Müllers Begräbnis gestaltete die Arbeiterbewegung zur letzten demokratisch-republikanischen Großkundgebung der Weimarer Republik: Mindestens 50 000 Teilnehmer umfasste der Trauerzug, dem noch einmal 350 000 Menschen an den Straßenrändern Berlins beiwohnten.

Was bleibt von Hermann Müller?

Von der historischen Forschung wurde Hermann Müller bisher weitgehend stiefmütterlich behandelt. Bis heute fehlt eine wissenschaftliche Biografie. In der Erinnerungskultur, der staatlichen wie derjenigen von SPD und Gewerkschaften, taucht sein Name nur selten auf. Die wenigen vorhandenen Kurzbiografien zeichnen ein eindimensionales Bild, das ihm nicht gerecht wird. Luise Kautsky, die Frau des Parteitheoretikers Karl Kautsky, widmete dem Verstorbenen einen sehr persönlichen Nachruf, der im *Vorwärts* abgedruckt wurde und der nicht die politischen, sondern die menschlichen Qualitäten Hermann Müllers hervorhob: »Wenigen Menschen war solch innere Harmonie

Otto Wels spricht auf der Trauerkundgebung für Hermann Müller in der SPD-Parteizentrale in Berlin.

beschieden wie ihm, darum verstand er es auch, eine wohlige Atmosphäre um sich zu schaffen. Auf ihn paßte voll und ganz das Nietzsche-Wort: ›Im rechten Manne ist ein Kind versteckt‹, denn ihm eignete neben allen seinen hohen sittlichen Gaben, seinem Pflichtgefühl, seinem Arbeitseifer, auch echte Lebensfreude, heiterster Optimismus, größte Genußfähigkeit. Und darum haben wir ihn nicht nur bewundert, geschätzt und verehrt, sondern von Herzen lieb gehabt wie einen Bruder und, fast möchte ich für meine Person sagen, wie einen teuren Sohn. Und das verschärft noch unsere Trauer über seinen frühen Hingang und läßt uns seinen Verlust noch herber und bitterer empfinden.« Nun sind Nachrufe bekanntlich keine Quellen, in denen man ein ausgewogenes Charakterbild eines Menschen erwarten darf, aber dennoch könnten diese Worte von Luise Kautsky ein leises Bedauern darüber auslösen, dass Hermann Müller im Buch der deutschen Geschichte bis heute ein unbeschriebenes Blatt ist.

INES MAYER

Clara Zetkin (1857–1933) »Soldat der Revolution«

Sie gilt als eine Ikone der Frauenrechtsbewegung, dabei sah sie sich selbst in erster Linie als Sozialistin. Dass Selbstverständnis und Fremdwahrnehmung oft auseinanderklafften, ist – weit über ihren Tod hinaus – ihr Los gewesen.

Im Reichstag herrscht eisiges Schweigen. Eine kleine gebrechliche Frau tritt ans Rednerpult. Sie wird ihre Rede im Sitzen halten. Sie ist fast blind, ihre Stimme brüchig. Clara Zetkin, die schon zu Lebzeiten legendäre Sozialistin und Frauenrechtlerin, eröffnet am 30. August 1932 als Alterspräsidentin den siebten Reichstag der Weimarer Republik, in dem die NSDAP erstmals die stärkste Fraktion stellt. Kurz nach der Wahl vom 31. Juli hatte sie sich von Moskau aus, wo sie seit 1924 lebte, dem Zentralkomitee der KPD als Rednerin zur Verfügung gestellt. »Die Rücksicht auf mein persönliches Befinden«, schrieb sie, dürfe »nicht die geringste Rolle spielen«. Auf dieses Pflichtgefühl, das die »Parteisoldatin« Clara Zetkin ein Leben lang angetrieben hatte, verwies sie auch am Schluss ihrer Rede: »Ich eröffne den Reichstag in Erfüllung meiner Pflicht als Alterspräsidentin und in der Hoffnung, trotz meiner jetzigen Invalidität das Glück zu erleben, als Alterspräsidentin den ersten Rätekongress Sowjetdeutschlands zu eröffnen.«

Diese Hoffnung war ihr da freilich schon abhandengekommen. Bereits 1930 hatte sie angesichts der gewaltigen Stimmengewinne der NSDAP im Reichstag und des im Vergleich eher mäßigen Zuwachses der KPD in einem Brief die »politische Unreife« der deutschen Arbeiterschaft beklagt. So deutlich konnte sie sich zwei Jahre später auf der Rednertribüne nicht äußern, wenngleich sie die »Passivität großer Teile des Proletariats« als Stütze der – de facto diktatorischen – Präsidialregierungen entlarvte. Im Entwurf ihres Manuskripts war sie hier noch weiter gegangen und hatte die »Passivität der Massen« als »das größte Übel« bezeichnet, das dann aber – vermutlich auf Druck der KPD – als zu massenkritisch gestrichen. Stattdessen rief Zetkin zur »Einheitsfront aller Werktätigen [auf], um den Faschismus zurückzuwerfen«. Dass die in der Wirtschaftskrise rasant verelendenden Arbeiter sich nicht erhoben, um die Ketten der »Klassensklaverei« abzuschütteln, ja im »Wahnglauben« an einen »wundertätige[n] Retter, [der] für sie handeln und sie vom peinigenden Elend befreien« könne, ins rechte Lager abwanderten, hat Clara Zetkin zutiefst enttäuscht. Aber auch dieser hellsichtige Passus fiel ihrer Zensur zum Opfer.

Wer war diese Frau, die schwerkrank von weither anreiste, um ein Parlament zu eröffnen, dessen Legitimität sie als KPD-Abgeordnete bestritt? Um an ein Proletariat zu appellieren, an das sie nicht mehr glaubte? Die sich als prominente Sozialistin und Frauenrechtlerin, als gleichermaßen bewunderte wie gefürchtete Agitatorin den Wortlaut ihrer Rede diktieren ließ?

Im Sitzen und mit brüchiger Stimme eröffnet die KPD-Abgeordnete und Alterspräsidentin Clara Zetkin am 30. August 1932 den Reichstag, in dem die NSDAP erstmals die mit Abstand stärkste Fraktion stellt.

Familiäre Prägungen – asketischer Vater, emanzipierte Mutter

Geboren wurde Clara 1857 in Wiederau bei Rochlitz in Sachsen als ältestes von drei Kindern des Dorfschullehrers und Kantors Gottfried Eißner und seiner zweiten, wie er selbst auch verwitweten Frau Josephine. Die praktizierte Nächstenliebe des asketischen Vaters gegenüber den Dorfarmen – Clara nannte ihn später einen »Tolstoianer« – konfrontierte sie mit der sozialen Frage und prägte sie ebenso wie das frauenpolitische Engagement der Mutter, die 1868 in Wiederau einen Ortsverein des erst drei Jahre zuvor konstituierten Allgemeinen Deutschen Frauenvereins (ADF) gründete. Auch wenn Clara Zetkin später scharf trennen sollte zwischen bürgerlicher und proletarischer Frauenbewegung, so blieb sie doch dem bildungsbürgerlich-pädagogischen Ansatz verhaftet, wonach sich die Lage der Frauen nur über deren unermüdliche Bildungsanstrengungen – intellektuell, beruflich, politisch – verbessern lasse.

Um Clara und ihren Geschwistern bessere Bildungschancen zu bieten, zog die Familie auf Betreiben der Mutter 1872 nach Leipzig, wo Clara die Höhere Töchterschule, dann das angegliederte Lehrerinnenseminar besuchte. Die Direktorin Auguste Schmidt, eine Freundin der ADF-Gründerin Louise Otto-Peters und prominente Frauenrechtlerin, hatte über das spätere Zerwürfnis hinaus einen nachhaltigen Einfluss auf Clara, vor allem was den hohen Stellenwert weiblicher Erwerbstätigkeit angeht. Diese war auch Clara immer wichtig und mündete für sie – zusammen mit dem familiären Bereich und dem politischen Engagement – in das Ideal des weiblichen »Vollmenschen«.

Sozialdemokratin in Zeiten des Sozialistengesetzes

Leipzig war damals ein Zentrum auch der Arbeiterbewegung, Gründungsort von Lassalles Allgemeinem Deutschen Arbeiterverein und nicht zuletzt Wohnort August Bebels und Wilhelm Liebknechts. Über eine Freundin schloss sich Clara Eißner einem Zirkel russischer Exilanten – Narodniki – an, die sie mit ihrer Hinwendung zum einfachen Volk und ihrer Absage an materiellen Besitz an das Tolstoianertum ihres Vaters erinnert haben. Hier lernte sie den jüdischen Intellektuellen Ossip Zetkin kennen, der sie zur Sozialdemokratie brachte: 1878, im ersten Jahr des Sozialistengesetzes, trat Clara der Sozialistischen Arbeiterpartei bei. Nach Hauslehrertätigkeiten in Linz und Zürich folgte sie ihm 1882 ins Exil nach Paris. Ganz im Sinne der Narodniki lebten die beiden in »wilder Ehe«, gleichwohl nahm Clara den Namen Zetkin an, den auch die gemeinsamen Söhne Maxim und Kostja führten. Die Zetkins hielten sich mit Sprachunterricht, Übersetzungen und Zeitungsberichten kümmerlich über Wasser; Clara schrieb an Karl Kautsky einmal von der »Misere eines Bohèmelebens«.

1886 starb Ossip Zetkin mit nur 39 Jahren an Tuberkulose. Clara verfasste weiterhin Artikel, um die kleine Familie durchzubringen, und erregte damit die Aufmerksamkeit der SPD-Parteiführer, die sie in das Planungskomitee des Internationalen Arbeiterkongresses in Paris – zur Gründung der Zweiten Internationale – delegierten, wo sie ihren ersten großen Auftritt als Rednerin hatte. Schon hier verkündete sie ihre lebenslange Grundüberzeugung, dass »die Frauenfrage keine isoliert für sich bestehende ist, sondern ein Teil der großen sozialen Frage«. Es gebe gar keine »besondere Frauenfrage«, auch keine »besondere Arbeiterinnenfrage« – beides werde aufgehoben im Antagonismus von Kapital und Arbeit, der erst in der sozialistischen Gesellschaft überwunden sei. Insofern laufe die Forderung nach dem Frauenstimmrecht ins Leere, wie sie von der bürgerlichen Frauenbewegung, aber auch von prominenten Sozialdemokraten, allen voran Bebel, propagiert und 1891 ins Erfurter Programm der SPD aufgenommen wurde. Diesem verpflichtet, setzte sich dann auch Clara Zetkin explizit für das Frauenwahlrecht ein.

Clara Zetkin mit ihren Söhnen Kostja und Maxim (um 1892). Nach dem frühen Tod ihres Lebensgefährten Ossip Zetkin brachte sie als alleinerziehende Mutter die Familie mit verschiedenen Schreibtätigkeiten über die Runden.

Bürgerlichkeit statt Bohème – das Stuttgarter Vierteljahrhundert

Als 1890 das Sozialistengesetz nicht mehr verlängert wurde, kehrte Clara Zetkin mit ihren Söhnen nach Deutschland zurück, abermals in eine Hochburg der Sozialdemokratie: nach Stuttgart. Ab 1891 arbeitete sie für den dortigen Dietz-Verlag als Chefredakteurin der Frauenzeitschrift *Die Gleichheit,* deren Auflagenhöhe sie bis 1914 von 2 000 auf 125 000 Exemplare steigerte. Zunächst wohnte Zetkin in der Rotebühlstraße 147, direkt neben den Familien Robert Boschs und Karl Kautskys. Sie heiratete den 18 Jahre jüngeren Kunstmaler Georg

Friedrich Zundel und baute mit ihm 1903 ein Haus in Sillenbuch bei Stuttgart, das zum Treffpunkt prominenter Freunde wurde – Rosa Luxemburg, August Bebel und Franz Mehring waren regelmäßige Gäste, einmal kam sogar Lenin zu Besuch. Zusammen mit dem 1907 angeschafften Daimler dokumentiert es den relativen Wohlstand, in dem die Zundels lebten. Karl Kautsky jr. meinte, Clara Zetkins Lebensstil habe alles andere als proletarisch gewirkt. Auch Anna Blos, die Frau des württembergischen Staatspräsidenten Wilhelm Blos, war nach einem Besuch in der »Villa Zundel« irritiert, sich Zetkin als »die Todfeindin der bürgerlichen Gesellschaft« vorzustellen, »als die sie sich selbst gern bezeichnete«. Das prekäre Bohèmeleben der Pariser Zeit war jedenfalls endgültig passé.

Die wichtigsten Ereignisse ihres sozialdemokratischen Vierteljahrhunderts in Stuttgart waren 1907 der Internationale Sozialistenkongress dort und in dessen Rahmen die erste Internationale Frauenkonferenz, bei der Zetkin in das neu geschaffene Amt der Internationalen Frauensekretärin berufen wurde. Drei Jahre später in Kopenhagen initiierte sie zusammen mit Käthe Duncker gegen den Willen der männlichen Genossen den Internationalen Frauentag, der ab 1911 am 19. März, seit 1921 im Gedenken an die Rolle der Frauen bei der russischen Februarrevolution 1917 am 8. März begangen wird (die Verschiebung resultiert aus der Differenz zwischen gregorianischem und julianischem Kalender) und der anfangs der »Agitation für das Frauenwahlrecht« diente. Das Ende dieser Lebensphase markierte 1914 der Ausbruch des Ersten Weltkriegs, auch wenn Zetkins Redaktionstätigkeit noch bis 1917 währte. Als überzeugte Internationalistin verurteilte Clara Zetkin die Bewilligung der Kriegskredite durch die sozialdemokratische Reichstagsfraktion und wandte sich in den Folgejahren zusammen mit anderen prominenten Parteilinken wie Rosa Luxemburg, Karl Liebknecht und dem aus Hechingen stammenden Paul Levi entschieden gegen die Burgfriedenspolitik der SPD. Besonderes Aufsehen erregte Zetkin 1915 mit der maßgeblich von ihr organisierten illegalen Frauenkonferenz in Bern mit Vertreterinnen aus verschiedenen kriegführenden Ländern. Bei der Rückkehr nach Deutschland wurde sie verhaftet und wegen Landesverrats monatelang im Gefängnis gehalten. Als sich Zetkin im Frühjahr 1917 der aus der innerparteilichen Opposition hervorgegangenen Unabhängigen Sozialdemokratie (USPD) anschloss, nahm ihr Parteichef Friedrich Ebert die Redaktion der *Gleichheit*. Auch privat bedeutete der Erste Weltkrieg für Clara Zetkin eine Zäsur: Beide Söhne wurden eingezogen, Georg Zundel meldete sich freiwillig – die Entfremdung der Eheleute wurde immer offensichtlicher. Zundel begann eine Liebesbeziehung mit Robert Boschs Tochter Paula, mit der er 1922 zusammenzog. Erst 1928 willigte Clara in die Scheidung ein.

Zu den privaten Enttäuschungen kamen die politischen. Es war die Zeit, als Clara Zetkin der Glaube an die SPD und – schlimmer noch – an die gesamte deutsche Arbeiterschaft abhandenkam. Hatte sie schon die Burgfriedenspolitik ihrer Partei und die Kriegsbegeisterung der Massen im August 1914 deprimiert, die zeige, »wie dünn das Häutchen der Kultur über der Menschen-Barbarei ist«, so brachte die zunächst hoffnungsvoll begrüßte Novemberrevolution 1918 den endgültigen Bruch. Die politische Zusammenarbeit der SPD mit den bürgerlichen Parteien in der Weimarer Koalition trug als Ausdruck des bewusst geschlossenen Bündnisses zwischen Arbeiterschaft und Bürgertum ebenso zur schnellen und tragfähigen Konsolidierung der neuen Republik bei wie das im Ebert-Groener-Abkommen besiegelte Bündnis mit dem Militär oder das Stinnes-Legien-Abkommen zwischen Unternehmern und Gewerkschaften. Aus Zetkins Sicht kam diese Politik einem Verrat an der proletarischen Revolution gleich. Der schon seit Jahren fortschreitende Entfremdungsprozess vollzog sich für sie allerdings nur in eine Richtung: Nicht sie entfernte sich von der Sozialdemokratie, sondern die Sozialdemokratie von ihr. Vor der Verfassunggebenden Württembergischen Landesversammlung, in die sie für die USPD eingezogen war, erläuterte sie am 14. April – inzwischen als KPD-Mitglied – ihr Selbstverständnis: »Meine Überzeugungen sind konsequent die gleichen geblieben seit Jahrzehnten, ob ich mich Sozialdemokratin, Unabhängige Sozialdemokratin oder Kommunistin nenne. Ich habe grundsätzlich immer die gleiche Überzeugung vertreten, die einer internationalen Sozialistin. Ich darf sagen: Mein Name ist ein Programm.«

Clara Zetkin und Rosa Luxemburg 1910 auf dem Weg zum SPD-Parteitag in Magdeburg. Luxemburg war eine wichtige Bezugsperson für Clara Zetkin. Nach ihrer Ermordung im Januar 1919 klagte Zetkin: »Rosa, Rosa, einzige Rosa, Du bist nicht mehr, und ich soll weiterleben?«

Die Stelle ist aufschlussreich. Zetkin war überzeugt davon, sich selbst treu zu bleiben. Einmal gewonnene Überzeugungen galten weiter, auch wenn sich die Umstände änderten. Der von außen betrachtet dogmatische Zug ihres Charakters wäre dann nichts anderes als eine Art Loyalität den eigenen Grundüberzeugungen gegenüber und daraus resultierend ein konsequentes Pflichtgefühl im Dienste »der Sache«. Das mag erklären, inwiefern auch frühere Prägungen und Überzeugungen nachwirken konnten und bisweilen zu seltsamen logischen Verwerfungen führten. So wie Zetkin nämlich am Ideal der klassenlosen Gesellschaft festhielt, glaubte sie an den Wert der Bildung für die Emanzipation der Arbeiter und noch mehr der Arbeiterinnen. Dass dabei der traditionelle Tugendkatalog als Orientierung dienen, die Proletarier zu »Pünktlichkeit, Gewissenhaftigkeit, Ordnung, Pflichttreue und [...] Selbstzucht« erzogen werden sollten, scheint so gar nicht zum antibürgerlichen Gestus zu passen, den Zetkin sonst pflegte. Das Ziel der Bildungsbemühungen war mehr als eine bloße »Veredelung« des Menschen, wie sie Friedrich Schiller vorgeschwebt hatte, den Zetkin den Leserinnen der »Gleichheit« zur Lektüre empfahl. Es ging ihr vielmehr um die Erziehung, ja die Schaffung eines »neuen Menschen«.

»Soldat der Revolution« – Parteisoldatin der KP

Seit der Oktoberrevolution von 1917 hatte diese Utopie für Zetkin einen realen historischen und geografischen Ort: Der neue Mensch erschien ihr im Sowjetmenschen verwirklicht. Der enthusiastisch gefeierte Umsturz in Russland, gepaart mit der Frustration über die Entwicklung in Deutschland – das Versagen des Proletariats und seiner bisherigen Repräsentanten –, führte Clara Zetkin zu der in ihren Augen einzigen Partei, die ihre Erwartungen einzulösen versprach: zu der im Januar 1919 gegründeten KPD. Ihr hat sie, wie sie selbst sagte, als »Soldat der Revolution« über alle Brüche und Zweifel hinweg die Treue gehalten. Und deren gab es wahrlich genug. Die erste große Desillusionierung kam bereits im März 1921. In völliger Überschätzung des eigenen Mobilisierungspotenzials und auf Weisung von Emissären der Dritten Kommunistischen Internationale (Komintern) entfesselte die KPD im mitteldeutschen Industriegebiet einen Aufstand gegen die parlamentarische Demokratie, der von der preußischen Polizei blutig niedergeschlagen wurde. Mit Paul Levi, der nach den politischen Morden an Rosa Luxemburg, Karl Liebknecht und Leo Jogiches eher widerstrebend den Parteivorsitz übernommen hatte, übte Clara Zetkin scharfe Kritik an der »Märzaktion«, die die Arbeiterschaft spaltete und das Ansehen der KPD beschädigte. Beide waren sie überzeugte Verfechter einer »Einheitsfront« aller Arbeiterparteien – im Gegensatz zur offiziellen Parteilinie nach 1924 – und sprachen sich, ebenfalls gegen starke Widerstände in der Partei, für die Teilnahme an Wahlen aus. Auch wenn der Parlamentarismus für Zetkin nur eine Übergangsphase markierte.

Was sich in den folgenden Monaten ereignete, bezeichnet ihre Biografin Tânia Puschnerat als »Unterwerfung Zetkins unter die Parteidisziplin *à la russe*«. Levi und Zetkin wurden nach Moskau zitiert, um Abbitte zu leisten. Doch während Levi standhaft blieb und am Ende aus der KP ausgeschlossen wurde, distanzierte sich Zetkin nach Gesprächen mit Lenin Schritt für Schritt von der geäußerten Kritik und von Levi, bedauerte ihren »Disziplinbruch« und gelobte Besserung. Ein Zerwürfnis mit dem bewunderten Vorbild Lenin und den siegreichen bolschewistischen Revolutionären war für Clara Zetkin letztlich undenkbar. Die Zugehörigkeit zur KP war für sie – anachronistisch ausgedrückt – »alternativlos«.

Ab jetzt befand sich Zetkin unter Beobachtung. Seit 1921 lebte sie überwiegend in der Sowjetunion, ab 1924 hatte sie ihren Hauptwohnsitz in Moskau, später im nahe gelegenen Kurort Archangelskoje. Ihr Reichstagsmandat in Berlin verwaltete sie von 1920 bis 1933 zunehmend *in absentia*. Hatte sie in der SPD zum linken Flügel gehört, galt sie nun als »rechts«. Trotz zahlreicher Spitzenämter – im Präsidium der Komintern (EKKI) und im Zentralkomitee der KPD, als Sekretärin der Internationalen Kommunistischen Frauenbewegung und als Präsidentin der Internationalen Roten Hilfe (IRH) sowie deren deutscher Sektion – wurde sie innerhalb

Clara Zetkin mit Lenins Witwe Nadeshda Krupskaja 1927 in Moskau. Seit Anfang der 1920er-Jahre lebte Zetkin überwiegend in der Sowjetunion, dem von ihr verherrlichten Hort der proletarischen Revolution.

der Partei politisch weitgehend kaltgestellt. Als prominentes Aushängeschild wurde sie dennoch gebraucht, mit zunehmendem Alter idealisiert und inszeniert, was bei der Feier ihres 70. Geburtstags im Juli 1927 einen vorläufigen Höhepunkt fand. Obwohl sie es sich ausdrücklich verbeten hatte, wurde in großem Stil gefeiert. Doppelt bitter, dass die Ehrungen von einem Mann kamen, den sie verachtete und als »Weib in Männerhosen« abtat: Stalin. Aber sie spielte mit, machte gute Miene zum bösen Spiel – Parteisoldatin, die sie war.

In einer wichtigen Frage unterwarf sie sich der Parteiräson aber nicht: in der Bewertung des Faschismus. Dieser war für sie eben nicht in erster Linie eine Erfindung der Bourgeoisie oder ein Herrschaftsinstrument des Kapitalismus, sondern, wie sie 1923 bei einer EKKI-Konferenz erklärte, eine Strafe dafür, dass das Proletariat die in Russland eingeleitete Revolution nicht weitergeführt habe. »Träger des Faschismus«, so Zetkin, »ist nicht eine kleine Kaste, sondern es sind breite soziale Schichten, große Massen, die selbst bis in das Proletariat hineinreichen«. Dass hier auch die gemäßigten Führer der Arbeiterschaft mit gemeint waren, darf vorausgesetzt werden. Aber trotz aller Kritik an der Sozialdemokratie wies Zetkin die seit 1924/25 aus Moskau vorgegebene »Sozialfaschismus«-These zurück, welche die Sozialdemokraten als linken Flügel des Faschismus abstempelte. Sie wehrte sich dagegen, den politischen Hauptfeind in der SPD und nicht in der NSDAP zu sehen. Diese Ansicht teilte sie übrigens mit dem württembergischen Landesverband der KPD, dessen Vorstand deswegen im Januar 1932 fast vollständig abgesetzt wurde. In Berlin dagegen beteten Parteiführer Ernst Thälmann und seine Genossen die von Stalin ausgegebenen Parolen getreulich nach, schossen sich auf die SPD ein – vor allem seit deren Tolerierungskurs gegenüber dem Präsidialkabinett von Heinrich Brüning nach 1930 – und befanden sich mit ihrer Fundamentalopposition immer wieder in ungewollter Allianz mit den Nationalsozialisten.

Als Clara Zetkin in ihrer Rede zur Reichstagseröffnung am 30. August 1932 zur »Einheitsfront aller Werktätigen« aufrief, war sie durchaus auf der Parteilinie. Zu gerne wäre die KP die unangefochtene Avantgarde aller Arbeiter gewesen; dabei rekrutierten sich ihre Wähler mittlerweile zu 78 Prozent aus dem Heer der Arbeitslosen. Zetkin hätte wohl auch den Schulterschluss mit der Sozialdemokratie und den Gewerkschaften vollzogen, um den Hauptfeind, den Nationalsozialismus, zu stoppen. Einen solchen Appell hätte man ihr freilich nicht durchgehen lassen.

Knapp fünf Monate nach Hitlers Machtübernahme, Mitte Juni 1933, verfasste Clara Zetkin einen Aufruf zur internationalen Woche der Roten Hilfe, in dem sie die bisherigen Terrorakte des NS-Regimes bilanzierte – »Unzählige sind ermordet, Zehntausende sitzen in Gefängnissen und Konzentrationslagern« – und die weitere Entwicklung antizipierte. Den Frauen nehme man ihre »im heißen Kampf errungenen Rechte«, versage ihnen »Selbständigkeit und Arbeit«, würdige sie zu »Gebärmaschinen« herab; den Künstlern und Intellektuellen seien bereits ihre »Kulturdokumente« entrissen und verbrannt worden, der ganzen Menschheit werde damit ein »Born der geistigen Entfaltung« entzogen. Scharf verurteilte Zetkin »die faschistische Hetze gegen Andersrassige, insbesondere [...] die unsagbare Schande der Judenpogrome«; auch auf einen drohenden Krieg wies sie hin.

All das musste Clara Zetkin nicht mehr erleben. Sie starb – seit längerer Zeit schwerkrank – wenige Tage nach diesem Aufruf, am 20. Juni 1933, in Archangelskoje. Ihre Urne wurde mit großem Pomp an der Kreml-Mauer in Moskau beigesetzt; getragen wurde sie von Stalin und Molotow. Auch das mitansehen zu müssen, blieb Clara Zetkin erspart.

Was bleibt? Wie kann Clara Zetkin im kollektiven Erinnerungshaushalt verortet werden? Eines ist sicher: Die unkritische und ihre Widersprüche ausblendende Heldenverehrung der DDR wie der heutigen Linken wird Clara Zetkins komplexer Persönlichkeit ebenso wenig gerecht wie ihre Diffamierung als »rote Emanze« oder ihre Reduzierung auf die Initiatorin des Internationalen Frauentags. Jenseits von Heroisierung und Dämonisierung steht Zetkin für die Aporien eines politischen – linken – Engagements für eine gerechtere Welt im »Zeitalter der Extreme« (Eric Hobsbawm). So verstanden kann die Auseinandersetzung mit dieser streitbaren und umstrittenen Frau auch heute noch fruchtbar sein.

In der DDR wurde Clara Zetkin als Ikone der sozialistischen Frauenbewegung heroisiert, wie das Plakat zeigt. In der Bundesrepublik war sie weitgehend vergessen oder wurde als »rote Emanze« diskreditiert. Beides wird Zetkins Persönlichkeit nicht gerecht.

MONIKA POHL

Ludwig Marum (1882–1934) Vorkämpfer der sozialen Demokratie

Arbeiterführer, Bildungsbürger, Jurist jüdischer Herkunft: Diese spannungsreiche Mischung kennzeichnet ihn, der in krisenhafter Zeit für den demokratischen Rechtsstaat kämpfte und in der NS-Zeit ein hartes Verfolgungsschicksal erlitt.

Man schreibt den 11. November 1918 in der badischen Hauptstadt Karlsruhe, als ein junger Mann von 36 Jahren als neuer Minister der Vorläufigen Badischen Volksregierung die folgenden Worte an die Beamten des badischen Justizministeriums richtet: »Ich erwarte, dass [...] die badischen Justizbehörden und Justizbeamten weiter tätig sein werden und ich spreche die Hoffnung aus, dass alle mir unterstellten Beamten in der gleichen treuen Weise wie bisher ihre Dienste dem Volk und der Heimat widmen werden.« Deutlich klingt hier die Unsicherheit des Sozialdemokraten Ludwig Marum durch, der sein Amt der Revolution verdankt und der nicht sicher ist, ob er sich gegenüber der konservativ geprägten Beamtenschaft durchsetzen kann. Anders als in Berlin hat man in Karlsruhe auf die Ausrufung der Republik verzichtet. Der badische Großherzog befindet sich in diesen ersten Novembertagen noch im Amt, ehe er kurze Zeit später, am 22. November 1918, endgültig auf den Thron verzichtet.

Es war ein spannungsvolles Zusammentreffen in einem entscheidenden historischen Moment zwischen einem jungen Politiker, der zum Aufbau einer neuen politischen Ordnung entschlossen war, und einer zumeist antirepublikanisch eingestellten Beamtenschaft, die sich skeptisch und abwartend verhielt. Die Szene offenbarte deutlich die Distanz zwischen den neuen politischen Akteuren der Republik und den alten Vertretern des Obrigkeitsstaates. Sie machte die Widerstände deutlich, mit denen die junge Weimarer Republik von Anfang an zu kämpfen hatte. Für die Sozialdemokratie, die erstmalig die Regierungsmacht ausübte, galt es nun, die Zustimmung zum vollzogenen Politikwechsel zu gewinnen und eine demokratische politische Kultur aufzubauen.

Für die Durchsetzung der parlamentarischen Demokratie hatte Marum bereits 14 Jahre intensiver politischer Arbeit in Partei, Bürgerausschuss und Parlament geleistet. Ebenso viele Jahre sollten sich anschließen, in denen er enormen politischen Einfluss in Baden und im Reich ausübte und in denen er als überzeugter Demokrat in einem Staatswesen, das oftmals als »Republik ohne Republikaner« charakterisiert wurde, gegen starke oppositionelle Kräfte kämpfen musste. Er stand 1918/19 mit der Übernahme eines Ministeramts im Zenit seiner politischen Karriere, ehe er 14 Jahre später ein tragisches Schicksal als politisch Verfolgter des Nationalsozialismus erleiden musste. Es sollte sich zeigen, dass der Lebensweg Marums eng mit den Erfolgen, aber auch mit dem Scheitern der ersten deutschen Republik verknüpft war.

Die Badische Vorläufige Volksregierung im November 1918 unter Ministerpräsident Anton Geiß (SPD, sitzend, 3. v. l.). Ludwig Marum ist Justizminister (stehend, 3. v. l.).

Aufstieg in der badischen Arbeiterbewegung

Marum wurde am 5. November 1882 in Frankenthal/Pfalz in eine assimilierte jüdische Kaufmannsfamilie hineingeboren. Der frühe Tod des Vaters ließ ihn als Sohn einer alleinerziehenden Mutter aufwachsen, die nach dem Tod ihres Mannes in das badische Bruchsal zog und dort von der Unterstützung begüterter Verwandter leben musste. Für ihren Sohn bahnte sie den Aufstieg in die akademisch gebildeten Schichten, indem sie ihn das Gymnasium besuchen ließ und ihm ein Jurastudium ermöglichte. Es war nicht zuletzt die Armut der Mutter, die den jungen Marum für Fragen der sozialen Gerechtigkeit sensibilisierte. Trotz bürgerlicher Herkunft schloss sich der künftige Rechtsanwalt bereits als Rechtsreferendar im Jahr 1904 mit 22 Jahren der Sozialdemokratie an. Zu diesem Schritt bewogen ihn auch die Erfahrungen, die er als Bürger jüdischer Herkunft mit dem virulenten Antisemitismus im wilhelminischen Kaiserreich machen musste. Wichtig waren aber auch die intellektuellen Anstöße in seiner Studienzeit in Heidelberg und München, die seine gesellschaftskritische Haltung förderten und ihn zum Sozialisten machten.

Marum, der von Jugend an eine Leidenschaft für die Politik pflegte, bejahte die Ziele der SPD: Demokratie und Sozialismus. Schon seine jüdischen Vorfahren hatten sich in den Kämpfen der Revolution von 1848/49 für einen liberalen Verfassungsstaat engagiert. Zeit seines Lebens waren für Marum die demokratischen Forderungen der gescheiterten Revolution von höchster Bedeutung. Er verband sie mit dem Ideal der sozialen Gerechtigkeit. Für sein Engagement in der Sozialdemokratie sprach außerdem, dass sie vorbehaltlos Juden in ihre Reihen aufnahm und ihnen gleichberechtigt Karrierechancen bot. Innerhalb der Partei zählte Marum zu der kleinen Gruppe prominenter jüdischer Mitglieder. Auch als Jurist stellte er eine Ausnahmeerscheinung in der Partei dar, die einen Politiker mit derlei Fachkenntnissen, rhetorischem Geschick und Verhandlungskompetenz gerne förderte. Marum trat der badischen SPD allerdings erst zu dem Zeitpunkt bei, als die südwestdeutsche Partei im Jahr 1904 eine ideologische Kehrtwende vollzog und einen gemäßigten politischen Weg einschlug. Die badische SPD wandte sich in diesem Jahr dem Revisionismus Eduard Bernsteins zu, womit die Abkehr vom Klassenkampf, von der Fundamentalopposition gegen den fürstlichen Obrigkeitsstaat und von der Propagierung der Revolution verbunden war. Die Partei konnte sich nun als sozialreformerische Kraft präsentieren, die fortan zur konstruktiven Mitarbeit im Parlament, zum Bündnis mit bürgerlichen Parteien und zur Integration in das bestehende politische System bereit war. In Wilhelm Kolb und Ludwig Frank, den beiden charismatischen Führern der badischen SPD, fand der junge Marum Vorbilder, die ihn nach Kräften förderten und ihn bald zu einem der bekanntesten Vertreter des badischen Reformismus werden ließen.

Ludwig Marum (rechts) mit Wilhelm Kolb, aufgenommen auf einem Ball im Jahr 1911. Die beiden Parteifreunde waren die Wortführer des reformistischen Flügels der badischen SPD.

Novemberrevolution in Baden

Einen größeren Bekanntheitsgrad erreichte Marum durch sein Wirken in einer Phase, die als eine der zentralen politischen Zäsuren des 20. Jahrhunderts gilt. In der Novemberrevolution fiel ihm eine Schlüsselposition in der badischen Politik zu. Er übernahm die Nachfolge der verstorbenen Arbeiterführer Ludwig Frank und Wilhelm Kolb und wirkte für einen gewaltfreien Übergang in die neue Zeit. In der revolutionären Umbruchphase nutzte er die Gunst der Stunde, um den Zielen des Reformismus zum Durchbruch zu verhelfen. Zu den Errungenschaften der Revolution, die die SPD erreichen konnte, zählten schließlich die demokratischen Freiheiten, das allgemeine Wahlrecht, das auch das Frauenwahlrecht einschloss, die Einführung der parlamentarischen Demokratie und die Verbesserung der sozialen Lage der Arbeiterschaft durch die Gewährung des uneingeschränkten Koalitionsrechts, der Tarifautonomie, des Achtstundentags und weiterer zentraler sozialer Rechte.

Angesichts der deutschen Niederlage im Krieg und der Machtbefugnisse der Siegermächte war Marum bewusst, dass weitergehende Ziele wie die Durchsetzung einer sozialistischen Wirtschaftsordnung unrealistisch waren. Damit lehnte er das Programm der radikaleren Kräfte der Arbeiterbewegung, das von der Unabhängigen Sozialdemokratie (USPD) und der KPD verfochten wurde, entschieden ab und wandte sich gegen einen radikalen Bruch in der politischen Entwicklung.

Auch gegenüber den Arbeiter- und Soldatenräten, die er als Träger der Revolution anerkannte, wahrte Marum Distanz. Er traute ihnen nicht die nötige politische Erfahrung und Gestaltungskraft zu, um die Verhältnisse zum Besseren zu wenden. Marum fürchtete die Destabilisierung der politischen Lage durch die Eingriffe der Räte in das politische System und setzte sich für eine vorsichtige Transformation des Staatswesens ein, in dem den etablierten Parteien weiterhin großer Einfluss zukommen sollte. Marum strebte einen demokratischen Neubeginn an, der sich auf breiter demokratischer Basis, unter Einschluss fast aller politischen Kräfte, vollziehen sollte und der schließlich zur Bildung einer Vorläufigen Badischen Volksregierung führte, in der er das Justizministerium übernahm.

Marum profilierte sich in den Monaten der Revolution als ein Mann der Mitte, der sich mit den bürgerlichen Kräften auf einen Gründungskompromiss zur Schaffung einer vornehmlich bürgerlich geprägten Republik einigte, die aber gleichzeitig als eine soziale Demokratie ausgestaltet werden sollte. Marum galt als Architekt des breiten Regierungsbündnisses, der Weimarer Koalition aus SPD, linksliberaler DDP und katholischer Zentrumspartei, die in Baden auch aufgrund seines unermüdlichen Engagements bis 1932 Bestand hatte. Baden war dadurch neben Preußen eine »Bastion der Republik«, in der die Sozialdemokratie – wenn auch nur als Juniorpartner des dominierenden Zentrums – die politischen Verhältnisse maßgeblich mitbestimmen konnte.

Die Beamtenschaft des badischen Justizministeriums erkannte im November 1918 schnell, dass sie nun unter Führung eines gemäßigten Sozialdemokraten arbeitete, der ihre Ängste vor einer Auswechslung der Beamtenschaft sowie vor einem radikalen Bruch in der Rechtspflege rasch zerstreuen konnte. Sie befürwortete Marums strikte Orientierung an den tradierten Rechtsgrundsätzen, seine Wendung gegen Eingriffe der Räte in das Rechtssystem und sein Streben nach der Wiederherstellung von Ruhe und Ordnung. Marum setzte sich für die baldige Herstellung rechtmäßiger Verhältnisse durch Neuwahlen ein. Aufgabe der Nationalversammlung sollte vornehmlich die Erarbeitung einer demokratischen Verfassung sein. Er unterstützte den Entwurf seines Parteifreundes Eduard Dietz, der umfassende Partizipationsrechte des Volkes, eine dominierende Stellung des Parlaments und eine kollegial geführte Regierung vorsah. Marums politischem Wirken ist es zu danken, dass sich dieser Entwurf 1919 in Baden durchsetzen konnte, und schließlich galten die beiden Sozialdemokraten als »Väter« der neuen badischen Verfassung.

Trotz anfänglicher Vorbehalte gelang es in Baden, die Beamtenschaft für die Republik zu gewinnen, die den bürgerlichen Charakter des neuen Staatswesens schätzte, das die bisherige Eigentumsordnung garantierte, die Dominanz bürgerlicher Parteien erhielt und den konservativen Staatsapparat in Beamtenschaft und Heer bestehen ließ. Erbitterte Gegner fand die junge Republik allerdings in radikalen Kräften aus dem rechten und linken Lager, die von Anfang an einen kompromisslosen Kampf gegen die Weimarer Republik führten, deren Orientierung an der westlichen parlamentarischen Demokratie sie bekämpften.

Im Dienst für die Republik

Als in Baden im April 1919 die neue Verfassung in Kraft trat, gab Marum seinen Ministerposten auf. Er wirkte fortan als Staatsrat in der badischen Regierung und als Fraktionsvorsitzender seiner Partei im Badischen Landtag. 1928 wechselte er in die Reichspolitik, wo er sich als Reichstagsabgeordneter vor allem der Rechtspolitik widmete. Marum gehörte nun zu den einflussreichsten Vertretern der Weimarer Sozialdemokratie, die vorbehaltlos für die erste deutsche Republik eintrat. Dies unterstrich er auch, als er die folgende Feststellung machte: »Hauptstütze und Träger der Republik ist die Arbeiterschaft.«

Das junge Staatswesen hatte die schwere Nachkriegskrise im Grenzland Baden zu bewältigen. Darüber hinaus forderte die Verteidigung der Republik gegen ihre Feinde aus dem rechten und linken Lager den vollen Einsatz der sozialdemokratischen Politiker. Als das Attentat auf den demokratischen Außenminister jüdischer Herkunft Walther Rathenau im Juni 1922 die Republik erschütterte, forderte Marum eine aktive Zivilgesellschaft, um der

Ludwig Marum auf einem Gruppenbild mit dem französischen Schriftsteller und Pazifisten René Schickele (vorne, 3. und 4. v. l.), aufgenommen um 1929.

Gegenrevolution entgegenzutreten. An die bürgerlichen Parteien gewandt, verkündete er im Badischen Landtag: »Seien Sie sich darüber klar: Revolutionen gehen an einem Tag nicht zu Ende, sondern es handelt sich um ein revolutionäres Zeitalter und es ist noch nicht aller Tage Abend. […] Und ich möchte Sie darauf hinweisen, dass wir uns heute noch in gefährlichen Zeiten befinden, und dass es deshalb die Pflicht des Bürgers nicht ist, zu schlafen, sondern zu wachen und aufmerksam zu sein.«

Ein Jahr später forderte er anlässlich des Münchener Hitler-Putsches einen wehrhaften Staat. Den badischen Abgeordneten erklärte Marum: »Mit Milde, Nachsicht und Amnestien kann man derartige Hochverräter nicht überwinden und sie auch nicht erziehen zum Staatsgedanken. […] Deshalb ist es notwendig, dass, wenn es jetzt der Reichsregierung gelingt, den Putsch niederzuschlagen, mit Schärfe und Kraft durchgegriffen wird und gezeigt wird, dass die Republik kein Kinderspiel ist und nicht mit sich spaßen lässt.« Durch dieses Engagement für die Republik wurde Marum zu einem der von den völkischen und konservativen Kräften meistgehassten Politiker, die ihn wegen seiner jüdischen Herkunft zusätzlich verleumdeten.

Marums beeindruckende Persönlichkeit, die sich durch umfassende Bildung, Interesse an den Künsten sowie durch die Orientierung an einem humanistischen Wertekanon auszeichnete, rief ambivalente Reaktionen hervor. Seine politische Ar-

Familie Marum im Jahr 1930 (v. l. n. r.): Ludwig Marum mit Tochter Eva Brigitte, Ehefrau Johanna und den zwei weiteren Kindern Hans und Elisabeth.

beit und sein bildungsbürgerliches Profil machten ihn zur Hassfigur bei den Anhängern der extremen Rechten und Linken, während ihm dieselben Eigenschaften Anerkennung in den Kreisen der gemäßigten Arbeiterbewegung und des gebildeten Bürgertums eintrugen. Marum, der aus der jüdischen Gemeinde ausgetreten und der freireligiösen Gemeinde beigetreten war, stieß auf Toleranz und Integrationsbereitschaft in den bürgerlichen Mittelschichten. Er konnte mit seiner Frau und den drei Kindern in Karlsruhe ein sorgenfreies Leben führen. Sein Haus stand Künstlern und Intellektuellen offen. Für seine politische Lebensleistung zeichnete ihn die Universität Freiburg im Jahr 1926 mit der Ehrendoktorwürde aus.

Scheitern der Republik

Als mit der großen Weltwirtschaftskrise von 1929 die Agonie der Republik einsetzte, wurde die Zwiespältigkeit der reformistischen Politik offenbar, die zu weitgehenden Kompromissen bereit gewesen war. Es erwies sich bald als politischer Fehler, dass die Eingriffe in die wirtschaftlichen, gesellschaftlichen und politischen Strukturen während der Novemberrevolution zu vorsichtig gewesen waren. Nun wirkte sich fatal aus, dass die konservativen Kräfte ihre Positionen im Staatsapparat hatten behaupten können, dass die Großindustrie ihre wirtschaftliche Macht hatte erhalten können und dass es nicht gelungen war, eine demokratische Kultur im breiten Bewusstsein der Bevölkerung zu verankern. Der fragile Gründungskompromiss der Weimarer Republik zwischen den bürgerlichen Parteien und der Sozialdemokratie zerbrach schon 1930. Die SPD schied aus der Reichsregierung aus, weil die bürgerlichen Kräfte die Demontage der sozialen Grundlagen der Republik betrieben. Es folgten fast diktatorisch regierende Präsidialkabinette, die unter Missbrauch des Notstandsrechts das Scheitern von Demokratie und Rechtsstaatlichkeit beförderten. Marum sah sein politisches Lebenswerk zerbrechen, bewahrte aber seinen Optimismus und war der Überzeugung, es handle sich um eine vorübergehende politische Krise.

Die SPD konzentrierte ab 1930 ihre politische Arbeit auf die Abwehr des Nationalsozialismus, dessen Regierungsbeteiligung sie unbedingt verhindern wollte. Um dieses Zieles willen war sie zur Tolerierung der wirtschaftsfreundlichen, gegen die Arbeiterinteressen gerichteten Politik Heinrich Brünings bereit. Die weitgehende Kompromisswilligkeit der Parteiführung stieß allerdings auf das Unverständnis der Basis und kostete entscheidende Stimmen in den dicht aufeinander folgenden Wahlgängen am Ende der Republik. Obwohl die SPD die reaktionären und antidemokratischen Bestrebungen des Faschismus klar erkannte, unterschätzte sie dessen antisemitische und gewalttätige Komponente. Sie glaubte an eine nur vorübergehende »Verirrung« der Massen und erwartete den endgültigen Sieg des Sozialismus nach dem Abflauen der Krise. Auch Marum teilte diese Fehleinschätzung und erkannte nicht seine besondere persönliche Gefährdung als jüdischer Politiker, der zudem als Repräsentant des »Weimarer Systems« galt. In seinem letzten öffentlichen Auftritt, zwei Tage vor der Reichstagswahl vom 5. März 1933, wandte er sich in einer mutigen Rede in Freiburg gegen die Nationalsozialisten, betonte die Hoffnung auf den Sieg der Demokratie, bedauerte die Spaltung der Arbeiterbewegung. Er forderte – allerdings zu spät – die Bildung einer Einheitsfront im Kampf gegen den Nationalsozialismus.

Politischer Gefangener

Als die Nationalsozialisten im März 1933 auch in Baden die Republik aushebelten und alle politischen Schlüsselpositionen besetzten, gehörte Marum am 10. März 1933 zu den Opfern einer ersten Verhaftungswelle. Die Nationalsozialisten missachteten die Immunität des Reichstagsabgeordneten, der wegen seines Einsatzes für die Demokratie schon lange auf den schwarzen Listen des badischen NS-Führers Robert Wagner stand. Marum wurde zuerst im Karlsruher Gefängnis, später im neu eingerichteten KZ Kislau in der Nähe des nordbadischen Mingolsheim als »Schutzhäftling« festgehalten. In dieser Situation bewies er innere Stärke und den unbeirrten Glauben an den Sieg der antifaschistischen Kräfte, den er in naher Zukunft erwartete. Seine in der Haft geschriebenen Briefe blieben erhalten und legen Zeugnis ab von einem aufrechten Gefangenen, der sich nicht brechen lassen wollte. Er lebte nach der selbstgewählten Devise: »Meine Freiheit können sie mir nehmen, aber nicht meine Würde und meinen Stolz.«

Während seiner Haftzeit wies Marum immer wieder auf die Verstöße der Nationalsozialisten gegen rechtsstaatliche Normen hin. Er kritisierte das rechtswidrige Instrument der »Schutzhaft«, er prangerte die verordnete Zwangsarbeit im KZ als groben Rechtsverstoß an und verweigerte die von den Nationalsozialisten geforderten Anpassungsleistungen. So lehnte der politische Gefangene Marum in der Begegnung mit den badischen NS-Führern den Hitlergruß ab und gab sein Ehrenamt im Vorstand der badischen Rechtsanwaltskammer nicht freiwillig auf, als die Nationalsozialisten im Zuge der gesellschaftlichen Gleichschaltung die Entfernung von »Juden und Marxisten« aus diesen Positionen forderten.

Als sich Marum eine Fluchtchance bot, ergriff er diese nicht, weil er auf baldige Freilassung hoffte und nur auf legalem Wege seine Gefangenschaft beenden wollte. Außerdem empfand er als Spitzenpolitiker Verantwortung für die deutsche Arbeiterbewegung, die er nicht einfach ihrem Schicksal in einer reaktionären NS-Diktatur ohne den Beistand ihrer gewählten Repräsentanten überlassen wollte. Marum bezahlte für seine aufrechte Haltung einen hohen Preis: Auf ihn konzentrierten sich die gezielten Terrorakte der Nationalsozialisten. So wurde er zusammen mit sechs weiteren Sozialdemokraten öffentlich gedemütigt, als die Nationalsozialisten am 16. Mai 1933 eine Schaufahrt der »Schutzhäftlinge« vom Karlsruher Gefängnis in das KZ Kislau inszenierten. Die widerständige Haltung Marums in der Haft, sein Engagement für die Weimarer Republik und seine jüdische Herkunft waren die Gründe, die ihn schließlich zu einem der frühesten Gewaltopfer des NS-Terrors in Baden werden ließen. Kurz zuvor hatte Marum nach langem innerem Ringen dem Vorschlag seiner Frau zugestimmt, die Emigration nach Palästina vorzubereiten. Diese Überlebenschance wurde ihm allerdings nicht geboten. Er wurde im Auftrag des badischen Reichsstatthalters Robert Wagner am 29. März 1934 im KZ Kislau ermordet. Von den Nationalsozialisten wurde sein Tod als Selbstmord dargestellt. Die NS-Presse kommentierte: »Der Jude Marum war der böse Geist des republikanischen Badens. Verbissen, fanatisch, alljüdisch, erbarmungslos führte er seinen Kampf gegen den Nationalsozialismus, gegen das deutsche Volk.«

Ankunft im KZ Kislau: Sieben Sozialdemokraten, von SS- und SA-Männern umringt, müssen sich in Reih und Glied aufstellen und werden fotografiert: Hermann Stenz, Adam Remmele, Erwin Sammet, Ludwig Marum, Gustav Heller, Sally Grünebaum und August Furrer.

Aufrecht bis zum Schluss

Der politische Weg Marums, der im Epochenjahr 1918/19 einen ersten Höhepunkt erlebt hatte, endete mit einer vernichtenden Niederlage. Der sozialdemokratische Reformismus scheiterte in der Krise der Republik. Er musste vor einer bürgerlichen Politik kapitulieren, die ihren ökonomischen Interessen den Vorrang gab vor dem sozialen Zusammenhalt der Gesellschaft und der Treue zur Verfassung. Der Sieg des Nationalsozialismus 1933 forderte dann das Leben unzähliger Sozialdemokraten, die ihre Arbeit dem Erhalt der sozialen Demokratie, der Rechtsstaatlichkeit und Toleranz gewidmet hatten. Marum ragt in ihren Reihen heraus, da er als einer der ersten dieses Schicksal erleiden musste.

Trotz der Zerschlagung der Arbeiterbewegung durch den Faschismus charakterisieren Historiker heute das vergangene Jahrhundert als ein »sozialdemokratisches« Zeitalter. Nach 1945 konnte sich die soziale Demokratie, für die Marum gekämpft hatte, nicht nur in Westdeutschland durchsetzen, sondern auch in führenden Ländern Europas die politische Struktur bestimmen. Auch die maßgeblichen Politiker des 21. Jahrhunderts sollten wie Marum wissen, dass eine der sozialen Gerechtigkeit verpflichtete Politik die Basis einer gelingenden Demokratie bildet. Ihr Handeln sollte sich am Vorbild der demokratischen Politiker der ersten deutschen Republik orientieren, damit die Bemühungen um eine gerechte, demokratische und friedliche Gesellschaft auch in den schwierigen Zeiten der Globalisierung ihre Fortsetzung finden.

PETER STEINBACH

Johann Georg Elser (1903–1945) Hitlers Antagonist

Er hat das Verhängnis kommen sehen. Auf sich selbst gestellt versuchte er, den Gang der Weltgeschichte zu ändern und den Krieg zu verhindern. Dem Ziel, Hitler zu töten, kam er so nah wie vor ihm keiner.

Berlin, 5. April 1945: Während sich sowjetische Truppen der Reichshauptstadt näherten, beschloss die NS-Führung die Ermordung prominenter Regimegegner. Unter ihnen befand sich der aus Königsbronn stammende Schreiner Johann Georg Elser. Den Willen der NS-Führung sollte Gestapo-Chef Heinrich Müller in die Tat umsetzen, der seit einem Luftangriff auf die Gestapo-Zentrale in der Prinz-Albrecht-Straße 8 in einem Ausweichquartier wenige Straßenecken weiter in der Kurfürstenstraße 116 residierte. Hier hatte Adolf Eichmann die Deportation und Ermordung der europäischen Juden organisiert.

Jetzt ging es nicht um Völkermord, sondern um Einzelhinrichtungen, um die Ermordung der Regimegegner, die bis jetzt unter unwürdigsten Haftbedingungen überlebt hatten. Hitler hatte wiederholt geäußert, mit der Niederlage hätte das deutsche Volk auch sein Recht auf Zukunft verloren. Es war in dieser Perspektive nur konsequent, alle zu ermorden, die eine Alternative zum NS-Staat verkörperten. Sie sollten die weitere Zukunft der Deutschen und die Zeit nach dem Untergang des Regimes nicht beeinflussen. Nach dem Attentat Claus Schenk von Stauffenbergs vom 20. Juli 1944 hatte sich die Vernichtungswut des Regimes noch einmal gesteigert.

Das Ende

Müller beauftragte seinen SS-Standartenführer Walter Huppenkothen mit der Ermordung. Am 7. April fungierte dieser im KZ Sachsenhausen als »Ankläger« eines Standgerichts, das der Ermordung des seit zwei Jahren inhaftierten Widerstandskämpfers Hans von Dohnanyi justizförmigen Anschein verleihen sollte. In derselben Funktion war Huppenkothen am 9. April 1945 im KZ Flossenbürg tätig und bereitete die Ermordung des Theologen Dietrich Bonhoeffer, des ehemaligen Abwehrchefs Wilhelm Canaris, des Abwehroffiziers Ludwig Gehre und des Chefs der Heeresjustiz Karl Sack vor. Die Ermordung Elsers wurde gleichzeitig angeordnet. Dies machte deutlich, dass die Nationalsozialisten den Schreiner aus Königsbronn, der von dem britischen Historiker Joseph Peter Stern später als Hitlers »wahrer Antipode« bezeichnet wurde, längst als Widerstandskämpfer, als entschlossenen Gegner ihres Regimes anerkannt hatten. Die deutsche Nachkriegsgesellschaft brauchte dazu wesentlich länger.

Nach Flossenbürg war Huppenkothen mit einem Häftlingstransport gelangt, der von Wilhelm Gogalla, dem Chef des »Hausgefängnisses«, des Reichssicherheitshauptamtes in der Prinz-Albrecht-

Johann Georg Elser (links) während der Vernehmungen durch die Gestapo kurz nach seiner Verhaftung. Knapp fünf Jahre vor dem Anschlag Stauffenbergs am 20. Juli 1944 war es dem »einsamen Täter« aus dem Volk beinahe gelungen, Hitler zu töten.

Straße 8, geleitet wurde. Gogalla machte sich am 9. April von Flossenbürg auf den Weg nach Dachau – in seiner Tasche hatte er einen weiteren Mordbefehl, der ebenfalls von Heinrich Müller erstellt worden war und sich an den Kommandanten des KZ Dachau, SS-Sturmbannführer Eduard Weiter, richtete. Der Brief enthielt detaillierte Weisungen und betraf mit Elser einen langjährigen »Sonderhäftling« des KZ Sachsenhausen, der neben dem ehemaligen Generalstabschef Franz Halder, dem evangelischen Pfarrer Martin Niemöller und dem ehemaligen österreichischen Bundeskanzler Kurt Schuschnigg jahrelang isoliert worden war.

Müller befahl: »Auch wegen unseres besonderen Schutzhäftlings ,Eller' wurde erneut an höchster Stelle Vortrag gehalten. Folgende Weisung ist ergangen: Bei einem der nächsten Terrorangriffe auf München bzw. auf die Umgebung von Dachau ist angeblich ›Eller‹ tötlich [sic!] verunglückt. Ich bitte, zu diesem Zweck ›Eller‹ in absolut unauffälliger Weise nach Eintritt einer solchen Situation zu liquidieren. Ich bitte besorgt zu sein, dass darüber nur ganz wenige Personen, die ganz besonders zu verpflichten sind, Kenntnis erhalten. Die Vollzugsmeldung hierüber würde dann etwa an mich lauten: Am ... anlässlich des Terrorangriffs auf ... wurde u. a. der Schutzhäftling ›Eller‹ tötlich [sic!] verletzt.«

Gogalla wirkte entscheidend an einer geradezu teuflisch getarnten und nach dem damaligen Straf-

Johann Georg Elser auf einer Aufnahme, die aus der Zeit um 1938 stammt.

gesetzbuch heimtückischen Ermordung mit, als er am Abend des 9. April 1945 mit Müllers Befehl im KZ Dachau eintraf. Einen Mord als Luftangriff zu tarnen, das hatte sich bereits bei der Erschießung des KPD-Vorsitzenden Ernst Thälmann am 23. August 1944 im KZ Buchenwald »bewährt«. Doch die Lagerführung des völlig mit verhungernden Häftlingen überfüllten KZ Dachau hatte angesichts der vorrückenden amerikanischen Truppen andere Sorgen als die sorgfältige Vertuschung eines einzelnen Mordes. Wieder einmal klafften Befehl und Realität im NS-Staat auseinander. Da die Zellen des Lagergefängnisses, des »Kommandanturarrests« überfüllt seien und für die neuen prominenten Häftlinge kein Platz vorhanden wäre, handelten Weiter und seine SS-Führer sofort. Noch am selben Abend wurde der Häftling »Eller« in der Nähe des alten Krematoriums von einem SS-Oberscharführer erschossen. Die Leiche wurde noch am nächsten Tag verbrannt.

Der Schreiner Johann Georg Elser wurde noch in letzter Stunde erschossen, weil er als erster Deutscher dem Ziel des deutschen Widerstands, Hitler zu töten, denkbar nahe gekommen war. Seinen Anschlag konnte er bereits am 8. November 1939 verüben, fünf Jahre, bevor Stauffenberg wie Elser den verhassten Diktator fast getötet hätte. Elser wurde bei Verhören misshandelt und schließlich seit 1940 in jahrelanger Isolationshaft festgehalten, um ihm nach einem siegreichen Kriegsausgang einen Schauprozess zu machen. Zu den Sachsenhausener Sonderhäftlingen gehörten auch zwei britische Agenten, die im November 1939, also fast gleichzeitig wie Elser, bei Venlo verhaftet worden waren. In Sachsenhausen bekam Elser eine geräumige Zelle, wurde aber von allen Kontakten abgeschnitten. In der absoluten Isolationshaft durfte er lediglich Tischlerarbeiten ausführen. Der prominente Gefangene wurde Tag und Nacht von mindestens zwei SS-Männern bewacht. Er fertigte kleinere Möbelstücke für seine Bewacher und baute sich auch eine Zither, auf der er manchmal spielte. Von anderen Gefangenen blieb er völlig abgeschnitten.

Mehr als fünf Jahre wurde Elser in totaler Isolation gefangen gehalten. Die lange Kontaktsperre begünstigte Gerüchte unter den Häftlingen und den Bewachern, die nach 1945 das Bild von Elser prägen konnten. Dabei hatte er nur bis April 1945 überleben können, weil die Nationalsozialisten ihm einen Schauprozess machen wollten. Denn seit Ende 1939 galt die NS-Propagandaversion, dass der britische Geheimdienst Urheber des Attentats und Elser nur ein Werkzeug fremder Mächte gewesen sei. Andere hielten Elser wiederum für ein Werkzeug der SS, die das Attentat veranlasst hätte, um Hitler als von der Vorsehung begünstigt erscheinen zu lassen und den Zorn der Bevölkerung auf die Briten anzufachen. Diese Gerüchte bestimmten das Urteil der Nachwelt über diese bemerkenswerte Tat, die deutlich machte, dass ein Mensch »aus dem Volk« das Unrechtsregime durchschauen und bekämpfen konnte.

Es dauerte 30 Jahre, bis das vollständige Vernehmungsprotokoll Elsers in den Akten des Reichsjustizministeriums aufgespürt wurde. Erst jetzt wurden Motive und Überzeugungen, Planungen und Beweggründe von Elser sichtbar, der in den 1990er-Jahren bei der Eröffnung einer an ihn erinnernden Gedenkstätte vom damaligen Staatsminister Christoph Palmer auf bemerkenswerte Weise als ein »großer Sohn des Landes Baden-Württemberg« bezeichnet wurde.

Herkunft und Prägung

Der 1903 im württembergischen Hermaringen geborene Johann Georg Elser wuchs in Königsbronn unter schwierigen und beengten Familienverhältnissen auf. Der Vater gab sich dem Alkohol hin und galt als jähzornig, die Familie verarmte. Schon früh galt Elser als handwerklich und zeichnerisch besonders begabt. Nach siebenjähriger Schulzeit und einer aus gesundheitlichen Gründen abgebrochenen Lehre im Hüttenwerk Königsbronn begann er eine Schreinerlehre. Er galt als sehr gute Arbeitskraft und empfand Stolz auf seinen Beruf, verlangte aber auch Anerkennung und angemessene Entlohnung. Auffällig war sein ausgeprägter Gerechtigkeitssinn. Sowohl im Berufs- als auch im Privatleben legte er größten Wert auf seine innere und soziale Unabhängigkeit. Dies schlug sich in Entscheidungen über seine eigene Lebensführung nieder, die von seiner Umgebung nicht immer akzeptiert wurden und den Eindruck verstärkten, Elser sei ein Eigenbrötler. Mehrfach musste er in den wirtschaftlichen Wirren der späten 1920er-Jahre, die schließlich in eine schwere Wirtschaftskrise mündeten, seinen Arbeitsplatz wechseln. Obwohl ihm dies später fälschlich als Unrast ausgelegt wurde, war die schlechte Auftragslage für die Wechsel seiner Tätigkeiten verantwortlich.

Georg Elser galt als ein in sich gekehrter und schweigsamer Mensch, obwohl er sehr gesellig war. Seit seiner Schulzeit musizierte er und schloss sich in Konstanz einem Trachtenverein, in Königsbronn dem Zitherverein an. Im Gesangverein seines Heimatortes spielte er den Kontrabass und begeisterte oft auf Tanzabenden, die er musikalisch begleitete. Auch unternahm er gern mit Freunden Wandertouren. Die Frauen fühlten sich zu ihm hingezogen, denn sie mochten ihn wegen seiner verlässlichen und freundlichen Art. Seine Freundin Mathilde Niedermann brachte 1930 den einzigen Sohn Elsers, Manfred, zur Welt.

Johann Georg Elser (hintere Reihe, 2. v. r.) bei einem Wanderausflug auf der Ostalb bei Heidenheim.

Politische Anregungen und Anstöße scheint Elser erst während seiner Lehrzeit erhalten zu haben. Er wurde Mitglied im Holzarbeiterverband und trat 1928/29 dem kommunistischen Roten Frontkämpferbund bei, ohne sich jedoch in beiden Organisationen stark zu engagieren. Bis 1933 wählte er nach eigener Aussage die KPD, weil er diese Partei für die beste Vertretung der Arbeiterinteressen hielt. Den aufkommenden Nationalsozialismus lehnte Elser von Anfang an entschieden ab. Demonstrationen der SA, der NSDAP und der HJ ging er aus dem Weg und verweigerte konsequent den »Hitlergruß«. Die Teilnahme am gemeinschaftlichen Empfang von Hitlerreden, die im Rundfunk verbreitet und mit Lautsprechern auf Plätze über-

Adolf Hitler während seiner Rede im Münchener Bürgerbräukeller am 8. November 1939. In der Säule hinter der Fahne war Elsers Sprengkörper versteckt.

tragen wurden, lehnte er ab. Dies zeigt, dass er sich von der politischen Propaganda der Nationalsozialisten nicht beeindrucken ließ.

Beispielhaft demonstrierte er mit dem langfristig vorbereiteten Attentat, dass ein Einzelner, der nicht im Zentrum der Macht stand, sich den Zumutungen der NS-Herrschaft selbst im überschaubaren dörflichen Milieu zu entziehen, das Unrecht zu erkennen, sich zu empören und entschieden zu handeln vermochte. Elsers Politikverständnis war durch sein persönliches Freiheits- und Unabhängigkeitsstreben geprägt und zeichnete sich durch eine Vermischung von Erfahrungen und höchst unterschiedlichen Traditionen aus. Pietistische, gewerkschaftliche und politische Vorstellungen überlagerten sich in seiner Weltsicht, der auch anarchistische Züge nicht fremd waren. Denn Anarchie bedeutete hier nicht Chaos, sondern spiegelte die Sehnsucht nach einer herrschaftsfreien Gesellschaft. Hinzu kam ein wacher Blick für die Wirklichkeit. Die Verschlechterung der Lebensbedingungen in den Jahren nach 1933 wurde ein entscheidendes Motiv für seine Gegnerschaft zum Nationalsozialismus. Vor der Gestapo äußerte er sich rückblickend dazu: »Nach meiner Ansicht haben sich die Verhältnisse in der Arbeiterschaft nach der nationalen Revolution in verschiedener Hinsicht verschlechtert. So z. B. habe ich festgestellt, dass die Löhne niedriger und die Abzüge höher wurden.« Ganz konkrete Missstände waren es, die Elser erkannte und die ihn wachsam und kritisch machten. Deshalb sagte er im Verhör: »Der Arbeiter kann z. B. seinen Arbeitsplatz nicht mehr wechseln, wie er will; er ist heute durch die HJ nicht mehr Herr seiner Kinder.«

1937/38 trat ein anderes, politisches Motiv in den Vordergrund: Elser beunruhigten die umfangreichen militärischen und propagandistischen Kriegsvorbereitungen. Als er erkannte, dass die Westmächte den territorialen Forderungen Deutschlands im September 1938 auf der Münchener Konferenz nachgaben, fühlte er sich aufgerufen, selbst etwas zu tun. Er war innerlich alarmiert, als deutsche Truppen in das Sudetenland einmarschierten und wenige Monate später auch die »Resttschechei« besetzten und diese umgehend in ein Protektorat verwandelten.

Die Tat

Für Elser war klar, dass »ein Krieg unvermeidlich« sei. Sogar die geschraubte Sprache des Gestapo-Protokolls vom November 1939, das keineswegs die wörtliche Rede des Verhörten wiedergibt, zeigt dies deutlich: »Die von mir angestellten Betrachtungen zeitigten das Ergebnis, dass die Verhältnisse in Deutschland nur durch eine Beseitigung der augenblicklichen Führung geändert werden könnten. Unter der Führung verstand ich die ›Obersten‹, ich meine damit Hitler, Göring und Goebbels. Durch meine Überlegungen kam ich zu der Überzeugung, dass durch die Beseitigung dieser drei Männer andere Männer an die Regierung kommen, die an das Ausland keine untragbaren Forderungen stellen, die kein fremdes Land einbeziehen wollen und die für eine Verbesserung der sozialen Verhältnisse der Arbeiterschaft Sorge tragen werden.« In diesen Aussagen wurde deutlich, dass der Kriegsgegner Elser sich zum Tyrannenmord entschlossen hatte.

Um einen geeigneten Ort für den Anschlag zu finden, fuhr Elser am 8. November 1938 nach München, das auch nach Hitlers Regierungsübernahme ein Zentrum nationalsozialistischen Erinnerungskultes geblieben war. Am 8. November 1938, am Abend des 15. Jahrestags des Hitlerputsches von 1923, besichtigte er den Bürgerbräukeller, verfolgte am Tag darauf den Erinnerungsmarsch der NS-Spitze durch München, die Weihe neuer Fahnen durch Berührung mit der »Blutfahne« und die Ehrung der Toten des 9. November 1923, die als »Blutzeugen« politisch-religiös überhöht wurden. Sein Entschluss stand fest, den Bürgerbräukeller als Ort für ein Sprengstoffattentat auf die NS-Führung vorzusehen und ein für unausweichlich gehaltenes Attentat zu verüben.

Elser bereitete die Tat zielstrebig vor. An seinem Arbeitsplatz in der Heidenheimer Armaturenfabrik konnte er sich mindestens 250 Presspulverstücke und einige Zünder beschaffen. Er versteckte den Sprengstoff in seinem Kleiderschrank, später in einem Holzkoffer mit doppeltem Boden. Gleichzeitig zeichnete er Pläne für einen Sprengkörper, den die Gestapo und die Presse später »Höllenmaschine« nannten. Für den Fall, dass einer der Mechanismen versagen könnte, entwickelte er einen komplizierten Zündmechanismus mit zwei Zündwerken. Im April 1939 fuhr er erneut nach München, um die Bewachung des Saales und seiner Zugänge zu überprüfen. Zudem vermaß er die Säule hinter dem Rednerpult, in der er den Sprengkörper verbergen wollte. Er versuchte sogar ohne Erfolg, im Bürgerbräukeller angestellt zu werden.

Seit April 1939 arbeitete Elser in einem Königsbronner Steinbruch und konnte mehr als 100 Sprengpatronen und über 125 Sprengkapseln entwenden. Nach einem Arbeitsunfall im Mai 1939, den er vermutlich bewusst herbeigeführt hatte, konzentrierte er sich ganz auf die Vorbereitungen des Anschlags. Er unternahm im Juli 1939 Zündversuche im Obstgarten seiner Eltern und zog einen Monat später nach München um, entschlossen, den Anschlag wie geplant durchzuführen. Seit September lebte er in der Türkenstraße als Untermieter und verdingte sich bei Münchener Handwerksbetrieben als Gelegenheitsarbeiter, nicht zuletzt, um Einzelteile herzustellen, die er für die Konstruktion des Sprengkörpers benötigte. Abend für Abend verbarg sich Elser auf der Galerie des Saales im Bürgerbräukeller, um sich nach Lokalschluss unbemerkt einschließen zu lassen. Mit einfachem Werkzeug gelang es ihm zwischen August und November 1939, die Säule über Hitlers Rednerpult so zu präparieren, dass Sprengstoff und Zünder darin versteckt werden konnten.

Die Arbeit war mühsam. Elser musste sich verbergen und wurde mehrfach überrascht. Er fing den Schutt in einem selbstgefertigten Sack auf und beseitigte ihn tagsüber unter den Augen der Kellnerinnen des Bürgerbräukellers. Die Arbeit wurde zum Wettlauf gegen die Zeit, denn bis zur Kundgebung im November 1939 mussten alle Vorbereitungen abgeschlossen sein. Den Krieg, den Deutschland am 1. September 1939 mit dem Überfall auf Polen begann, konnte Elser zwar nicht mehr abwenden, aber er bestärkte ihn in seinem Entschluss, »noch größeres Blutvergießen« zu verhindern.

In der Nacht vom 2. auf den 3. November verbarg Elser den Sprengkörper endgültig in der Säule und verfüllte den restlichen Hohlraum zusätzlich mit Sprengstoff und Pulver. Seinen komplizierten Zündapparat, der sechs Tage im Voraus eingestellt werden konnte, installierte er in der Nacht vom 5. auf den 6. November 1939. Am Morgen des 6. November stellte er beide Uhrwerke auf den Abend des 8. November ein. Er ließ, wie er später bekannte, »damit der Sache ihren freien Lauf«. Nach einer letzten Überprüfung der Zeitzünder in der Nacht zum 8. November verließ Georg Elser München Richtung Bodensee, um in die Schweiz zu entkommen.

Ein Zufall rettete Hitler, der sich entschlossen hatte, wegen des Krieges und wegen des geplanten Angriffs deutscher Truppen im Westen erstmals bei den Feierlichkeiten zum Jahrestag des Hitlerputsches nicht selbst zu reden. Statt seiner sollte sein Stellvertreter Rudolf Heß sprechen. Kurzfristig hielt Hitler dann doch eine kurze grundsätzliche Rede, in der er die britische Regierung angriff. Er sprach jedoch erheblich kürzer als bei den vorangegangenen Veranstaltungen und endete früher als von Elser erwartet. Hitler plante, unverzüglich nach Berlin zurückzukehren. Wegen der Witterungsverhältnisse konnte er nicht das Flugzeug benutzen, sondern war auf einen Sonderzug der Reichsbahn angewiesen. Gegen 21.07 Uhr verließ Hitler mit hohen NS-Führern den Saal, wo gegen 21.20 Uhr der Sprengkörper explodierte. Acht Menschen ließen ihr Leben, darunter auch eine Bedienung – der Tod dieser Unschuldigen belastete Elser. Wo Hitlers Rednerpult stand, befand sich ein meterhoher Schutthaufen. Die Explosion hatte die präparierte Säule bersten und die Saaldecke einstürzen lassen.

Bereits wenige Stunden nach der Tat stellte die sofort gebildete Untersuchungskommission fest, dass »fachmännisch hervorragende« Arbeit geleistet worden war, ohne einen Hinweis auf den Täter geben zu können, für dessen Ergreifung sofort eine hohe Belohnung ausgesetzt wurde. Hunderte von Denunziationen waren die Folge. Erst nach Tagen gingen Hinweise auf einen noch unbekannten »Handwerker« ein, der in den Wochen vor dem Anschlag oft im Bürgerbräukeller gesehen worden war. Dennoch vermischten sich nationalsozialistische Propaganda und die Weigerung, die Ergebnisse kriminalistischer Arbeit anzuerkennen. Die NS-Propaganda wollte nicht hinnehmen, dass ein einzelner Mensch Hitler fast hätte töten können.

Alleinverantwortung

Elser selbst beharrte auf seiner Alleintäterschaft. Er konnte am Abend des 8. November Konstanz erreichen. Sein Grenzübertritt aber scheiterte. Um 20.45 Uhr wurde er von einer deutschen Zollstreife festgenommen und der örtlichen Grenzpolizei übergeben. Elser hatte unter anderem eine Ansichtskarte des Bürgerbräukellers, ein Abzeichen des Roten Frontkämpferbundes sowie einige Teile des Zeitzünders bei sich. Wir können nur vermuten, dass er diese Stücke bei sich trug, um nach gelungener Flucht beweisen zu können, dass er das Attentat verübt hatte. Bald darauf wurde er nach München überführt und in der Staatspolizeileitstelle »scharf verhört«, was bedeutete, dass er geschlagen und gefoltert wurde. In der Nacht vom 13. auf den 14. November 1939 gestand er schließlich seine Tat.

Während er die ermittelnden Kriminalisten wegen der Fülle seines Detailwissens überzeugen konnte, schenkte die NS-Führung Elsers Behauptung, allein gehandelt zu haben, keinen Glauben. Hitler vermutete hinter dem Anschlag den britischen Geheimdienst. Diese Deutung stellte die NS-Propaganda dann in den Mittelpunkt ihrer Berichterstattung. Damit begann eine Diffamierung Elsers, die die NS-Zeit noch um Jahrzehnte, bis in die späten 1960er-Jahre, überdauern sollte. Für Georg Elser begann sein langer Weg durch die Gefängnisse in München und Berlin, in das KZ Sachsenhausen und schließlich in das KZ Dachau, wo er am 9. April 1945 erschossen wurde.

Mit Elsers Ermordung war die Debatte um seine Tat nicht beendet, sondern schien noch einmal zu beginnen. »Einer, der nicht mehr am Leben ist, kann sich nicht mehr verteidigen.« Diesen bitteren Satz schrieb die Mutter Elsers 1946 an den Theologen Martin Niemöller, der, allein gestützt auf Gerüchte, nach seiner eigenen Befreiung aus dem KZ behauptet hatte, Elser hätte das Attentat am 8. November 1939 als SS-Mitglied und im Auftrag Himmlers verübt. Die NS-Urheberschaft wurde neben der Behauptung, Elser hätte im britischen Auftrag gehandelt, eine der häufigsten Deutungen des Anschlags.

Hinter dieser These verbarg sich weitaus mehr als die NS-Propaganda oder die Gerüchte, die unter Häftlingen verbreitet wurden. Die Überlebenden der deutschen Zusammenbruchsgesellschaft mussten nach 1945 versuchen, ihr eigenes Fehlverhalten zu erklären. Sie verwiesen auf den einschüchternden Terror der Gestapo und die Propaganda des Regimes. Überdies wurde den wenigen, die Widerstand gegen die NS-Diktatur geleistet hatten, das Odium des »Verrats« angeheftet. Dies galt selbst für die Verschwörer des 20. Juli 1944, weil sie gezeigt hatten, dass es eine Alternative zur verbreiteten Folgebereitschaft gab.

Empathie für Elser und seine Familie war erst zu verspüren, als seine Alleintäterschaft nicht mehr bestritten werden konnte. Auch seine Familie muss in diesem Zusammenhang erwähnt und gewürdigt werden. Sie wurde nach dem Attentat festgenommen und in Berlin verhört. Während Georg Elser inhaftiert war, starb am 11. August 1942 sein Vater. Die NS-Bürokratie wurde in Gang gesetzt. Nachdem das Reichssicherheitshauptamt festgestellt hatte, »dass die Bestrebungen des Johann Georg Elser volks- und staatsfeindlich gewesen sind«, wurde sein gesamtes Erbe in Höhe von 200 RM und 47 Pfennigen beschlagnahmt.

Der Antrag von Elsers Schwester Maria Hirth auf Haftentschädigung wurde 1951 mit den Worten abgelehnt: »Ihre Unterstützung Elsers bestand darin, dass Sie ihm die Möglichkeit der Übernachtung in Ihrer Wohnung gaben und dass Sie über die Dauer der angeblichen Reise nach der Schweiz verschiedene harmlose Gegenstände für ihn aufbewahrten. Außerdem gaben Sie Ihrem Bruder noch RM 30.00 Reisegeld mit. Aus politischen Gründen haben Sie aber nicht gehandelt. Es ist vielmehr kaum anzunehmen, dass Sie Elser gegenüber eine gleiche Haltung eingenommen hätten, wenn Sie von dem geplanten Attentat gewusst hätten.« Mit dieser Spekulation erteilt die Landesbezirksstelle für die Wiedergutmachung in Stuttgart der Schwester Elsers zugleich eine moralische Ohrfeige.

Die öffentliche Ehrung ließ bis in die 1980er-Jahre auf sich warten. Heute gilt Elser als »der wahre Antagonist Hitlers« (Joseph P. Stern), als »einsamer Attentäter« (Peter Steinbach) oder »einsamer Zeuge« (Klemens von Klemperer) und als einer der konsequentesten Gegner der NS-Diktatur. Zu seinem 100. Geburtstag erschien sogar eine Sonderbriefmarke mit seinem Bildnis.

Johann Georg Elser in Kniebundhosen, aufgenommen in der Mitte der 1930er-Jahre.

ANGELA BORGSTEDT

Sophie Scholl (1921–1943) Studentin und Widerstandskämpferin

Sie war zu freiheitsliebend und geistig unabhängig, um sich dem Zwang zu beugen und den Phrasen der NS-Diktatur zu folgen. Ihre Selbstgewissheit führte sie in den Widerstand und gab ihr die Kraft, den Verfolgern mit Mut zu begegnen.

Das Verhör hatte bis in die tiefe Nacht des 19. Februar 1943 gedauert. Robert Mohr, der vernehmende Gestapobeamte, hatte seinem trotz Müdigkeit hellwachen Gegenüber bislang kaum mehr entlocken können als das Eingeständnis, am Vormittag des Vortags im Lichthof des Münchener Universitätsgebäudes einen Stapel angeblich dort liegender Flugblätter aus »Übermut oder Dummheit« über die Brüstung befördert zu haben. Freimütig eingeräumt hatte die junge Frau indes, »dass ich für meine Person mit dem Nationalsozialismus nicht zu tun haben will«. Mohr sei, wie er nach Kriegsende behauptete, beeindruckt und bei diesem Kenntnisstand beinahe überzeugt gewesen, die 21-Jährige und ihren im Nebenzimmer verhörten älteren Bruder am Ende gehen lassen zu müssen. Dann aber, gegen vier Uhr in der Frühe, war die »Vorwärts-Strategie« (Barbara Beuys) Sophie Scholls in sich zusammengebrochen. Bei einer zweiten Durchsuchung der Studentenwohnung beider Scholls war belastendes Material gefunden worden. Zudem machte die Aussage einer verhafteten Freundin weiteres Leugnen sinnlos: »Nachdem mir eröffnet wurde, dass mein Bruder Hans Scholl sich entschlossen hat, der Wahrheit die Ehre zu geben und von den Beweggründen unserer Handlungsweise ausgehend die reine Wahrheit zu sagen, will ich auch nicht länger an mich halten all das, was ich von dieser Sache weiß, zum Protokoll zu geben.« Doch selbst jetzt wirkte Sophie Scholl beherrscht. In ihrem Geständnis bekannte sie Motive und Überzeugungen. Es belastete sie selbst nunmehr in hohem Maße, um andere, freilich nicht alle Mitglieder der Widerstandsgruppe *Weiße Rose* zu entlasten. Am Ende unterzeichnete Sophie Scholl das Protokoll ihres Verhörs, das sie mit dem Bekenntnis beschlossen hatte: »Ich bin nach wie vor der Meinung, das Beste getan zu haben, was ich gerade jetzt für mein Volk tun konnte. Ich bereue deshalb meine Handlungsweise nicht und will die Folgen, die mir aus meiner Handlungsweise erwachsen, auf mich nehmen.«

Es ist eine mutige, reife und charakterstarke Frau, die uns in den quellenkritisch sicher als problematisch zu sehenden Verhörprotokollen entgegentritt. Wie wird ein noch so junger Mensch zu einer solchen Persönlichkeit? Die Gestapoakte liefert dazu lediglich Rahmendaten. Geboren wurde Sophie Scholl als viertes von fünf überlebenden Kindern der Eheleute Robert und Magdalena (Lina) Scholl (geborene Müller) am 9. Mai 1921 im württembergischen Forchtenberg am Kocher. Der Vater, ein Verwaltungsbeamter, war hier im Oktober 1919 als Parteiloser zum Stadtschultheißen ge-

Sophie Scholl verabschiedet sich am 23. Juli 1942 am Münchener Ostbahnhof von ihrem Bruder Hans Scholl (links) und Christoph Probst (rechts), die als Medizinstudenten in Russland den menschenverachtenden Vernichtungsfeldzug der Nationalsozialisten unmittelbar erlebten.

wählt worden. Die Mutter, vor der Heirat Diakonisse und in der Kinderkrankenpflege tätig, lebte ihren Kindern einen starken, im evangelischen Christentum wurzelnden Glauben vor, ohne vereinnahmen zu wollen. Diese Toleranz übte der konsequent demokratische und republiktreue Vater in politischer Hinsicht. Ihr Vater, so Sophie Scholl im Verhör, sei Demokrat und gegen die nationalsozialistische Staatsführung eingestellt. Er habe aber »[...] uns Kinder [...] bei der Erziehung nie in demokratischem Sinne beeinflusst«. Die Eltern lebten vielmehr vor, statt vorzuschreiben. Es ist ein enger Familienbezug, der diese Kindheit prägt. Freundschaften schloss Sophie Scholl eher wenige, dafür aber substanzielle. Den Zusammenhalt der Familie Scholl bestärkt haben mochten einige gravierende Einschnitte und Erfahrungen. Dazu zählte 1926 der Tod der jüngsten Schwester Mathilde, die nur ein knappes Jahr alt wurde. Ebenso zu nennen sind die Begleitumstände der Abwahl des Vaters und des Weggangs der Familie aus Forchtenberg 1930. »Mit Gottes Hilfe überwinden wir vollends die schändlichen Anschläge, die manche Leute mit uns getrieben haben, um uns vorsätzlich ins Unglück zu stürzen, was ihnen aber nicht gelungen ist«, äußerte die Mutter dazu im Rückblick. Sie meinte wohl persönliche, bis vor Gericht getragene Auseinandersetzungen der politischen Lager. Für Sophie Scholl war der Umzug eine Zäsur. Sie ließ den Geburtsort für immer hinter sich.

Die Ulmer Jahre – Jugend in der NS-Diktatur

Robert Scholl fand zunächst eine Anstellung bei einer Genossenschaft der Maler und Lackierer in Stuttgart. Die Familie wohnte während dieser Zeit in Ludwigsburg. Als er 1932 die Chance für einen beruflichen Neuanfang als Wirtschaftsprüfer und Steuerberater in einer Ulmer Kanzlei erhielt, brachte dies einen weiteren Umzug mit sich. Der Vater war so erfolgreich, dass er das Steuerbüro bald als Alleininhaber übernahm. Für Sophie Scholl und ihre Geschwister bedeuteten die Ortswechsel zugleich auch Schulwechsel. »In Ulm besuchte ich die Mädchenoberschule bis zur Prima-Reife [Abitur].« Schulschwierigkeiten kannte Sophie Scholl nicht. Dem Herbstzeugnis der Klasse Ib ihrer Oberrealschule nach belegte sie 1932 »unter 31 ordentlichen Schülerinnen den 4.–6. Platz«. Ihre Begabungen lagen gleichermaßen im mathematisch-naturwissenschaftlichen Bereich, der deutschen Sprache und nicht zuletzt im Zeichnen. Gleichwohl war im neuen politischen System das schulische Engagement dem außerschulischen bald untergeordnet.

Der Vater Robert Scholl stand dem NS-Staat ablehnend gegenüber. 1942 und 1943/44 war er gar wegen kritischer Äußerungen (»Heimtücke«) respektive dem Abhören von »Feindsendern« inhaf-

Sophie Scholl auf den Treppen des Rathauses ihres Geburtsortes Forchtenberg, aufgenommen im Jahr 1927.

Undatierte Aufnahme von Sophie Scholl.

tiert. Seine Kinder, vor allem die älteren, Inge und Hans, ließen sich hingegen zunächst für die neue Bewegung gewinnen. Inge Scholls Tagebuch dokumentiert die daraus erwachsenden familiären Konflikte, etwa den Streit um ein Hitlerbild, das Hans Scholl im Kinderzimmer aufgehängt hatte. Pubertätskonflikte, wie sie in jeder Familie auftreten, überlagerten sich hier mit politischen Auseinandersetzungen. Für die jugendlichen Geschwister war die Hitlerjugend Jugendkultur; die Vorbild- und Führungsfunktion lag hier bei nur unwesentlich Älteren. Auch Hans und Inge Scholl machten in der NS-Jugendorganisation beachtliche Karrieren: Hans als Fähnleinführer, Inge als Ringführerin.

Auch Sophie Scholl ließ sich für die Hitlerjugend gewinnen. »Ich selbst trat im Januar 1934, damals 13-jährig, in die Jungmädelschaft der HJ ein und gehörte der HJ bzw. dem BDM bis 1941 an«, lautete die lapidare Darstellung im Gestapoverhör. Zur Konfirmation trug sie Uniform, bald war sie Schar- und schließlich Gruppenführerin. Die hier gefundene Freundin Susanne Hirzel berichtete von sportiven Mutproben: »Wir schwammen durch die beiden mittleren Pfeiler der großen Donaubrücke, weil dort die Wellen am gewaltigsten waren [...]. Wir schaukelten in den höchsten Wipfeln der Tannen [...].« Wann kam für Sophie Scholl die Ernüchterung? Wann wurde ihr, wann den Geschwistern bewusst, dass Uniformierung und geistige Gefolgschaft mit ihrem wipfelstürmenden Freiheitsdrang nicht zusammenpassten? Inge Scholl datierte diesen Distanzierungsprozess rückblickend zunächst auf die Jahre 1936/37, als »eine Politisierung, Militarisierung und Vermassung der Hitlerjugend [begann]. In dieser Zeit gingen mir und meinen Geschwistern die Augen auf für Dinge und Züge in der Partei und Politik Hitlers, die uns abstießen u. entsetzten.« Es war dies die Zeit der Umgestaltung der HJ zur Staatsjugend. Sophie Scholl selbst führte die Entfremdung auf die im Herbst 1937 erfolgte Verhaftung ihres Bruders Hans und die zeitweilige Festnahme auch der Geschwister Inge und Werner unter dem Vorwurf sogenannter »bündischer Umtriebe« zurück. Hans Scholl wurde vom Sondergericht Stuttgart am 2. Juni 1938 verurteilt, profitierte jedoch von einer Amnestie.

Es war dies eine zweifellos einschneidende Erfahrung, die bei Sophie Scholl gleichwohl keinen radikalen Schnitt, sondern einen Ablösungsprozess zur Folge hatte. Dieser Prozess war zugleich überlagert vom Übergang ins Erwachsenenalter. Zudem spielten interne Konflikte mit hinein. Sie habe, so Sophie Scholl, ihr Amt als Gruppenführerin 1938 niedergelegt. »Bei diesem Zerwürfnis handelte es sich um eine rein innerdienstliche Angelegenheit des BDM ohne politischen Hintergrund.« Allmählich wurde ihr bewusst, wie wesensfremd ihr die NS-Bewegung eigentlich war, wie unvereinbar mit ihren Überzeugungen und Werten. Wer wie sie die Unaufrichtigkeit und Hohlheit ideologischer Phrasen durchschaut hatte, dem konnten die Dienste und Schulungsabende bestenfalls langweilig erscheinen.

Sophie Scholls Schulabschluss fiel in die erste Phase des Krieges. Dass nun »dauernd Menschen in Lebensgefahr gebracht werden von anderen Menschen«, beschäftigte sie zu einem Zeitpunkt, als andere noch blind Siegesmeldungen bejubelten. »Es ist etwas vom gemeinsten, wenn man dauernd im Ungewissen über einen Menschen ist«, schrieb sie in den ersten Kriegstagen an ihren Freund Fritz Hartnagel, der Berufsoffizier war. »Sag nicht, es ist für's Vaterland.« Der Krieg mochte die politische Ernüchterung verstärkt haben, und dies weit eher als bei den männlichen Mitgliedern der *Weißen Rose*. Entsprechend wollte Sophie Scholl sich dem inzwischen auch für Frauen verpflichtenden Reichsarbeitsdienst entziehen, der als Zugriff des Staates empfunden wurde. Mit einer für Abiturientinnen auf ein Jahr verkürzten Ausbildung zur Kindergärtnerin am Evangelischen Fröbel-Seminar hoffte Sophie Scholl der Dienstpflicht zu entgehen. 1941 musste sie ihn gleichwohl im RAD-Lager Krauchenwies im Landkreis Sigmaringen ableisten.

Studium in München – der Weg in den Widerstand

Im Mai 1942 begann Sophie Scholl das ersehnte Studium der Biologie und Philosophie in München. Sie belegte Vorlesungen, las wie schon zuvor, exzessiv und breit, Literatur und Theologie, lernte die katholischen Schriftsteller und Kulturkritiker Theodor Häcker und Carl Muth auch persönlich kennen. Über ihren Bruder Hans, der hier Medizin studierte, sich im Sommer aber zur sogenannten Kriegsfamulatur an der Ostfront befand, lernte sie einen Kreis oppositioneller Studienfreunde kennen, die miteinander Konzerte besuchten, Lesungen hörten und diskutierten: Alexander Schmorell, Christoph Probst, erst sehr viel später Willi Graf und den Philosophieprofessor Kurt Huber, dazu mitunter Ulmer Freunde wie Otto Aicher oder Hans Hirzel. In den intensiven Münchener Sommerwochen 1942 entstanden die ersten vier Flugblätter der *Weißen Rose*. Es ist nicht geklärt, was Sophie Scholl von dieser ersten Flugblattaktion wusste. Im Gestapoverhör bestritt sie entschieden, »sowohl mit der Abfassung, der Herstellung oder Verbreitung dieser Schrift auch nur das Geringste zu tun« gehabt zu haben. Sie tat dies, nachdem sie die Strategie des Leugnens bereits aufgegeben hatte. Zudem identifizierte sie das im Januar 1943 verbreitete Flugblatt *Aufruf an alle Deutschen* als »erstes Flugblatt«. Jedoch hatte sie in diesen Julitagen 1942 ihren Freund Fritz Hartnagel um Geld und einen Bezugsschein für ein Vervielfältigungsgerät gebeten – ein Indiz zumindest für eine doch frühere Mitwisserschaft.

Die Widerstandsaktivitäten hatten nach der Rückkehr der »Frontfamulanten« eine andere Qualität. Waren die ersten vier Flugblätter noch sehr akademisch, entstanden nun weit konkretere, eindringlichere Appelle: *Beweist durch die Tat, dass Ihr anders denkt!* und *Entscheidet Euch, eh' es zu spät ist!* Es ist der Entstehungskonnex mit der Niederlage von Stalingrad. Mit *Stalingrad* war dann auch der Flugblattentwurf Christoph Probsts überschrieben. Es genügte den Studenten nicht mehr, ihre Flugschriften im Raum München zu versenden. Sie sollten vielmehr massenhaft gedruckt in etlichen Städten gleichzeitig in Umlauf gebracht werden. Zudem wurden in nächtlicher Aktion Protestparolen wie »Nieder mit Hitler«, »Freiheit« oder »Hitler Massenmörder« an Gebäuden angebracht. Im Januar und Februar waren sie in München in Universitätsnähe, an der Buchhandlung Hugendubel und sogar der bayerischen Staatskanzlei zu lesen. Und schließlich knüpften Hans Scholl und Alexander Schmorell Kontakte zu Regimegegnern wie Falk Harnack, auch dies Indiz einer erweiterten Widerstandsaktivität. Harnack, dessen Bruder Arvid und Schwägerin Mildred Ende 1942 als Mitglieder der so bezeichneten Widerstandsgruppe *Rote Kapelle* hingerichtet worden waren, hatte nach eigenen Angaben Verbindungen zu Dietrich und Klaus Bonhoeffer in Aussicht gestellt.

Die Intensivierung der Aktivitäten bedeutete zugleich ein höheres Risiko. Papier, Matrizen, Farbbänder, Briefmarken und -umschläge in größerer Menge zu beschaffen, war allein aus Gründen der Kriegsbewirtschaftung auffällig. Sollte die Versandaktion von unterschiedlichen Orten erfolgen, mussten die Mitglieder der *Weißen Rose* mit dem brisanten Material dorthin reisen. Sophie Scholl begab sich Ende Januar nach Augsburg und Ulm, im Gepäck etwa 2000 Flugblätter, einige davon be-

Blick in den Lichthof der Münchener Universität, in den Hans und Sophie Scholl am 18. Februar 1943 die Flugblätter der *Weißen Rose* flattern ließen. Unmittelbar danach wurden sie festgenommen.

reits in adressierten Umschlägen. Etwa 600 machte der 18-jährige Hans Hirzel versandfertig und brachte sie am Folgetag nach Stuttgart zu seiner Schwester Susanne, der Jugendfreundin Sophie Scholls. Alexander Schmorell war zu dieser Zeit nach Wien gefahren, um von dort die für die Stadt und Adressen in Linz, Salzburg und Frankfurt am Main bestimmten Sendungen abzuschicken. Eine Bahnreise zumal mit solch brisanter Fracht war gefährlich. Willi Graf war gleichwohl sogar der Transport eines Vervielfältigungsgeräts gelungen.

Der NS-Verfolgungsapparat hatte die Widerstandsaktivitäten von Anbeginn an registriert und Anfang 1943 eigens eine Sonderkommission der Gestapo zur Ermittlung der »Hochverräterischen Umtriebe« eingerichtet. Noch am 11. Februar 1943 berichtete sie an das Reichssicherheitshauptamt von einer ergebnislos verlaufenen Großfahndung nach »dem Flugzettelverteiler«. Die kriminaltechnische Untersuchung hatte immerhin ergeben, dass die Flugblätter vom Sommer 1942 und jene neuen der »Widerstandsbewegung in Deutschland« auf der gleichen Schreibmaschine geschrieben waren. Ein erster Verdächtiger wurde ausgemacht: ein gänzlich unbeteiligter ehemaliger Stadtbibliothekar. Noch immer war die Verbindung zwischen den Flugblattaktionen und den Maueranschrieben nicht hergestellt. Dass Polizeistellen in ganz Süddeutschland und Österreich in Fahndung und Ermittlung eingeschaltet waren, zeigt die Bedeutung, die den Widerstandsaktionen zugeschrieben wurde. Am 17. Februar 1943 waren dem regimetreuen Münchener Philologen Richard Harder zunächst die beiden letzten, dann auch die vier ersten Flugblätter zur sprachanalytischen Begutachtung vorgelegt worden. Sein Befund, dass hier ein »begabter Intellektueller [...] seine Propaganda auf akademische Kreise« abgestellt habe, war noch nicht in die Ermittlungen eingeflossen, als die Universität München eine weitere Aktion vermeldete: die Verteilung von Flugblättern vor Hörsälen im Hauptgebäude. Diesmal waren zwei Personen festgenommen worden.

Aktion im Lichthof der Universität und die Folgen

Hans und Sophie Scholl hatten die Verteilung von gut 1500 Flugblättern am helllichten Tag, unmittelbar vor Schluss der Vorlesungen, im Kreis der Freunde nicht abgesprochen. Einig waren sich die Studenten zwar, ihre Widerstandsaktivitäten ausweiten zu müssen, doch konkretisiert hatten sie ihre Pläne noch nicht. Von Hans Scholl ist überliefert, dass er von der fehlenden Resonanz auf bisherige Aktionen enttäuscht war und zu auffälligeren Handlungsformen übergehen wollte. Ob aus Übermüdung, der Einnahme von Aufputschmitteln geschuldetem Übermut, aus Nachlässigkeit, Leichtsinn, dem Wunsch, ein Fanal zu setzen: Das Motiv für die letzte Flugblattaktion im Lichthof der Universität ist ungeklärt. Die Geschwister Scholl wurden vom Pedell beobachtet, widerstandslos festgenommen und der Gestapo überstellt. Hans Scholl versuchte lediglich, den mitgeführten handschriftlichen Flugblattentwurf Christoph Probsts zu vernichten. Nach Durchsuchungen ihrer, dann der Wohnungen der mitverschworenen Freunde hatten die Verfolger erhebliches Belastungsmaterial zusammengetragen, darunter die im Atelier eines befreundeten Architekten versteckte Schablone nebst Teerfarbe.

Dass der NS-Maßnahmenstaat und nicht zuletzt der Münchener Gauleiter Paul Giesler nun ein Exempel statuieren wollten, ist nicht nur der atemberaubenden Geschwindigkeit von Verhör, Prozess und Urteilsvollstreckung zu entnehmen. Hans Scholl und der inzwischen verhaftete Christoph Probst waren als Angehörige einer Studentenkompanie eigens »sofort aus der Wehrmacht entlassen worden, damit das Verfahren [...] schnellstens durch den Volksgerichtshof durchgeführt werden kann«. Nicht das Münchener Sondergericht, sondern der Volksgerichtshof unter Vorsitz seines berüchtigten Präsidenten Roland Freisler sollte hier ein abschreckend hartes Urteil fällen. Dazu war der Erste Senat eigens nach München gereist. Das Strafmaß stand von vornherein fest. Gauleiter Giesler hatte bereits am 19. Februar Reichsleiter Martin Bormann darum gebeten, »die Aburteilung in den nächsten Tagen hier und die Vollstreckung alsbald darauf vorzunehmen«. Die Anklageschrift war im Eiltempo erstellt, der Prozess auf den 22. Februar festgesetzt worden. Zu diesem Zeitpunkt wurde nach Alexander Schmorell noch steckbrieflich gesucht. Der weitere Personenkreis der Akteure und Mitwisser war längst noch nicht umfassend bekannt. Deshalb mussten im April und Juli 1943 zwei weitere Prozesse gegen Mitglieder und Helfer der studentischen Widerstandsgruppe geführt werden.

Die erst am Vortag von Freunden informierten Eltern und der Bruder Werner Scholl reisten am Verhandlungstag nach München. Es gelang ihnen, die nach nur dreistündiger Verhandlung zum Tode verurteilten Sophie und Hans im Gefängnis Stadelheim noch einmal zu sehen. Dass ihr umgehend gestelltes Gnadengesuch zu spät kam, dass die beiden und Christoph Probst noch am Tag der Verurteilung hingerichtet werden sollten, konnten sie nicht ahnen. Von der Urteilsvollstreckung war tags darauf in der gelenkten Presse zu lesen. Die ahnungslose Schwester Elisabeth Scholl sah die Zeitungsnotiz mit der lapidaren Vollzugsmitteilung beim Warten auf den Bus. Hans und Sophie Scholl wurden am 24. Februar 1943 auf dem Friedhof am Perlacher Forst in einem Gemeinschaftsgrab beigesetzt, Christoph Probst in unmittelbarer Nachbarschaft bestattet. Auch Alexander Schmorells Grab befindet sich dort. Er sowie Professor Kurt Huber waren am 13. Juli, Willi Graf, von dem sich die Gestapo noch die Preisgabe weiterer Informationen versprach, am 12. Oktober 1943 hingerichtet worden. Hans Konrad Leipelt schließlich, ein Student des Chemienobelpreisträgers Heinrich Wieland und der Widerstandsgruppe *Weiße Rose* gar nicht zugehörig, bezahlte mit seinem Leben, dass er das letzte Flugblatt der Widerstandsgruppe vervielfältigt und verteilt hatte. *Und ihr Geist lebt trotzdem weiter* hatte er als Überschrift hinzugefügt.

1964 gibt die Deutsche Bundespost Briefmarken zum 20. Jahrestag des 20. Juli 1944 heraus. Sophie Scholl ist die einzige Frau in dieser Auswahl deutscher Widerstandskämpfer.

Ikone des Widerstands? Zur Wahrnehmung Sophie Scholls nach 1945

Nach dem Ende der NS-Diktatur wurden die Namen von Hans und Sophie Scholl und der studentischen Widerstandsgruppe *Weiße Rose* quasi zu Synonymen. Daran hatte die ausschließlich ihnen zuzuschreibende Aktion im Münchener Universitätsgebäude zentralen Anteil. Von kaum zu überschätzender Bedeutung war hierbei auch die Öffentlichkeitsarbeit ihrer Schwester Inge Scholl, die mit der Titelwahl *Die Weiße Rose* für ihre Erinnerungen an die Geschwister den Eindruck erweckte, die beiden seien die eigentlichen Protagonisten der Widerstandsgruppe gewesen. »Ein schönes, aber unvollständiges Bild«, so die Reaktion Angelika Probsts, der Schwester Christoph Probsts. Die Wahrnehmung hat sich im Zuge der pädagogischen Nutzbarmachung und Bereitstellung spezifisch weiblicher Vorbilder noch einmal verschoben, eine Entwicklung, die nicht zuletzt die Rezeption der *Weißen Rose* im Film noch einmal verstärkt hat. Es ist Sophie Scholl, die zur Ikone des Widerstands geworden und deren »letzte Tage« als kinotauglicher Stoff entdeckt wurden. Dass neuere Studien wie die von Barbara Beuys und Christine Hikel ein differenziertes, ihre Position im Widerstand auch relativierendes Bild zeichnen, ist kein Denkmalsturz, sondern die »Vermenschlichung« einer fast schon hagiografisch verzeichneten, tatsächlich weit facettenreicheren Persönlichkeit, die es neu zu entdecken gilt.

PETER STEINBACH

Claus Schenk Graf von Stauffenberg (1907–1944) Der Hitler-Attentäter

Hitler zu töten und den anschließenden Umsturz vorzubereiten, den Krieg zu beenden und weitere Verbrechen zu verhindern war sein Ziel. Mehr als die Hälfte aller Toten des Zweiten Weltkriegs hätte der Erfolg seines Attentats auf Hitler verhindert.

In der Nacht vom 20. auf den 21. Juli 1944 wurden vier Männer von der zweiten Etage über das Treppenhaus IV des Bendlerblocks in den Innenhof geführt. Sie sollten standrechtlich erschossen werden. Wenige Minuten zuvor hatte sich ein Generaloberst gleichsam zum Standgericht erklärt, den Umsturzversuch als Hochverrat bezeichnet und das Todesurteil gesprochen. Ehe die Schüsse sich an den Wänden des Innenhofs brachen, hatte sich einer der Männer schützend vor einen anderen stellen wollen. Einer der wenigen Ohrenzeugen dieser Hinrichtungen hörte, dass einer der Männer rief: »Es lebe das heilige Deutschland.« Andere wollten stattdessen gehört haben: »Es lebe das geheime Deutschland.« Bei den Hingerichteten handelte es sich um Werner von Haeften, Friedrich Olbricht, Mertz von Quirnheim und Claus von Stauffenberg. Hätten sie Erfolg gehabt, wäre ihr Anschlag gelungen: Mehr als 25 Millionen Menschen hätten den Zweiten Weltkrieg überlebt.

Claus von Stauffenberg kam am 15. November 1907 im Stuttgarter Alten Schloss als Sohn des königlich-württembergischen Oberhofmarschalls zur Welt. Die Wurzeln der Familie lagen im Bayerischen und Fränkischen. Die Erblinie hatte sich in Jahrhunderten in mehrere Nebenlinien verzweigt. Anfang des 19. Jahrhunderts wurde die bayerische Linie in den Freiherrenstand erhoben, 1874 verlieh der bayerische König Ludwig II. dieser Linie den erblichen Grafentitel. Alfred Franz Schenk Freiherr von Stauffenberg, der Enkel des erstmals in den erblichen Grafenstand Erhobenen, war Eigentümer des Schlossgutes Lautlingen. Er hatte in den 1880er-Jahren im Rang eines Majors den Heeresdienst quittiert, um dem württembergischen König als Kammerherr und Stallmeister zu dienen. 1904 hatte er die 15 Jahre jüngere, aus einem baltischen Geschlecht stammende Caroline Freifrau Üxküll-Gyllenband geheiratet, deren Familie im schwedischen Adel wurzelte. Alfred bekannte sich zum Katholizismus, seine Frau blieb Protestantin. Derartige konfessionelle Mischehen waren in Adelskreisen vergleichsweise selten. Die Kinder, so hatte das Ehepaar beschlossen, sollten katholisch erzogen werden.

Prägungen

1905 erblickten die Zwillinge Berthold und Alexander das Licht der Welt. Berthold war der wichtigste Vertraute Stauffenbergs; Alexander wurde Professor für Alte Geschichte und bekannte sich in den 1950er-Jahren zur Tat seiner Geschwister. Zwei Jah-

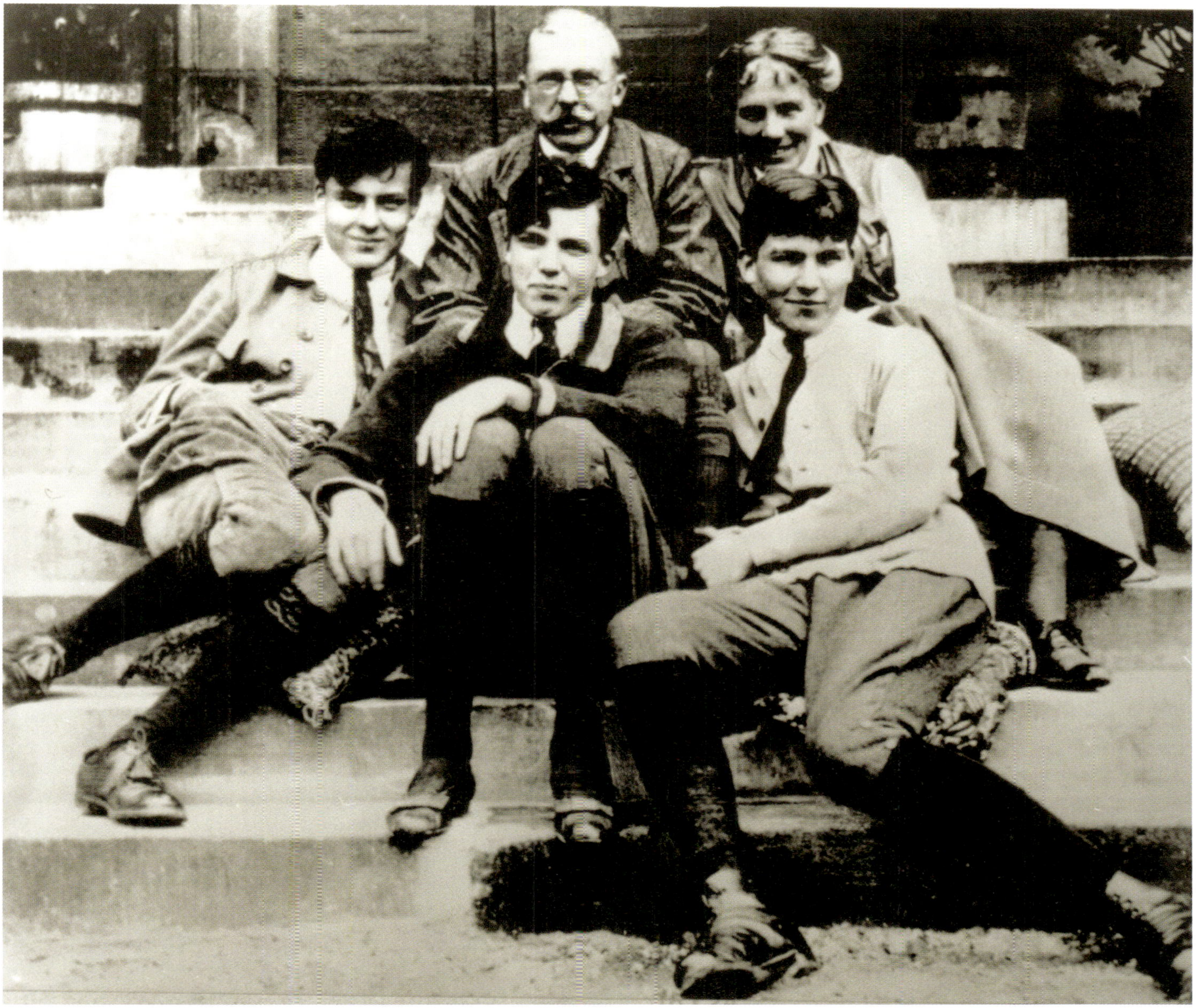

Claus von Stauffenberg mit Eltern und Brüdern, aufgenommen um 1923: links Berthold, rechts Alexander. Im Kreis der Geschwister zeigte sich sehr früh, wie wichtig ihnen ihre familiär-freundschaftlichen, aufrichtig brüderlichen Verbindungen Zeit ihres Lebens waren. Sie sollten sich niemals lockern.

re später folgten noch einmal Zwillinge – Konrad, der einen Tag nach der Geburt verstarb, und Claus. Sie kamen im bayerisch-schwäbischen Jettingen zur Welt, einem weiteren Besitz der Familie. Das Familienleben war harmonisch und wurde durch die enge Bindung zwischen den Geschwistern bestimmt. Privatunterricht, das gemeinsame Musizieren und der Besuch des Gymnasiums wurden vom Ersten Weltkrieg, der militärischen Niederlage und der Revolution überschattet.

Die Abdankung des Königs bedeutete für die Familie einen sozialen Abstieg. Der Vater lehnte den Versailler Vertrag und die neue Ordnung ab, seine Söhne stellten sich hingegen auf die neuen Verhältnisse ein, ohne sie zu rechtfertigen. Wichtig wurden die Kontakte, die die Brüder auf dem angesehenen Stuttgarter Eberhard-Ludwigs-Gymnasium knüpften. Sie fühlten sich der bündischen Jugend verbunden und schlossen sich den Neupfadfindern an, die das Bestehende kritisierten und neue For-

Die Brüder Stauffenberg mit weiteren Angehörigen des George-Kreises, versammelt um den »Meister« (sitzend): Claus als 2. von links, Alexander als 4. von links, Berthold ganz rechts.

men des Zusammenlebens erproben wollten. Die Prägung durch bündische Lebensvorstellungen war für die charakterliche Entwicklung von Claus wichtiger als der Schulbesuch, den er sogar unterbrach. Stauffenberg schwankte zwischen unterschiedlichen Berufszielen: Musiker, Architekt oder Offizier hätte er werden wollen. Bestimmend blieben die älteren Brüder, bewundert und verlässlich, aber doch unerreichbar.

Bündische Lebensform und familiäre Verbindungen kulminierten in der Begegnung der Brüder mit dem Dichter Stefan George im Jahr 1923, die für Claus lebensorientierend wurde. Um George hatte sich ein Kreis von Verehrern gebildet, die sich als Sachwalter seines Werkes und seiner Weltsicht empfanden. Berthold und Claus rückten in den engsten Kreis dieser Vertrauten ein. Der bedeutende Lyriker galt bei seinen Anhängern als »Meister«, sie selbst bezeichneten sich als »Jünger«. Den »Wirrsalen der Gegenwart« wollte George ein »geheimes Deutschland« entgegensetzen. Die George-Jünger sollten sich demonstrativ von der Massenkultur abgrenzen und Zeitströmungen und Massengeschmack widerstehen. So finden sich bei George durchaus Bemerkungen, die sich antisemitisch, völkisch deuten lassen. »Rasse« und »Blut« entsprachen äußerlich manchen Kampfbegriffen dieser Zeit und machten deutlich, dass George gegenüber nationalistischen Denkvorstellungen aufgeschlossen schien. Die Nationalsozialisten umwarben ihn, jedoch ohne ihn zu gewinnen.

1923 hatten Berthold und Alexander ein Studium in Heidelberg begonnen und es 1924 in Berlin fortgesetzt. Als Architekt oder gar Cellist seinen Lebensunterhalt zu verdienen, konnte sich Stauffenberg weiterhin vorstellen. Offizier zu werden blieb aber der entscheidende Wunsch, dessen konsequente Realisierung Familie wie Freunde überraschte. Nachdem Claus seinen Schulbesuch für ein Jahr unterbrochen hatte, legte er 1926 die Abiturprüfung ab, sie war die Voraussetzung für eine erfolgreiche Bewerbung als Offiziersanwärter.

Soldat

Stauffenberg bewarb sich bei dem als aristokratisch geltenden bayerischen Bamberger Reiterregiment, weil er hoffte, bei der Musterung die Nachteile seiner durchaus schwächlichen Konstitution überspielen zu können. 1926, zwei Monate nach dem Abitur, wurde er in das 17. Reiterregiment – die »Bamberger Reiter« – aufgenommen. Die Reichswehr, in die er eintrat, war zum »Staat im Staate« geworden und symbolisierte die Ambivalenz soldatischer Existenz in der Republik. Loyalität und Kritik blieben für Stauffenberg eine durchgehende Herausforderung seiner Lebensgestaltung.

Stauffenberg hatte sich für die Kavallerie entschieden. 1929 legte er die Offiziersprüfung ab und wurde Anfang 1930 zum Leutnant befördert – im Alter von 23 Jahren galt dies als außergewöhnlich. Die Verhöhnung der Republik und der »schwarz-rot-goldenen« Nationalflagge lehnte er ab. Die Weimarer Republik war für ihn kein »Durchgangsstadium«, sondern der Staat, den er verteidigen wollte. Dies unterschied ihn von vielen Kameraden. Seine Karriere setzte sich nach 1933 fort, ohne dass er sich zum politischen Soldaten im Sinne des NS-Staates entwickelte. Oft wurde behauptet, Stauffenberg habe am Abend des 30. Januar die »Machtergreifung« begrüßt. Beweisen lässt sich dies nicht, denn kein einziger Augenzeuge hat Stauffenberg an der Spitze eines Demonstrationszuges gesehen.

Nach der Beförderung zum Oberleutnant Anfang Mai heiratete Claus Ende September 1933 Nina Freiin von Lerchenfeld, die evangelisch war und dem bayerischen Adel entstammte. Bald nach der Hochzeit starb am 4. Dezember 1933 George bei Locarno, wo er noch einmal seine »Jünger« um sich gesammelt hatte. So war das Jahr 1933 im Leben von Stauffenberg durch vielfältige Ereignisse und keineswegs nur die eine »nationale Aufbruchstimmung« geprägt. Berthold und Claus standen unter dem Eindruck des Abschieds vom »Meister«. Vielleicht hat diese existenzielle Erfahrung andere Eindrücke, die von den politischen Zeitläuften ausgingen, überlagert und eine »Selbstidentifikation« Stauffenbergs mit dem NS-Staat verhindert.

Die folgenden Jahre standen ganz im Zeichen seiner militärischen Karriere. Stauffenberg gelang es, Verbindungen zu Kameraden aufzubauen, die lange hielten. Manche seiner Lehrgangskameraden, unter ihnen der am 20. Juli 1944 an seiner Seite hingerichtete Albrecht Ritter Mertz von Quirnheim, wurden zu verlässlichen Freunden und beteiligten sich an der Planung des Umsturzes. Stauffenbergs Ausbildung zum Generalstabsoffizier sollte nicht nur Wissen vermitteln, sondern auch Haltung prägen. So festigte sich das Selbstverständnis eines Offiziers, der sich nicht als politisch definierte, sondern die Rechtfertigung seines Dienstes aus einer höheren Verpflichtung ableitete.

Dass Stauffenberg sich im Zuge der militärischen Ausbildung zum Generalstabsoffizier nicht in die Kameraderie flüchtete, machen seine Versuche deutlich, sich durch kritische Nachfragen über die Hintergründe der politischen Entwicklungen zu informieren, die zum Rücktritt des Generalstabschefs Ludwig Beck, zur Ablösung von Generaloberst Fritsch in der Blomberg-Fritsch-Krise und zur Übernahme des Amtes des Obersten Befehlshabers durch Hitler führten. Wie Stauffenberg die Demission Becks wirklich empfand, wissen wir nicht – dass ihn aber die diffamierenden und entehrenden Umstände beschäftigten, ist bezeugt. Damit begann 1938 seine innere Lösung von der politischen Führung, die sich immer dann verstärkte, wenn Stauffenberg Verantwortungslosigkeit beobachtete. Zu einer grundsätzlichen Ablehnung des NS-Regimes führte dies aber so wenig wie die Erfahrung des Pogroms vom 9./10. November 1938.

Claus von Stauffenberg (links) und sein alter Freund und Weggefährte Albrecht Ritter Mertz von Quirnheim im Führerhauptquartier in Winniza in der Ukraine, aufgenommen im Jahr 1942.

Die endgültige Entscheidung Stauffenbergs zum Widerstand und schließlich zum »entscheidenden Wurf« liegt im Dunkeln. Einerseits stand er ganz unter dem Eindruck der militärischen Erfolge, andererseits gewann er Einblick in die Kriegsführung. Seine Kenntnisse verstärkten die Kritik an der militärischen und politischen Führung. Prägend blieb die Mitwirkung an dem von Hitler entfesselten Krieg. Kooperation und Opposition – dies wurde zur kennzeichnenden Ambivalenz, die ein kritischer Offizier aushalten musste. Am Überfall auf Polen war Stauffenbergs Division maßgeblich beteiligt. Stauffenberg war siegessicher gestimmt. Irritiert hatte er zwar das Abkommen mit der Sowjetunion vom 23. August 1939 zur Kenntnis genommen, aber eine ablehnende Grundhaltung war nicht spürbar. Auch der »Feldzug« gegen Frankreich befeuerte seine Siegeszuversicht. Der Vormarsch erfolgte im Mai 1940 atemberaubend schnell und endete vor Dünkirchen. Unmittelbar vorher war Stauffenberg jedoch zu seiner Überraschung und auch Verärgerung in das Oberkommando des Heeres versetzt und dort der Gruppe »Friedensheer und Kriegsführungsspitze« zugewiesen worden.

Widerstand

Welche Handlungsspielräume ein Hauptmann oder – seit Frühjahr 1941 – ein Major in dieser Funktion nutzen konnte, hing von seiner Initiative, seiner Aufgeschlossenheit für die tatsächlichen Probleme und seinem Kritikvermögen, nicht zuletzt aber auch von seiner Autorität ab. Stauffenberg verschaffte sich einen guten Überblick über viele Frontabschnitte, unternahm Dienstreisen zu den Stäben, die er kennenlernen wollte, informierte sich über Probleme des Nachschubs vor Ort und versuchte vor allem, Schwächen der Kriegsführung zu analysieren. Unermüdlich knüpfte er in dieser Zeit viele Kontakte.

Besonders heftig kritisierte er die Unterdrückung der Bevölkerung in den besetzten Gebieten. Er verlangte ihre bessere Behandlung und lehnte Befehle ab, die in Bewohnern der besetzten Gebiete lediglich »slawische Untermenschen« erblickten, die als Arbeitskräfte genutzt werden sollten. Seine Kritik an der militärischen Führung verstärkte sich, als Verbrechen im Rücken der Front durch Einsatzgruppen der SS, des Sicherheitsdienstes (SD), der Polizei und der Wehrmacht bekannt wurden. Aber noch konnte sich Stauffenberg nicht zur Tat durchringen.

Die seit 1938 aus immer neuen Ansätzen und Anfängen entstehende Verästelung des Widerstands war Stauffenberg mit Sicherheit nicht bekannt. Erst seit den bis heute weitgehend ungeklärten Begegnungen Stauffenbergs mit Generalmajor Henning von Tresckow in Berlin 1943/44 veränderte sich seine Haltung. Aus diesem Kontakt erwuchs ein Netzwerk des Widerstands und ließ schließlich Stauffenberg zur Schlüsselfigur des Umsturzversu-

Mehrmals war Claus von Stauffenberg (ganz links) in unmittelbarer Nähe Hitlers gewesen, wie hier am 15. Juli 1944 im Führerhauptquartier »Wolfsschanze« bei Rastenburg in Ostpreußen. Aber er entschied sich zu diesem Zeitpunkt gegen einen Anschlag, weil er möglichst viele Angehörige der Führung des »Dritten Reiches« ausschalten wollte. Fünf Tage später, am 20. Juli, zündete er dann die Bombe und kam seinem Ziel denkbar nahe.

ches werden. Tresckow und Stauffenberg einte die realistische Einschätzung von Politik, Verbrechen und Kriegsführung, denn sie wussten, wie verantwortungslos die deutsche Führung das Leben der Soldaten opferte. Einmütig kritisierten sie die hohe Generalität, weil sie nicht willens war, das Oberkommando der Wehrmacht über die wirkliche Lage an der Front zu informieren.

Bereits im Laufe des Jahres 1943 hatte sich Tresckow zu einem tollkühnen Anschlag durchgerungen. Hitlers Flugzeug sollte durch die Explosion einer in das Gepäck geschmuggelten Bombe zum Absturz gebracht werden. Die Versetzung Tresckows an den Mittelabschnitt der Ostfront und Stauffenbergs in das Afrika-Korps unter Erwin Rommel schien die militärische Opposition im Reich zu schwächen. Tresckows Versetzung war verhängnisvoll, weil er 1942/43 mit Unterstützung seines Vorgesetzten Friedrich Olbricht einen klugen Umsturzplan vorbereitet hatte. Er wollte die Furcht der NS-Führung vor einem Aufstand der Fremd- und Zwangsarbeiter nutzen, um mit der »Operation Walküre« einen Plan vorzubereiten, der sich im Falle eines gelungenen Anschlags auf Hitler eignete, entscheidende Positionen im Machtgefüge des NS-Staates zu besetzen. Die Vorbereitung des Umsturzes wurde intensiviert, als Stauffenberg nach einer schweren Verwundung, die er in Nordafrika erlitten hatte – er verlor ein Auge, die rechte Hand und zwei Finger der linken Hand – eine Schlüsselposition bei einer wichtigen Stabsstelle im Reich übernehmen konnte, nachdem sein Entschluss gefallen war, das NS-Regime aktiv zu bekämpfen.

Das Attentat

Im Herbst 1943 war Stauffenberg wieder in den engsten Kreis des Widerstandes zurückgekehrt. Er nahm Kontakt zu den verschiedenen Gruppierungen auf und stellte oft erst die Verbindung zwischen zivilen und militärischen Kreisen her. Militärs sollten den »zivilen Gruppen« des Widerstands den Weg zur Übernahme der politischen Verantwortung bahnen. Vom Allgemeinen Heeresamt aus erschloss sich Stauffenberg weitere Kontakte. Sein Arbeitsmittel wurde nun das Telefon. Dienstreisen wurden seltener. Andere Mitverschwörer versuchten, hohe Militärs zu gewinnen, mussten aber wie Stauffenberg die Erfahrung machen, dass die meisten Generäle Zauderer und Zögerer waren. Einige wollten befehlen, wenn gehandelt worden ist, andere handeln, wenn befohlen wurde – keiner aber wollte die entscheidende Verantwortung für einen Anschlag auf Hitler übernehmen.

Als Stauffenberg in die Position eines Stabschefs des Allgemeinen Heeresamtes unter General Olbricht wechselte, war noch nicht abzusehen, dass er einmal unmittelbar Hitler gegenüberstehen würde und deshalb die Chance erhielt, den verhassten Diktator zu töten. Erst seine Versetzung zum Stabschef beim Befehlshaber des Ersatzheeres eröffnete diese Möglichkeit. Tresckows Pläne wurden nun überarbeitet. Die »Operation Walküre« sollte nach dem gelungenen Anschlag auf Hitler eingeleitet werden. Einheiten der Wehrmacht, die »Walküre«-Befehle befolgt hatten, sollten im Reich und in Wehrkreisen die Befehlsgewalt übernehmen. Ganz unabhängig von diesen Planungen bewegte Stauffenberg jüngere Offiziere, einen Anschlag auf Hitler zu versuchen. Axel von dem Bussche und Peter von Kleist sind die bekanntesten und mutigsten dieser jüngeren Militärs. Sie wollten Hitler töten, zum einen, weil sie ihn für die Verkörperung des Bösen hielten, zum anderen, weil sie die Wehrmacht »eidfrei« machen wollten. In der ersten Jahreshälfte aber wurde klar, dass Stauffenberg selbst diese Tat verüben musste.

Die oppositionellen Offiziere stimmten sich nun auch zunehmend besser mit den zivilen Gruppen ab. Zugleich aber wuchs die Gefahr der Aufdeckung ihrer Verschwörung. 1943 waren Oster, Dohnanyi und Bonhoeffer verhaftet worden. Am 5. Juli 1944 gelang es der Gestapo, zwei der wichtigsten zivilen Gewährsleute der Verschwörer – Julius Leber und Adolf Reichwein – zu verhaften. Sie hatten sich auf Veranlassung Stauffenbergs mit unabhängigen Berliner Kommunisten getroffen, die nicht auf Anweisungen aus Moskau hörten. Damit vergrößerte sich der Zeitdruck, unter dem die Attentäter standen.

Am 7. Juli 1944 stand Stauffenberg erstmals Hitler persönlich gegenüber. Wenige Tage später bot sich eine neue Möglichkeit. Stauffenberg entschied sich gegen einen Anschlag, denn er wollte

Soldaten und Offiziere im Innenhof des Oberkommandos des Heeres in der Berliner Bendlerstraße am 21. Juli 1944, einen Tag nach dem missglückten Versuch Stauffenbergs, Hitler zu töten. Im Vordergrund ein aufgeschütteter Sandberg, vor dem die Verschwörer erschossen worden waren.

mit Hitler auch andere Mitglieder der NS-Führung beseitigen, unter ihnen nach Möglichkeit Himmler und Göring. Am 15. Juli 1944 war Stauffenberg fest entschlossen, die Bombe zu zünden. In Berlin wurde sogar die »Operation Walküre« eingeleitet, musste allerdings abgebrochen werden, ohne dass Verdacht geschöpft wurde, weil es Olbricht noch gelang, die bereits angelaufene Aktion als Übung zu deklarieren.

Am 20. Juli 1944 sollte Stauffenberg wieder an einer Lagebesprechung im Führerhauptquartier teilnehmen. Begleitet wurde er von seinem Adjutanten Werner von Haeften, der eine Tasche mit sich führte, in der sich eine große Sprengstoffladung und zwei Zünder befanden. Die Maschine landete gegen 10 Uhr, ein Dienstwagen brachte Stauffenberg und Haeften unverzüglich zur Wolfsschanze. Gegen halb elf Uhr nahmen beide ein Frühstück vor dem Casino ein. Dies dauerte eine knappe Stunde. Gegen halb zwölf meldete sich Stauffenberg beim Oberbefehlshaber der Wehrmacht, Generalfeldmarschall Wilhelm Keitel.

Die Lagebesprechung fand nicht wie üblich in einem Bunker, sondern in einer leicht gebauten Baracke statt. Unmittelbar vor dem Beginn der Besprechung bat Stauffenberg darum, sich zurückziehen zu dürfen, um ein frisches Hemd anzuziehen. Stauffenberg nutzte diese Gelegenheit, um die Zünder der beiden Bomben zu schärfen, die sich in seiner Tasche befanden. Dazu bediente er sich wegen seiner schweren Verletzungen speziell verformter Werkzeuge. Mit Hilfe seines Adjutanten konnte er nur eine Sprengladung schärfen, weil er in die Besprechung gerufen wurde. Stauffenberg betrat den Raum um 12.37 Uhr, nachdem die Besprechung begonnen hatte. Er wurde Hitler kurz vorgestellt und platzierte bei dieser Gelegenheit seine Tasche an einem Tischbein in unmittelbarer Nähe des Diktators.

Bereits drei Minuten später gab Stauffenberg vor, ein wichtiges Telefonat führen zu müssen, verließ den Raum und traf sich mit Werner von Haeften. Beide beobachteten, wie die deponierte Bombe detonierte; sie ließen sich aber wegen ihres angeblich wichtigen Termins nicht aufhalten, erreichten das bereitstehende Auto und konnten den unverzüglich geschlossenen ersten Sperrkreis um 12.44 Uhr, den zweiten Sperrkreis zwei Minuten später verlassen. Auf dem Weg zum Flugplatz warf Haeften das zweite Päckchen mit Sprengstoff aus dem Fenster. Es wurde später gefunden.

Gegen 13.15 Uhr startete Stauffenbergs Maschine und landete etwa um 15 Uhr in Berlin-Rangsdorf. 30 Minuten später trafen die Attentäter im Bendlerblock ein. Im Führerhauptquartier verdichtete sich der Verdacht gegen Stauffenberg. Himmler befahl, ihn nach der Landung in Berlin zu verhaften. Alle Wehrkreiskommandos wurden über den Anschlag informiert, damit aber auch vom Überleben Hitlers. Der Diktator überlebte durch einen Zufall und als Folge von unvorhersehbaren Widrigkeiten. Die Bombe konnte in der Baracke nicht die Sprengwirkung wie in einem Bunker mit Betonwänden entfalten. Außerdem war es Stauffenberg nur gelungen, eine Hälfte des Sprengstoffs zur Explosion zu bringen. Und vielleicht schützte auch die Eichenplatte des Besprechungstisches vor der Wucht der Detonation. Im Führerhauptquartier wurden unverzüglich Gegenbefehle vorbereitet und den Wehrkreiskommandos übermittelt. Eine Stunde später ordnete Himmler erneut die unverzügliche Verhaftung von Stauffenberg an.

In Berlin hatten sich die Verschwörer bereits im Laufe des Vormittags endgültig auf den Umsturz eingestellt. Gegen 11 Uhr wurde der Berliner Polizeipräsident Graf Helldorf, eine Stunde später der Berliner Stadtkommandant Paul von Hase über das Attentat informiert. Etwa eine Viertelstunde vor der Detonation liefen die unmittelbaren Vorbereitungen an. Aus dem Bendlerblock forderte gegen 12.30 Uhr Albrecht Ritter Mertz von Quirnheim über den Stadtkommandanten Hase einige Kriminalbeamte an, die mit den Verhältnissen in verschiedenen Ministerien vertraut waren. Gleichzeitig trafen enge politische Vertraute und Mitverschwörer im Bendlerblock ein. In wichtigen Ministerien, vor allem dem Auswärtigen Amt, hielten sich Vertrauensleute bereit, Beauftragte versuchten, in den Wehrkreisen das Heft in die Hand zu bekommen.

Die »Walküre«-Befehle wurden aber erst später, gegen 15.50 Uhr, nach der Landung Stauffenbergs in Rangsdorf, ausgelöst. Eine halbe Stunde vor Stauffenberg traf der pensionierte Generalstabschef Ludwig Beck im Bendlerblock ein. Stauffenberg erstattete nach seiner Rückkehr in seine Diensträume Meldung und gab sich gegenüber seinem Vorgesetzten Generaloberst Fromm als Attentäter zu erkennen.

Das Ende ist bekannt. In den Abendstunden des 20. Juli 1944 scheiterte der Umsturz. Noch in der Nacht wurden die Verschwörer im Innenhof des Bendlerblocks ermordet und sofort beerdigt, wenig später exhumiert und verbrannt. Ihre Asche wurde auf den Rieselfeldern verstreut. Verhaftungen, Prozesse, Todesurteile und Hinrichtungen folgten. Die Attentäter hatten den Anschlag und den Umsturzversuch sehr gut vorbereitet. Dass sie scheiterten, lag nicht an ihnen, sondern an denen, die sich in den Berliner Kommandos und in den Wehrkreisen in den Abendstunden verweigerten und sich auf ihre Eidesbindung an Hitler beriefen.

Ein Erfolg des Anschlags hätte viele Menschen vor dem Tod bewahrt. Welches Deutschland daraus entstanden wäre, wissen wir nicht. Stauffenberg aber zum rückwärtsgewandten Regimegegner zu stilisieren, weil er aus den politischen Denkvorstellungen seiner Zeit handelte, wäre unhistorisch. Es wäre ebenso leichtfertig, ihn zum Träger der freiheitlichen Grundordnung zu erhöhen. Diese Ordnung war ein Resultat der Niederlage. Der Mensch Stauffenberg aber bleibt faszinierend. Er handelte nicht, als es zu spät war, sondern er handelte, weil er zu den wenigen seiner Zeit gehörte, die wirklich entscheidungsfähig waren, die Verantwortung suchten und deshalb den »entscheidenden Wurf« riskierten. Dies war weitaus gefährlicher, als bis zum Ende des Krieges zur Fahne zu stehen, die das Hakenkreuz trug – wie viele, die ihre Feigheit später als »Eidtreue« verklärten.

REINHOLD WEBER

Eugen Bolz (1881–1945) Christ und Staatspräsident im Widerstand

In der Krise der Weimarer Republik blieb er überzeugter Föderalist, aber der Erosion des Parlamentarismus konnte auch er nur wenig entgegensetzen. Sein politisches und sein christliches Ethos motivierten ihn zum Widerstand gegen Hitler.

»Was ich gefühlt habe, kam. Erbarmungslos. Ich habe mich innerlich, religiös in Monaten darauf eingestellt. Ich muss von Euch und vom Leben Abschied nehmen. Euch zu verlassen ist mir schwer. Ich bitte Euch, nehmt es hin als das mir von Gott bestimmte Kreuz. Ich habe wenigstens die Gnade, vorbereitet zu sterben und vielleicht einer bösen Zeit zu entgehen.« Diese Worte schrieb Eugen Bolz am 21. Dezember 1944, dem Tag seiner Verurteilung, an seine Familie. Den letzten Satz des Abschiedsbriefes hatte die Zensur allerdings gestrichen. Bolz war in einem der zahlreichen »Bluttribunale« des Freisler'schen Volksgerichtshofes zum Tode verurteilt worden. Auf einer Kabinettsliste des Widerstandskreises um Carl Goerdeler war er als Kultusminister geführt worden. Eine verhängnisvolle Liste, die Bolz zu einem der mehr als 200 Opfer machte, die Hitlers Gefolgschaft nach dem 20. Juli 1944 tötete oder in den Tod trieb. Am 23. Januar 1945 wurde Bolz im Strafgefängnis Berlin-Plötzensee durch das Fallbeil hingerichtet.

Zwei Fotos von Eugen Bolz haben sich in das Bildergedächtnis der Deutschen eingegraben. Das erste zeigt einen abgemagerten und sichtlich gezeichneten, aber würdevollen Mann, der vor Roland Freisler steht und der sicherlich weiß, was ihm droht. Das zweite Foto zeigt Eugen Bolz mehr als elf Jahre zuvor, wie er am 19. Juni 1933 vor dem Polizeipräsidium in der Stuttgarter Dorotheenstraße in die »Schutzhaft« auf den Hohenasperg abgeführt wird. Hier also das blutrünstige Gesicht des NS-Unrechtsregimes in Gestalt von Freisler, dort der marodierende Stuttgarter SA- und SS-Mob, der Sprechchöre organisiert hatte und das Opfer mit Pferdemist und faulen Eiern bewarf. Es sind zwei Fotos, die die Demütigung von Bolz zeigen, die aber auch das Unrecht und den unbändigen Hass der Nationalsozialisten versinnbildlichen.

Doppelmandatar und »Milieumanager«

Der Weg in den Widerstand war für Eugen Bolz keinesfalls vorgezeichnet. Vieles in seiner Karriere verlief so, wie es für einen katholischen Politiker typisch war. Aufgewachsen in Rottenburg am Neckar im katholischen Milieu Württembergs als zwölftes von 13 Kindern eines erfolgreichen Kaufmanns und einer Kornhändlertochter, wurde Bolz noch von den Nachwirkungen des Bismarck'schen Kulturkampfes politisch geprägt. Gleichzeitig zeichneten sich die Folgen der Hochindustrialisierung schon deutlich ab: Bei den Reichstagswahlen 1912 bekam die SPD die meisten Wählerstimmen. »Von

Eugen Bolz vor dem Freisler'schen Volksgerichtshof, aufgenommen am 21. Dezember 1944, dem Tag seiner Verurteilung zum Tode.

der Wiege bis zur Bahre«, die Partei als Solidargemeinschaft – so wie die Sozialdemokratie lebenslang für ihre Mitglieder sorgte, so beanspruchte auch die Zentrumspartei das Monopol über das katholische Milieu. Die protestantische »Bedrohung« schweißte die Katholiken auch politisch zusammen – Mitgliedschaft und Stimmabgabe für das Zentrum wurden zum Glaubensbekenntnis. Politisch interessiert war Bolz früh. Während des Jurastudiums in Tübingen, Bonn und Berlin schloss er sich katholischen Studentenverbindungen an und knüpfte Netzwerke, die ein Leben lang hielten. 1911 trat er dem Windthorstbund bei, der Jugendorganisation des Zentrums.

Im Doppelwahljahr 1912 begann Bolz' Aufstieg zu einem der wichtigsten Politiker des Zentrums in Württemberg und im Reich. Als er zunächst für den ostwürttembergischen Wahlkreis Aalen–Ellwangen–Neresheim–Gaildorf das Reichstagsmandat gewann, stand sein Name für einen Generationenwechsel in der Partei. Gut ein Jahr später folgte der Wahlsieg in Rottenburg. Bolz vertrat damit seine Heimatstadt im Württembergischen Landtag. In zweierlei Hinsicht war er eine Ausnahmeerscheinung: als einer der jüngsten Abgeordneten, die das Parlament in Berlin bislang gesehen hatte, und als Doppelmandatar, der mehr als 20 Jahre lang beide Bühnen bespielte – die Landes- und die Reichspolitik. In der Zentrumspartei war dies – ähnlich wie bei der SPD – durchaus ungewöhnlich, galt es doch, über Parlamentsmandate möglichst viele der Milieumanager in der eigenen Partei zu versorgen. Politik als bezahlter Beruf und als Arbeit für die Partei also, und nicht, wie es das liberale Modell wollte, als unbezahlte nebenberufliche Berufung.

19. Juni 1933: Eugen Bolz (sitzend mit Hut im Fahrzeug) wird vor dem Stuttgarter Polizeipräsidium (»Hotel Silber«) in der Dorotheenstraße verhaftet und zur »Schutzhaft« auf den Hohenasperg verbracht.

Schon nach zwei Jahren als Abgeordneter wurde Bolz 1914 »zu den Waffen gerufen«. Ein Hurra-Patriotismus war ihm fremd, aber er wollte seine Pflicht erfüllen. Als Reserveoffizier war er in Ulm und Ludwigsburg eingesetzt, erlebte dann ab Frühjahr 1915 mit seiner Einheit im Elsass die sinnlosen Schlachten des Ersten Weltkrieges. In seinem Tagebuch bezeichnete er nun den Krieg als Wahnsinn. Zum Jahreswechsel 1915/16 konnte der Abgeordnete zur Ersatztruppe zurückkehren. Die ersten Revolutionstage im November 1918 erlebte er schließlich in Berlin, wo er die Situation als eine Mischung aus »einem Drittel Vernunft und gutem Willen, einem Drittel Verbrechen und einem Drittel Fastnacht, gefeiert von halbwüchsigen Burschen und Dirnen« beschrieb.

Entscheidung für die Landespolitik

Eugen Bolz war »Vernunftrepublikaner«. Es war sein Sinn für politische Realitäten, der ihm sagte, dass an der Zusammenarbeit mit der SPD und der linksliberalen Deutschen Demokratischen Partei (DDP) kein Weg vorbeiführte. Die SPD wollte er (noch) in der Verantwortung sehen, um die radikalen Kräfte innerhalb der Arbeiterschaft einzubinden. Immer wieder beschwor er die Gefahr einer Revolution, die seiner Meinung nach auch weiterhin von der Linken ausgehe. Eine Herzensangelegenheit war ihm die soziale Demokratie nicht. Wenn er von der Arbeiterschaft sprach, benutzte er oft den Begriff der »linken Massen«. Menschen, die gegen Hunger und Teuerung demonstrierten, nannte er »faule Massen«. Noch 1920 dachte er im Wahlkampf öffentlich über eine »repräsentative Monarchie« nach.

Als Doppelmandatar konzentrierte er sich zunächst auf das Reichsparlament, wo er sich als Fachmann für Recht, Wirtschaft und Finanzen rasch einen Namen machte. Als überzeugter Föderalist warnte er vor überzogenen unitarischen Tendenzen, aber auch vor separatistischen Bestrebungen. Die Einheit des Reiches war ihm ein hohes Gut, aber er wusste auch, dass ein funktionierender Föderalismus etwa gleich starke und lebensfähige Länder braucht. Vor diesem Hintergrund befürwortete er auch die erstmals nach 1918 öffentlich diskutierte Idee eines Zusammenschlusses der Länder Baden und Württemberg.

Eugen Bolz schien bereits eine steile politische Karriere auf Reichsebene vorgezeichnet zu sein, als im September 1919 der Ruf aus Stuttgart kam, wo das Amt des Justizministers vakant war. Zwar schrieb er in einem Brief, dort werde eh nur »kleine Politik getrieben«, aber das Amt nahm er dennoch an. Erneut war er der »Benjamin«: Von einigen Kritikern musste er sich fragen lassen, ob ein gerade einmal 38-jähriger Amtsrichter Justizminister werden könne. Da klang auch der Antikatholizismus der überwiegend protestantischen württembergischen Ministerialbürokratie mit. Aber Bolz sollte mehr als 13 Jahre lang ein Ministerium leiten.

Der ersten demokratischen Landesregierung unter Wilhelm Blos (SPD) ging es vor allem darum, Ruhe und Sicherheit sowie die unter der fortschreitenden Inflation immer schwieriger werdende Versorgung mit Lebensmitteln zu gewährleisten. In der Tat galt Württemberg als Hort des Friedens, sodass die von rechts bedrohte Reichsregierung im März 1920 nach Stuttgart flüchtete und dort abwartete, bis der Kapp-Lüttwitz-Putsch in sich zusammenbrach. Die Republik hatte sich als standhaft erwiesen, aber bei den im Juni 1920 folgenden Reichstags- und Landtagswahlen mussten SPD und Liberale massive Verluste hinnehmen. Unter dem maßgeblichen Einfluss von Wilhelm Keil entschied sich die württembergische SPD zum Rückzug aus der Regierung, obwohl in Stuttgart eine Fortsetzung der Weimarer Koalition möglich gewesen wäre. Bolz kritisierte diesen Schritt scharf und warf der Partei vor, sie stehle sich aus der Verantwortung. Die SPD, die im Reich und in zahlreichen Ländern eine tragende Säule der Demokratie war, schwankte in Württemberg fortan zwischen staatspolitischer Pragmatik und parteipolitischer Programmatik. Von 1920 bis 1924 bildeten das Zentrum und die DDP in Württemberg die Regierung unter dem liberalen Staatspräsidenten Johannes Hieber, während die SPD zwischen kurzzeitiger Regierungsbeteiligung, Tolerierung und Opposition hin und her wechselte. Als es im Frühjahr 1923 um ein erneutes Kabinettsrevirement ging und Bolz der SPD erneut den Posten des Innenministers verweigerte, kam es zum endgültigen Bruch. Bis zum Untergang der Demokratie im Jahr 1933 sollte die SPD in Württemberg an keiner Regierung mehr beteiligt sein.

»Schwarz-blaues« Bündnis Bolz–Bazille

Den umstrittenen Posten des Innenministers übernahm Bolz im Juni 1923 selbst. Er leitete damit das wichtigste Ressort im Kabinett und war nicht nur für die allgemeine Verwaltung und die innere Sicherheit verantwortlich, sondern auch für die Wirtschaftsförderung und damit für wichtige zukunftsweisende Projekte. Akzente setzte er hier beim Wohnungsbau und beim Bausparwesen, bei der Gründung der Oberschwäbischen Elektrizitätswerke (OEW), beim Bau von Wasserkraftwerken oder beim Ausbau des Neckars zur Großschifffahrtsstraße zwischen Heilbronn und Stuttgart.

Auf diesem zentralen Ministerposten erarbeitete sich Bolz das Profil, mit dem er sich später als Regierungschef empfahl. Er bereitete aber auch die rechtsbürgerliche Koalition vor, die ab Mai 1924 Württemberg regieren sollte. Bolz gestaltete die junge Demokratie in Württemberg durchaus wehrhaft – vor allem gegen linksextremistische Bedrohungen. Auf dem rechten Auge war er zwar nicht blind, so sein Biograf Frank Raberg, aber er sah mit ihm doch erheblich schlechter. Wiederholt wehrte sich Bolz gegen Forderungen, das im Juli 1922 nach dem Mord an Reichsaußenminister Walther Rathenau erlassene Republikschutzgesetz strenger gegen rechte Verbände anzuwenden. Dabei war auch Bolz klar, dass Württemberg Anfang der 1920er-Jahre als bevorzugter Tummelplatz radikaler Antisemiten und nationalistischer Gruppie-

Eugen Bolz, aufgenommen 1923, nachdem er württembergischer Innenminister geworden war.

rungen galt. Rund 100 rechtsextremistische Verbände, die in anderen deutschen Ländern einem Verbot unterlagen, blieben hier unbehelligt. Im November 1923 ging Bolz zwar auch gegen die württembergischen Anhänger des Hitler-Putsches vor, aber das klägliche Scheitern des Unternehmens in München bestärkte ihn nur in seiner Fehleinschätzung der Nationalsozialisten.

Das laxe Vorgehen gegen die rechtsextremen Gruppierungen war einer der zahlreichen Anknüpfungspunkte zu den rechtskonservativen Parteien, die in Württemberg unter dem Namen Württembergische Bürgerpartei (Landesverband der Deutschnationalen Volkspartei) und als Württembergischer Bauern- und Weingärtnerbund auftraten. Die weiteren inhaltlichen Übereinstimmungen zwischen katholischem und protestantischem Konservatismus waren vor allem das christliche Weltbild als Grundlage der Politik, das für Übereinstimmung in der Kultur- und Schulpolitik sorgte, sowie die mittelständisch orientierte Wirtschaftspolitik und die Interessen der Landwirtschaft. Der Bauernbund war die fast monopolartige Vertretung der evangelischen Landbevölkerung Württembergs, die bei den Landtagswahlen im Mai 1924 in fast der Hälfte der 63 Wahlkreise des Landes die stärkste Partei wurde. Spiegelbildlich dazu gewann das Zentrum die überwiegend katholischen Wahlkreise.

Als erstes und einziges deutsches Land wurde Württemberg fortan von dieser »schwarz-blauen« Koalition regiert – »schwarz« für den katholischen Konservatismus, »blau« für den preußisch orientierten protestantischen Rechtskonservatismus. An der Spitze des Staates stand mit Wilhelm Bazille ein Deutschnationaler – einer der umstrittensten Politiker Württembergs, der zugleich Kultminister war. Aber die eigentliche Machtachse bildeten der Bauernbund und das Zentrum, das mit Eugen Bolz weiterhin den Innenminister stellte. Es war eine eigentümliche Konstellation, die vor allem deshalb funktionierte, weil das Zentrum in Württemberg weiter rechts zu verorten war als im Reich.

Nach der Landtagswahl im Mai 1928 schlug die Stunde von Eugen Bolz. Obwohl die SPD jetzt die stärkste Partei war, wurde das antisozialistische Bündnis weitergeführt. Nun konnte sich Bolz auch nicht mehr daran erinnern, wie wichtig es ihm noch wenige Jahre zuvor gewesen war, die SPD in die Regierungsverantwortung einzubinden. Obwohl eine Koalition nach »Weimarer« Muster möglich gewesen wäre, ging er das Risiko einer Minderheitsregierung ein, die erst 1930 durch den Eintritt der Deutschen Volkspartei (DVP) und der DDP zum gesamtbürgerlichen Kabinett erweitert werden konnte. Die Motive für Bolz waren klar: Eine Koalition mit der SPD hätte die ländlichen Wähler des Zentrums in die Arme des Bauernbunds getrieben.

Staatspräsident in der Krise der Republik

Am 8. Juni 1928 wurde Eugen Bolz zum Staatspräsidenten gewählt. Viele Beobachter sahen sein Regierungsbündnis als Missachtung des Wählerwillens. Bazille sei »verbolzt« und Bolz habe einen Bazillus, lautete das Bonmot gegen die Fortsetzung der Mitte-Rechts-Koalition. Heftige verfassungspolitische Querelen folgten und schwächten immer wieder das am seidenen Faden hängende Kabinett Bolz. Aber das Regierungsbündnis arbeitete er-

Oberschwäbische Abgeordnete der Zentrumspartei und ihr Staatspräsident Bolz (3. v. l.), aufgenommen um 1929/30.

staunlich stabil und hatte einige Erfolge zu verbuchen: Bei den zentralen Krisenindikatoren wie Arbeitslosigkeit, Staatsverschuldung oder Wohnungsnot war Württemberg im reichsweiten Vergleich der »Musterknabe«. Darin sind vor allem auch die Gründe zu sehen, warum das Land recht gut durch die 1929 einsetzende Weltwirtschaftskrise kam. Nun zahlten sich auch die großen Infrastrukturmaßnahmen aus, die Bolz Anfang der 1920er-Jahre auf den Weg gebracht hatte.

Die Wende kam mit den Landtagswahlen im April 1932, aus denen die NSDAP als stärkste Fraktion hervorging. Die Wahl hatte eine Negativmehrheit der Republikgegner von ganz rechts und ganz links mit sich gebracht. Der Landtag war damit handlungsunfähig. An der Frage, wer in einer Regierung das Innenministerium übernehmen solle, scheiterten sowohl die Koalitionsbestrebungen der NSDAP mit den Rechtskonservativen als auch die Verhandlungen zwischen NSDAP und Zentrum, die Bolz geführt hatte und für die er viel Kritik einstecken musste. Er blieb als Staatspräsident ohne eigene Mehrheit geschäftsführend im Amt.

In den folgenden Monaten, von dem Historiker Waldemar Besson unter dem Titel *Württemberg und die deutsche Staatskrise* untersucht, beschleunigte sich die Erosion des parlamentarischen Systems dramatisch. Bolz protestierte zwar in diesem Krisenjahr 1932 vehement gegen die Aufhebung des SA-Verbots durch Reichskanzler von Papen. Auch gegen den »Preußenschlag«, die per Notverordnung durchgeführte Beseitigung der letzten bedeutsamen SPD-Regierung im Reich unter Otto Braun, erhob er im Juli 1932 das Wort. Aber Bolz selbst neigte nun immer mehr zu autoritären Regierungsmodellen und zählte damit zum rechten Spektrum des Zentrums um Heinrich Brüning und Ludwig Kaas. Unter Ausschaltung des Landtags wurde auch in Württemberg mit Notverordnungen regiert. Politik war für Bolz Staatsführung, und als Staatspräsident glaubte er sich gezwungen, auch unpopuläre Maßnahmen autoritär durchzusetzen. Den Parteien hingegen traute er schon lange nicht mehr zu, die »großen innenpolitischen Fragen [...] zu meistern«, wie er schon 1928 geschrieben hatte. Nun, in der Staatskrise, ging er noch weiter und

12. Juni 1932: Die süddeutschen Regierungschefs zu Gast in Berlin bei Reichskanzler Franz von Papen (2. v. r.): Staatspräsident Josef Schmitt (Baden, 4. v. r.), Staatspräsident Eugen Bolz (Württemberg, 3. v. r.) und Ministerpräsident Heinrich Held (Bayern, ganz rechts).

dachte an eine Diktatur auf Zeit, an einen »autoritär führenden«, »ordnenden« und »christlichen Staatsmann«: »Wenn ein Diktator für zehn Jahre möglich wäre – ich würde es wünschen«, so Bolz im Jahr 1929. Das sind verstörende Worte für einen Politiker, der gemeinhin als einer der Garanten der Weimarer Republik gilt.

In der Regierung, so die Meinung vieler Zeitgenossen nach der »Machtergreifung«, sollten die Nationalsozialisten zeigen, was sie können. Darüber hinaus: Dem »Ermächtigungsgesetz« könne man zustimmen und Hitler damit ungewöhnliche Vollmachten übertragen, solange dieser vom Reichspräsidenten Hindenburg abhängig sei, so die Argumentation vieler Abgeordneter, die wie Eugen Bolz am 23. März 1933 auch mit »Ja« stimmten. Das »Zähmungskonzept« war verhängnisvoll und das »Ermächtigungsgesetz« machte die Republik nicht handlungsfähiger, sondern schaffte sie ab. Wilhelm Keil berichtete später, Bolz habe sich schwere Vorwürfe gemacht, weil er diese Fehleinschätzungen geteilt habe. Bolz, der am 15. März 1933 als Staatspräsident vom NSDAP-Gauleiter Wilhelm Murr per Abstimmung im Landtag abgelöst wurde, musste diese politischen Fehler teuer bezahlen. Innerhalb kürzester Zeit avancierte er zum meistgehassten Feind der württembergischen Nationalsozialisten und ihrer Kampfpresse.

Schon im Wahlkampf vor der letzten, nur noch »halbfreien« Reichstagswahl vom 5. März 1933 hatte Bolz in aller Offenheit die Stimme gegen die Nationalsozialisten erhoben. Am 15. Februar hatte er Hitler die Nutzung des Schlossplatzes für eine Wahlkampfveranstaltung verweigert. Ob er von der Sabotage der Rundfunkübertragung der Hitler'schen Rede aus der Stuttgarter Stadthalle gewusst hatte, ist nicht gesichert. Auf jeden Fall machten ihn die Nationalsozialisten dafür verantwortlich. Als sich Bolz im Juni 1933 auf einem Parteitag der österreichischen Christlich-Sozialen in Salzburg zwar zurückhaltend, aber doch überhaupt zur Situation in seiner Heimat äußerte, war der Anlass gegeben. Nach seiner Rückkehr wurde er auf den 19. Juni in das Stuttgarter Polizeipräsidium geladen. Zu seiner Frau soll er gesagt haben: »Du wirst sehen, ich komme nicht zurück. Ich werde es zu ertragen wissen.« Bis zum 12. Juli wurde er auf dem Hohenasperg in »Schutzhaft« genommen, weil, so die perfide Presseerklärung der Nationalsozialisten, er selber es eingesehen habe, dass seine persönliche Sicherheit nicht mehr gewährleistet sei.

Was für eine tragische Ironie! Bolz selbst hatte in den 1920er-Jahren als Innenminister die »Schutzhaft« als »Zwangs- oder Vorbeugungsmittel zur Wahrung der öffentlichen Sicherheit« in Württemberg eingeführt und ohne richterliche Anordnung gegen Kommunisten eingesetzt. Und noch wenige Wochen zuvor hatte er in Württemberg die polizeilichen Maßnahmen nach der »Reichstagsbrandverordnung« durchführen lassen und Landtagsabgeordnete der KPD auf den Hohenasperg wegsperren lassen. Nun wurde er selbst Opfer des Unrechts.

Im Umkreis des Widerstands des 20. Juli 1944

Von der Gestapo bespitzelt und um seine Ruhegehaltsansprüche betrogen, zog sich der gerade 52-jährige Bolz ins Private zurück. Dennoch gab es eine locker organisierte Runde von Weggefährten, die sich immer wieder in Stuttgart traf, darunter die Parteikollegen Josef Beyerle oder der spätere baden-württembergische Ministerpräsident Gebhard Müller, aber auch Theodor Heuss, Wilhelm Keil und Reinhold Maier waren dabei. Der christliche Gewerkschaftssekretär Josef Ersing war der Verbindungsmann zu unterschiedlichen Widerstandskreisen. Vertreter der sozialistischen Gewerkschaften und der Sozialdemokratie kamen in diesem sich verdichtenden Kreis hinzu, in dem die frühere Gegnerschaft überbrückt wurde. Je nachdem, wie sich die Konstellation entwickeln sollte, wurde Bolz als Innenminister oder als Kultusminister des »anderen Deutschland« nach Hitler gehandelt. Dass er die genauen Einzelheiten des geplanten Attentats auf Hitler gekannt hatte, ist unwahrscheinlich. Von Carl Goerdeler aber wusste er, dass etwas geplant war: »Die Sache steigt jetzt, sie muss gelingen, es geht um Kopf und Kragen«, so Goerdeler im Juni 1944 zu Bolz, als er das letzte Mal vor dem 20. Juli 1944 in Stuttgart war.

Die gewaltsame Beseitigung Hitlers lehnte Bolz – wie andere aus dem christlich-konservativ motivierten Widerstand auch – aus Gewissensgründen ab. Er selbst glaubte wohl, eine Verhaftung des Diktators genüge. Zwar war er schon 1934 in einer niedergeschriebenen Studie zu dem Schluss gekommen, bei »offensichtlichem und dauerndem Missbrauch der Staatsgewalt« bestehe ein »Notwehrrecht des Volkes«. Vor dem Tyrannenmord aber schreckte er zurück – als Christ, aber auch als ein staatsgläubiger Politiker, für den auch Hitler noch den Staat repräsentierte. Nach dem gescheiterten Attentat auf Hitler wähnte sich Bolz noch sicher und schlug Ratschläge aus, sich ins sichere Ausland abzusetzen, zumal er wusste, dass seiner Familie Sippenhaft gedroht hätte. Am 12. August 1944 wurde er von der Gestapo in Stuttgart festgenommen und nach Berlin gebracht, von dort in den Zellenbau des Frauen-KZ Ravensbrück und schließlich in das Untersuchungsgefängnis Berlin-Moabit. Wiederholt wurde er verhört und gefoltert, bevor er von den NS-Schergen zum Schafott geführt wurde.

In die erste Reihe der »Ikonen« des Widerstands hat es Eugen Bolz nicht geschafft. In der Erinnerungskultur der Deutschen ist er lange nicht so präsent wie ein Stauffenberg oder eine Sophie Scholl. Dafür stand er wohl doch zu sehr im Hintergrund, sodass die Erinnerung an ihn weitgehend auf Baden-Württemberg bzw. sogar auf den württembergischen Landesteil begrenzt ist. Für den deutschen Südwesten und für die spätere CDU bedeutete die Ermordung von Eugen Bolz einen gravierenden Verlust. Ohne Zweifel wäre er führend an der Gründung der Südwest-CDU beteiligt gewesen, und ohne Zweifel hätte er auch auf Bundesebene wichtige Impulse gegeben.

Am Stuttgarter Königsbau, Ecke Bolzstraße, steht seit 1993 dieses Wandrelief des österreichischen Künstlers Alfred Hrdlicka, das an die Hinrichtung von Eugen Bolz erinnert. Es zeigt Bolz nicht als überhöhten Helden, sondern als körperlich geschwächtes, aber aufrechtes und gefasstes Opfer des NS-Terrors.

BEATE KOSMALA

Gertrud Luckner (1900–1995) – »Stille Heldin« und Pionierin der christlich-jüdischen Verständigung

Christliche und demokratische Werte waren ihre Leitprinzipien. Ihr wacher Verstand und ihre Tatkraft befähigten sie, den verbrecherischen Charakter des NS-Regimes zu erkennen und sich entschieden auf die Seite der Entrechteten zu stellen.

An einem Frühlingsabend 1943 erschienen in einem Abteil des Nachtzuges Freiburg–Berlin auf der Strecke zwischen Offenburg und Karlsruhe Kriminalbeamte, um auf Veranlassung der Gestapo eine Reisende zu verhaften. Die kleine, etwa 40-jährige Frau habe eine gebückte Haltung und sei so einfach gekleidet, dass niemand vermute, dass es sich bei ihr »um eine besondere Persönlichkeit« handle, hieß es in der Beschreibung der Gestapo. Die Verhaftete war Gertrud Luckner aus Freiburg im Breisgau, Referentin des Deutschen Caritasverbandes (DCV), ausgestattet mit Finanzmitteln und einem Ausweis des Freiburger Erzbischofs Conrad Gröber, der ihr darin die Durchführung von »Aufgaben der außerordentlichen Seelsorge« bescheinigte. Schon Ende 1942 war die so unscheinbar wirkende Frau durch ihre rastlose Tätigkeit und ständige Mobilität ins Visier der Gestapo geraten, da sie zahlreiche Reisen zu Mitstreitern eines von ihr über das Deutsche Reich und Österreich gespannten Hilfsnetzes für Verfolgte unternahm. Seit Januar 1943 stand sie unter ständiger Überwachung. Hinweise aus ihrem Freiburger Umfeld lösten schließlich ihre Verhaftung am 24. März 1943 aus. Damit geriet sie in die Mühlen der NS-Verfolgungsbehörden und schließlich in das Frauenkonzentrationslager Ravensbrück. Der »Schutzhaftbefehl« wurde mit »projüdischer Betätigung und Verbindungen mit staatsfeindlichen Kreisen« begründet.

Gertrud Luckner gehörte zu jener kleinen Minderheit sozial engagierter, aber auch politisch wacher Menschen in Deutschland, die schon vor 1933 die Gefahren des aufkommenden Nationalsozialismus klar erkannt hatten. Wer war diese Frau? Welche Überzeugungen trieben sie an? Woher nahm sie die Energie, den Mut und die Überzeugungskraft, nicht nur punktuell in einer bestimmten Situation, sondern über einen langen Zeitraum hinweg unter großem Risiko Verfolgten verbotene Hilfe zu leisten und Menschen aus ihrem Umfeld zur Mithilfe zu bewegen?

Kindheit, Jugend, Studium

Gertrud Luckners Herkunft gibt einige Rätsel auf. Offenbar wusste sie selbst nur wenig über ihre leiblichen Eltern. Überliefert ist, dass sie am 26. September 1900 als Tochter des deutschen Marineingenieurs Robert Hartmann und seiner Frau Gertrude, geb. Miller, in Liverpool zur Welt kam. Weil die Eltern eine große Reise unternehmen wollten – so wurde es ihr erklärt – hätten sie ihre Tochter Jane

Eine besondere Auszeichnung für Gertrud Luckner: Im Jahr 1969 wird sie von der Gedenkstätte Yad Vashem in Jerusalem als »Gerechte unter den Völkern« geehrt und darf in der »Allee der Gerechten« einen Baum mit ihrem Namensschild pflanzen.

im Alter von nur wenigen Wochen dem in der Nähe von London lebenden deutschen Ehepaar Karl und Luise Luckner in Obhut gegeben. Diese gehörten der Reformierten Kirche in Deutschland an und ließen das Kind vermutlich evangelisch taufen.

1907 verließen die Luckners England, um sich zunächst in Berlin niederzulassen. Jane besuchte in Berlin-Lichterfelde und Potsdam Höhere Töchterschulen, bis die Familie 1916 ins ostpreußische Königsberg übersiedelte. 1922 wurde Jane Hartmann – nun bereits volljährig – von den Pflegeeltern adoptiert, nachdem sie die preußische Staatsbürgerschaft erworben hatte. Seitdem hieß sie Gertrud Jane Luckner. Zu ihren leiblichen Eltern hatte sie auch weiterhin keine Verbindung. Was dies für die junge Frau bedeutete, ist unbekannt.

Die Adoptiveltern waren wirtschaftlich nicht auf Rosen gebettet. Die Tochter musste mit Sprachunterricht zum Lebensunterhalt beitragen und konnte – auch aus gesundheitlichen Gründen – erst 1925 das Abitur machen. Danach begann die zielstrebige junge Frau ein Volkswirtschaftsstudium in Königsberg. Daneben erteilte sie Englischunterricht und arbeitete in der Familien- und Gesundheitsfürsorge sowie in der Mütter- und Berufsberatung. Nach dem Tod Karl Luckners 1927 setzte sie ihr Studium in Frankfurt am Main fort, ging aber noch im Herbst desselben Jahres nach England, um an dem von den Quäkern geführten *Woodbrook-*

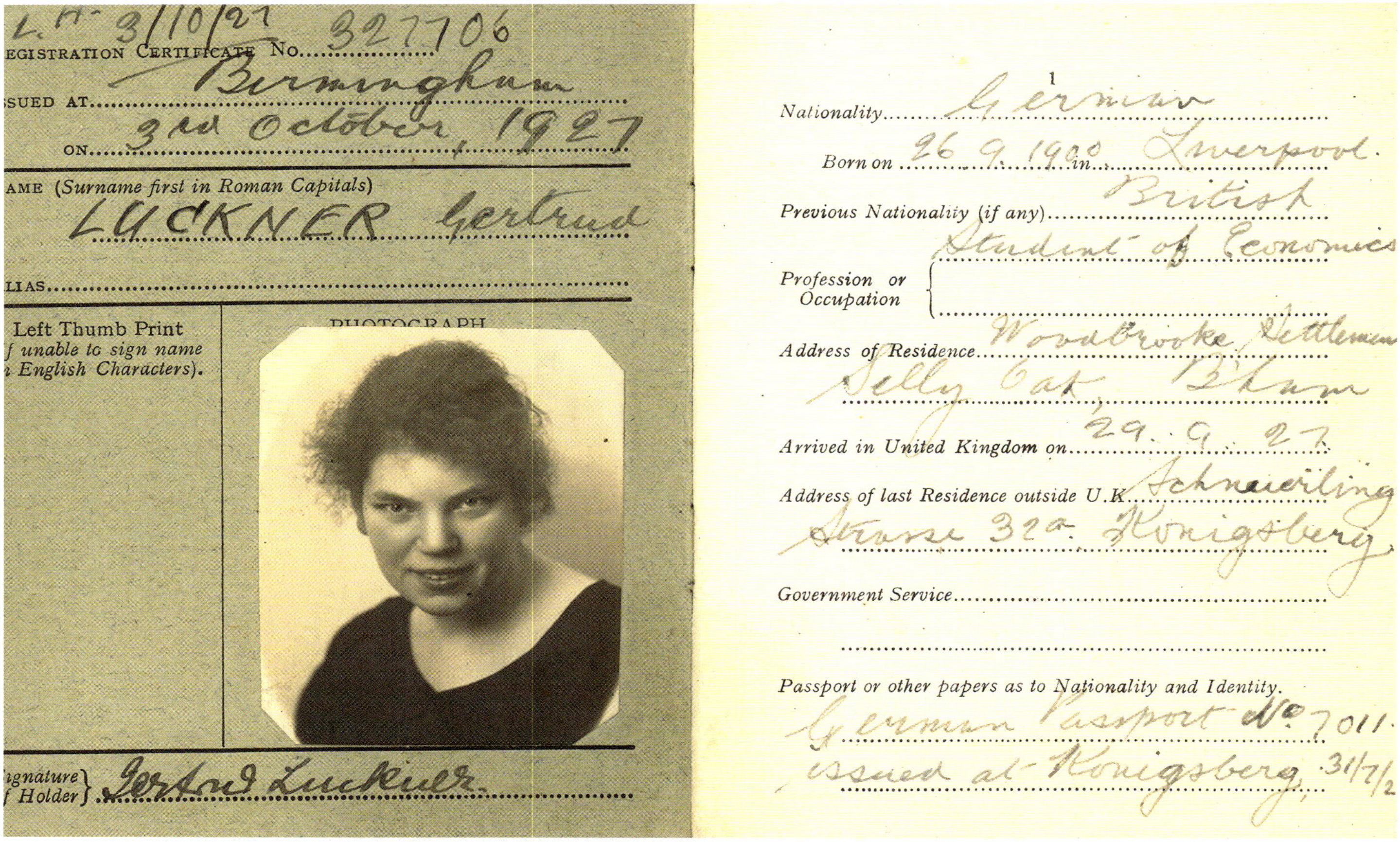

L.H. 3/10/27

EGISTRATION CERTIFICATE No. 327706

SSUED AT Birmingham

ON 3rd October, 1927

AME (Surname first in Roman Capitals) LUCKNER Gertrud

LIAS

Left Thumb Print (if unable to sign name in English Characters).

PHOTOGRAPH

Signature of Holder Gertrud Luckner

1

Nationality German

Born on 26.9.1900 in Liverpool

Previous Nationality (if any) British

Profession or Occupation Student of Economics

Address of Residence Woodbrooke Settlement Selly Oak, B'ham

Arrived in United Kingdom on 29.9.27

Address of last Residence outside U.K. Schnürling Strasse 32a Königsberg

Government Service

Passport or other papers as to Nationality and Identity. German Passport No. 7011 issued at Königsberg, 31/7/2

Gertrud Luckner im Jahr 1927 in ihrem *Certificate of Registration*, in dem die deutsche und die (native) britische Staatsangehörigkeit vermerkt ist.

College in Selly Oak bei Birmingham Sozialwissenschaft zu studieren. 1928 kehrte sie noch einmal nach Königsberg zu der kranken Mutter zurück, die bald darauf starb. 1929 folgten zwei weitere Semester in Frankfurt, wo sie 1930/31 auch ihr Studium als Diplom-Volkswirtin abschloss. Nach ihrer Rückkehr aus England habe sie – so erinnert sie sich Jahrzehnte später – eine deutliche Veränderung des politischen Klimas an der Universität wahrgenommen, auch Studentinnen hätten »Heil Hitler« gerufen.

Gertrud Luckner war ein kontaktfreudiger Mensch, eine Suchende mit vielfältigen und vorbehaltlosen Verbindungen. In ihrer Frankfurter Wandergruppe sei ein »sehr nettes kommunistisches Paar« gewesen, das ihr geraten habe, nach Freiburg im Breisgau zu ziehen – in die Stadt, die schließlich zu ihrer Wahlheimat wurde. Ausschlaggebend für ihre Entscheidung, sich in der südbadischen Universitätsstadt niederzulassen, waren aber, wie sie später betonte, das 1925 gegründete Institut für Caritaswissenschaft an der Theologischen Fakultät und die Person des Nationalökonomen Gerhart von Schultze-Gävernitz. Freiburg erwies sich für Gertrud Luckner als ein Glücksfall. Hier fand sie den für sie so wichtigen Rückhalt. Die Stadt nahm sie, wie sie später sagen wird, als »nicht sehr hitlerfreundlich« wahr.

Nächstenliebe und Toleranz als Leitprinzipien

1931 schrieb sich Gertrud Luckner an der Freiburger Albert-Ludwigs-Universität als Studentin der Volkswirtschaftslehre ein und wurde Assistentin bei von Schultze-Gävernitz. Gleichzeitig studierte sie intensiv am Institut für Caritaswissenschaft. Nach ihrer Ankunft in Freiburg tauchte sie ins katholische Milieu ein und konvertierte 1934 schließlich. Dem Friedensbund deutscher Katholiken trat sie als entschiedene Pazifistin, die sie seit dem Ersten Weltkrieg war, schon 1931 bei. Seit ihrer Ankunft in Freiburg warnte sie in ihrem Umfeld unermüdlich vor der erstarkenden NSDAP. Zusammen mit Oberstufenschülern rief sie 1932 einen Gesprächskreis (*discussion circle*) ins Leben, in dem sie über die antidemokratischen und inhumanen Ziele des Nationalsozialismus aufklärte.

Ihr Name tauchte1931 auch in der Mitgliederliste der Quäker, der »Religiösen Gesellschaft der Freunde«, auf, denen sie sich während ihres Aufenthalts am *Woolbrook College* angeschlossen hatte. Mit Quäkern im In- und Ausland tauschte sie sich in den folgenden Jahren über die Gefahren der neuen völkisch-rassistischen Bewegung aus, die sie mit ihrem Blick »von außen« früh erkannt hatte. Zu einem prägenden Erlebnis wurde für Gertrud Luckner auch das Pfingst-Friedenstreffen 1931 in Egg bei Bad Säckingen mit Teilnehmern aus Deutschland, der Schweiz und dem französischen Elsass, darunter viele Quäker. Auf diese Verbindungen und Freundschaften konnte Gertrud Luckner künftig zurückgreifen, wenn sie jüdischen Freunden, deren Bedrohung sie seit 1933 erkannte, ermöglichen wollte, Deutschland zu verlassen. Ruth von Schultze-Gävernitz, der Tochter ihres Professors, die als SPD-Mitglied und »Halbjüdin« in Gefahr war, verhalf sie im August 1933 zur Flucht nach Straßburg.

Gertrud Luckner verfolgte bei alldem konsequent ihre berufliche Laufbahn. 1935 reichte sie ihr Dissertationsprojekt *Die Selbsthilfe der Arbeitslosen in England und Wales, betrachtet auf der Grundlage der englischen Wirtschafts- und Ideengeschichte* ein, ein Thema, mit dem sie sich nicht in den universitären Elfenbeinturm begab, sondern drängende soziale Probleme aufgriff. Seit Oktober 1936 war sie zudem als Halbtagskraft in der »Arbeitsstelle Seelsorgewissenschaft« tätig. Ihre Promotionsprüfung fiel drei Jahre später auf den 18. November 1938, neun Tage nach dem Novemberpogrom, als sie mit ihrem Fahrrad »Tag und Nacht nichts als unterwegs war«, um die terrorisierten Freiburger Juden aufzusuchen. Gertrud Luckner wurde zwar zur Dr. rer. pol. promoviert, das Manuskript ihrer Dissertation wurde jedoch einbehalten und nicht veröffentlicht.

Am 1. Dezember 1938 nahm sie ihre Arbeit als Fürsorgerin der Freiburger Zentrale des Deutschen Caritasverbandes (DCV) auf und war zunächst mit allgemeinen karitativen Tätigkeiten befasst. Zu ihren Aufgaben gehörte aber auch, »nichtarischen« Katholiken bei der legalen Auswanderung zu helfen. Dies geschah in Verbindung mit dem Hamburger »St. Raphaels-Verein« und dem seit 1935 bestehenden Berliner »Hilfsausschuss für katholische Nichtarier«, zu dem 1938 auch das »Hilfswerk beim Bischöflichen Ordinariat Berlin« hinzukam. Margarete Sommer, die 1941 dessen Geschäftsführerin wurde, war ihre enge Vertraute. Als im Dezember 1938 im kleinen Grenzverkehr mit der Schweiz der Grenzübertritt für Juden verboten wurde, entschloss sich Gertrud Luckner, auch illegale Fluchthilfe über die »grüne Grenze« in den Kanton Schaffhausen zu leisten, wie sie es schon 1933 getan hatte. Einzelnen gab sie selbst Geleit.

Reisen in verbotener Mission

Als 1940 die legale Auswanderung von Juden kaum mehr möglich war (das endgültige Verbot erfolgte im Oktober 1941), verstärkte Gertrud Luckner die Zusammenarbeit mit Hilfsorganisationen anderer Konfessionen wie dem »Büro Grüber«, dem im September 1938 von Pastor Heinrich Grüber in Berlin gegründeten Hilfswerk für evangelische »Nichtarier«, und den Quäkern. Nach der frühen und überstürzten Deportation der Stettiner Juden im Februar 1940 beteiligte sie sich an der Versendung von Lebensmittelpäckchen in die Gegend von Lublin im deutsch besetzten Polen und an die im Oktober 1940 nach Gurs in den Pyrenäen verschleppten Juden aus Baden. Bei den Letztgenannten gelang es ihr, einzelne Personen als transportunfähig zurückzubehalten. Luckner unterstützte auch Pater Ludwig Borns Wiener Hilfsstelle mit Paketaktionen für die bereits im Frühjahr 1941 aus der österreichischen Hauptstadt nach Polen Deportierten.

Um die schlimmste Not lindern zu können, wollte Luckner vor allem die Lage der Juden möglichst genau kennen. Einer ihrer wichtigsten Kontakte war der zum Berliner Rabbiner Leo Baeck, dem Präsidenten der »Reichsvereinigung der Ju-

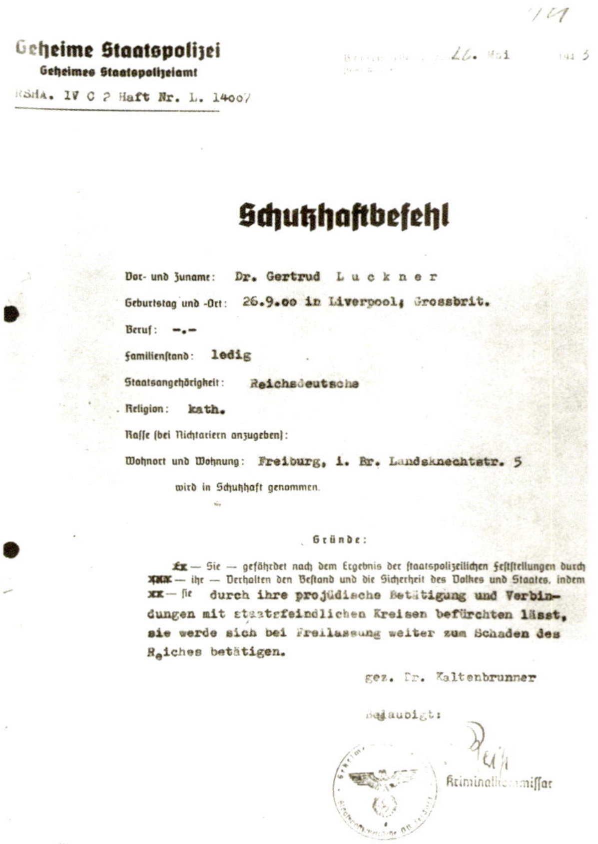

Geheime Staatspolizei
Geheimes Staatspolizeiamt
RSHA. IV C 2 Haft Nr. L. 14007

26. Mai 1943

Schutzhaftbefehl

Vor- und Zuname: Dr. Gertrud L u c k n e r
Geburtstag und -Ort: 26.9.00 in Liverpool; Grossbrit.
Beruf: -.-
Familienstand: ledig
Staatsangehörigkeit: Reichsdeutsche
Religion: kath.
Rasse (bei Nichtariern anzugeben):
Wohnort und Wohnung: Freiburg, i. Br. Landsknechtstr. 5

wird in Schutzhaft genommen.

Gründe:

xx — Sie — gefährdet nach dem Ergebnis der staatspolizeilichen Feststellungen durch xxx — ihr — Verhalten den Bestand und die Sicherheit des Volkes und Staates, indem xx — sie durch ihre projüdische Betätigung und Verbindungen mit staatsfeindlichen Kreisen befürchten lässt, sie werde sich bei Freilassung weiter zum Schaden des Reiches betätigen.

gez. Dr. Kaltenbrunner

Beglaubigt:

Kriminalkommissar

»Schutzhaftbefehl« des Reichssicherheitshauptamtes gegen Gertrud Luckner vom 26. Mai 1943.

den in Deutschland (RV)«, den Gertrud Luckner hoch verehrte, und zu Hannah Karminski, Mitarbeiterin der Fürsorgeabteilung der RV. Luckner ließ sich nicht davon abhalten, Baeck in seiner Privatwohnung in Berlin aufzusuchen. Von ihm erhielt sie ein Kennwort, das ihr den Zugang zu jüdischen Gemeinden ermöglichte. So konnte sie dem Rabbiner in Köln einen Geldbetrag überbringen, den dieser dann an seine ehemaligen Gemeindemitglieder ins Ghetto Litzmannstadt sandte.

Hatte sie 1940 noch eher auf eigene Faust gehandelt, tat sie dies ab Juni 1941 in offiziellem Auftrag des Caritaspräsidenten Benedict Kreutz, der ihr bescheinigte, dass sie wegen ihrer Mithilfe bei der Auswandererberatung für »nichtarische« Katholiken nötige Informationsreisen zu machen habe.

Nach Beginn der systematischen Deportationen von Juden aus dem Deutschen Reich im Oktober 1941 ging Gertrud Luckner dazu über, verstärkt illegale Methoden zur Unterstützung und Rettung von Verfolgten anzuwenden, und zwar nicht nur von katholischen »Nichtariern«, sondern auch von »Glaubensjuden«. Da sie als politisch denkender Mensch von Anfang an den verbrecherischen Charakter der NS-Diktatur erkannt hatte, gelang es ihr, sich über deren Gesetze, Bestimmungen und Maßnahmen ohne größere innere Konflikte hinwegzusetzen, wenn es galt, Menschenleben zu retten. Hilfreich war, dass sie Ende Dezember 1941 dabei erzbischöflichen Schutz durch Conrad Gröber erhielt, der ihr den erwähnten Ausweis ausstellte, dem zufolge ihr »notwendige Aufgaben außerordentlicher Seelsorge« oblagen. 1942 reiste Luckner in Gröbers Auftrag mit der Botschaft »Kümmert euch um die Juden« von Bischof zu Bischof.

Ihre Möglichkeiten zu reisen und die finanziellen Mittel, mit denen sie ausgestattet wurde, nutzte sie intensiv für ihre Untergrundtätigkeit. Sie übermittelte Nachrichten, ließ Pässe fälschen und half Verfolgten zur Flucht aus Deutschland. Einzelnen Personen half sie unterzutauchen und sie im Untergrund am Leben zu erhalten. So versorgte sie etwa die jüdischen Eheleute Hilde und Fritz Rosenthal aus Berlin, die sich bei den Quäkern Eva und Carl Hermann in Mannheim versteckt hielten, mit Lebensmittelmarken, bevor diese verraten und nach Auschwitz deportiert wurden.

Zwischen 1940 und Frühjahr 1943 wanderte Gertrud Luckner unermüdlich zwischen den Welten – von den katholischen und protestantischen Hilfswerken oder den Quäkern zu den immer stärker dezimierten jüdischen Gemeinden. Später bezeichnete sie ihr Handeln als »Hilfe von Mensch zu Mensch«. Gertrud Luckner war sich dabei der Gefährlichkeit ihrer Aktionen sehr wohl bewusst. Sie war keineswegs todesmutig, sondern handelte umsichtig und vorsichtig, aber fest entschlossen, die ihr verbleibende Zeit bis zur befürchteten Entdeckung zu nutzen, um möglichst viele Menschenleben zu retten.

Konzentrationslager Ravensbrück

Die Verhaftung am 24. März 1943 kam für Gertrud Luckner nicht aus heiterem Himmel – sie hatte

In der Schneiderei des Konzentrationslagers Ravensbrück musste Gertrud Luckner schwere Zwangsarbeit verrichten, ehe sie ins Lagerbüro verpflichtet wurde.

längst damit gerechnet. Nach einer Nacht im Karlsruher Frauengefängnis wurde sie zuerst nach Wuppertal, dann nach Düsseldorf überstellt, wo sie zahlreiche nächtliche Verhöre über sich ergehen lassen musste. Die nächste Station ihres Leidensweges war das Gefängnis im Berliner Polizeipräsidium am Alexanderplatz. Weitere Vernehmungen fanden in der Gestapodienststelle in der Meinekestraße statt, da der Verdacht bestand, sie habe mit einer anderen Hochverratssache zu tun. Sie musste besonnen und geschickt argumentieren, um möglichst niemanden zu belasten. »Die haben mich nicht mehr erschüttern können«, betonte die unbeugsame Frau Jahrzehnte später.

Am 5. November 1943 wurde Gertrud Luckner als »Staatsfeindin« in das Frauenkonzentrationslager Ravensbrück eingeliefert und musste den roten Winkel der politischen Häftlinge tragen. Sie leistete in der Schneiderei und bei Siemens & Halske schwere Zwangsarbeit, ehe sie ins Lagerbüro verpflichtet wurde. Unter ihren Leidensgenossinnen fand sie Zugang zu Gleichgesinnten wie der Quäkerin und Lehrerin Hildegard Hansche und der Seelsorgehelferin Katharina Katzenmaier, aber auch namentlich nicht bekannten Kommunistinnen aus Wien, deren Unterstützung sie gerettet habe. Als sie sich in die Krankenbaracke legen musste, fand sie Hilfe bei Schwester Placida (Eva Laubhardt), einer Nonne aus dem Benediktinerinnenkloster St. Lioba bei Freiburg.

Nachdem man in Freiburg in Erfahrung gebracht hatte, wo sie eingekerkert worden war, kam Überlebenshilfe auch von außen in Form von Briefen und Nahrungspaketen aus Caritaskreisen und von den Quäkerfreundinnen. Ende April 1945 gehörte Gertrud Luckner zu den letzten 500 überlebenden Häftlingen von Ravensbrück, die die SS auf einen lebensbedrohlichen Fußmarsch quer durch Mecklenburg trieb. Am 3. Mai wurden die erschöpften Frauen von sowjetischen Truppen befreit. Auf ihrer Nachkriegsodyssee gelangte Gertrud Luckner zunächst nach Lübeck und von dort nach München, wo sie das Glück hatte, die Quäkerin Annemarie Cohen, Kardinal Faulhaber und viele der ehemaligen Helfer von Juden vorzufinden. Auf einem Lastwagen, der Geistliche aus dem auf-

Der baden-württembergische Wissenschaftsminister Helmut Engler (l.) verleiht am 24. August 1985 Gertrud Luckner in Freiburg das Große Bundesverdienstkreuz mit Stern. In der Bildmitte der langjährige Freiburger Oberbürgermeister Rolf Böhme.

gelösten Konzentrationslager Dachau in ihre Heimatorte bringen sollte, fuhr sie dann in Richtung Südbaden. Am 13. Juli 1945 traf sie in Freiburg ein.

Pionierin der christlich-jüdischen Verständigung

Nach der Rückkehr aus dem Konzentrationslager fühlte sich Gertrud Luckner hin- und hergerissen zwischen Dankbarkeit, Erleichterung und Freude, aber auch tiefem Schuldbewusstsein, viel zu wenig getan zu haben. Diese Selbstvorwürfe äußerten oft gerade besonders aktive Helfer angesichts der Dimension der Verbrechen, wie sie in der Nachkriegszeit schrittweise offenbarer wurden. Doch die unermüdliche Frau zog sich nicht zurück, sondern verarbeitete ihre Erlebnisse in einem intensiven Briefwechsel mit vielen ehemaligen Mitstreitern im In- und Ausland. Die Erfahrung, dass es in schwerster Zeit Gleichgesinnte gab und dass Freundschaften Bestand hatten, war für die stets allein lebende Frau von lebenswichtiger Bedeutung.

Eine breit gefächerte Korrespondenz führte sie auch mit ihren Lagerkameradinnen, doch keineswegs nur mit den christlich orientierten Frauen, sondern auch mit Kommunistinnen, vor deren Überzeugung sie nicht zurückschreckte. Die tief gläubige Katholikin fuhr in den kommenden Jahren auch zu Begegnungen mit den ehemaligen Leidensgenossinnen in die DDR, wo Ravensbrück nun lag. Sie unterstützte dort die Errichtung der Mahn- und Gedenkstätte, wehrte sich aber gegen Versuche einer ideologisch-politischen Vereinnahmung.

Im Rahmen ihrer Arbeit bei der Caritas in Freiburg betreute sie nun Katholiken, die als Juden verfolgt worden waren. Sie, die selbst als politisch Verfolgte anerkannt worden war, arbeitete erneut für verschiedene Hilfswerke, absolvierte wieder zahlreiche Reisen und leitete später das Referat »Verfolgtenfürsorge« der Caritas. Ihre Herzenssache, ihr Leitgedanke und wichtigstes Ziel wurde aber die christlich-jüdische Verständigung und Versöhnung, die »Austrocknung« des christlichen Antisemitismus. 1947 nahm Gertrud Luckner im Schweizer Seelisberg an einer vom *International Council of Christians and Jews* einberufenen Konferenz zur Bekämpfung des Antisemitismus teil. Von diesen Diskussionen angeregt, wurde sie 1948 Mitbegründerin des erstmals zum Mainzer Katholikentag dieses Jahres erschienenen *Rundbriefs zur Förderung der Freundschaft zwischen dem alten und dem neuen Gottesvolk – im Geiste der beiden Testamente,* der Katholiken, Protestanten und Juden ein Forum bieten sollte. Luckner stellte in Deutschland Schweigen, Gleichgültigkeit, wieder aufkeimenden Judenhass und antisemitische Vorurteile fest. Dem wollte sie Sachinformation, Ursachenforschung und christliches Besinnen entgegenstellen.

Drei Jahre später übernahm sie das Amt der Schriftführerin in der Gesellschaft für Christlich-Jüdische Zusammenarbeit, die sich am 6. Juni 1950 in Freiburg konstituierte. 1951 war Gertrud Luckner die dritte Deutsche, die drei Jahre nach der Staatsgründung, noch vor Aufnahme diplomatischer Beziehungen mit der Bundesrepublik Deutschland, offiziell nach Israel eingeladen wurde. Viele Besuche sollten folgen. Mit Solidarität und Tatkraft setzte sie sich für den deutsch-israelischen Dialog ein, und nach dem Sechstagekrieg 1967 trat sie vehement dem Antizionismus in der Bundesrepublik entgegen.

1968 wurde Gertrud Luckner ins ständige Beratergremium der deutschen Bischofskonferenz für die Beziehung zu den Juden berufen. Nach Beginn des Yom-Kippur-Krieges am 6. Oktober 1973 flog sie nach Israel und richtete im Rehabilitationszentrum für israelische Soldaten auf dem Karmel eine physiotherapeutische Station ein – eine Form der spontanen praktischen Hilfeleistung, die typisch war für Gertrud Luckner. Zu diesem Zeitpunkt war sie bereits seit fünf Jahren nicht mehr im Beruf. Erst mit 68 Jahren akzeptierte sie ihr offizielles Ausscheiden aus der Caritasarbeit und widmete sich rastlos ihrem Lebenswerk *Freiburger Rundbrief,* den sie noch bis 1986 betreute. Zeit ihres Lebens wirkte sie durch Publikationen, Vorträge, Reisen und Korrespondenzen im Sinne der Verständigung von Christen und Juden.

Schon seit Anfang der 1950er-Jahre erhielt Gertrud Luckner für ihre Menschlichkeit und ihren Mut in den Jahren von 1933 bis 1945 zahlreiche Ehrungen als sichtbare Zeichen des Dankes und der Bewunderung, von denen an dieser Stelle nur einige genannt werden können. Anlässlich ihrer ersten Israelreise 1951 verlieh ihr der israelische Staat den Ehrentitel »Botschafterin der Menschlichkeit«, der nicht treffender hätte sein können. 1966 folgte ihre Auszeichnung durch die israelische Holocaust-Gedenkstätte Yad Vashem in Jerusalem als »Gerechte unter den Völkern«. Die kleine Frau aus Freiburg war Trägerin des Großen Verdienstkreuzes (1974), des Großen Verdienstkreuzes mit Stern (1985) und der Buber-Rosenzweig-Medaille (1980). Sie hat die Ehrendoktorwürde des *Hebrew Union College* in Cincinnati erhalten und ist seit 1971 Ehrenbürgerin der Stadt Freiburg. In der Nähe von Nazareth erinnert der Gertrud-Luckner-Hain an die »Gerechte« aus Freiburg. Auch ein von ihr mitbegründetes Altersheim in Nahariyya trägt ihren Namen. Am 31. August 1995 starb sie hochbetagt in ihrer Wahlheimat Freiburg im Breisgau. Sie wurde auf dem Hauptfriedhof in der Grabanlage des Caritasverbandes bestattet.

Gertrud Luckners Handeln während der NS-Diktatur beruhte auf Werten, die sie früh entwickelt hatte und an denen sie unbeirrt festhielt: Ökumene und Völkerverständigung, Toleranz, Pazifismus und uneingeschränkte Liebe zum Nächsten. Ein wesentlicher Faktor für ihren politischen Weitblick aber war ihre positive Haltung zur Weimarer Republik. Den Sturz der parlamentarischen Demokratie und die Übertragung der Macht an die Nationalsozialisten erkannte sie als den Beginn einer Katastrophe. Ihre besondere Sensibilität für die »Ausgestoßenen« mag aus ihrer eigenen Situation, ihrem eigenen »Anderssein« heraus entstanden sein. Gertrud Luckner war eine entschiedene Katholikin, aber nicht eng im Denken, sondern offen für andere religiöse und politische Anschauungen, immer auf der Suche nach dem Dialog. Sie war auch ein politischer Kopf.

BARBARA DISTEL

Lina Haag (1907–2012) Widerstand und Zivilcourage

Mit beharrlichem Mut hat sie ihren Mann aus dem Konzentrationslager befreit. Im Mai 1944 begann sie, ihre Erinnerungen an elf Jahre Verfolgung und Haft niederzuschreiben. Ihr Zeugnis hat bis heute nichts von seiner Eindringlichkeit verloren.

»Im Augenblick setzt bei mir alles aus. Ich weiß nur noch, dass dieser Augenblick alles entscheiden wird, dass dieser Unmensch in der Maske eines harmlosen Spießers unweigerlich die letzte Chance ist. Ich glaube sogar, dass er ein wenig lächelt. Das ist die Frau Haag, Reichsführer ... Ihr Mann ist in Mauthausen – ›Ich möchte Sie bitten‹, setze ich rasch hinzu, ›ihn freizugeben!‹ Mehr sage ich nicht. Ich bettle nicht.«

Mit diesen Worten beschreibt Lina Haag in ihren 1947 erstmals veröffentlichten Erinnerungen *Eine Handvoll Staub* ihr Treffen mit Heinrich Himmler. Der Ehefrau und Mitstreiterin des kommunistischen Abgeordneten des Württembergischen Landtags Alfred Haag war es im Sommer 1939 nach zahllosen vergeblichen Bittgängen in die Gestapozentrale der Berliner Prinz-Albrecht-Straße gelungen, persönlich beim Reichsführer SS vorgelassen zu werden. Sie war entschlossen, alles für die Freilassung ihres Mannes aus dem Konzentrationslager zu tun, denn sie war überzeugt, dass nur Himmler, der schrankenlose Herrscher über das Terrorinstrument »KZ« und seine Insassen, das Leben ihres Mannes noch retten konnte, der zu diesem Zeitpunkt bereits seit siebeneinhalb Jahren in verschiedenen Konzentrationslagern inhaftiert war. Himmler, offensichtlich beeindruckt von Lina Haags verzweifeltem Mut und ihrer Ehrlichkeit, gab den Befehl zur Entlassung Alfred Haags aus dem Konzentrationslager Mauthausen.

Kindheit und Jugend

Lina Haag wurde am 18. Januar 1907 im württembergischen Hagkling bei Schwäbisch Gmünd geboren. Dass sie als lediges Kind von ihrer Mutter mit in die Ehe gebracht wurde, erfuhr sie auf schmerzhafte Weise erst an ihrem ersten Schultag. »Ich kam in die Schule als kleine Sechsjährige, ein unbedarftes Mädchen. Meine Brüder hießen alle Haselmeier. Ich wusste ja nicht, dass ich Jäger heiße, ich war doch die Haselmeiers Lina. Also wir stehen da alle aufgereiht. Die Lehrerin ruft auf, und wie sie aufruft, müssen wir uns in die Bänke setzen. Sie ruft auf Pauline Jäger. Wer ist Pauline Jäger. Ich bin nicht Pauline Jäger. Ich steh als einzige da, als letzte. Und da sagt die Lehrerin, die ist so blöd, dass sie nicht einmal weiß, wie sie heißt. Alles hat gelacht. Kinder sind doch grausam. Ich schieb mich voller Scham in die Bank.« Die Sätze stammen aus Gesprächen der Autorin mit Lina Haag im Jahr 1987 (veröffentlicht unter dem Titel *Im Schatten der Helden*) und machen deutlich, dass Lina Haag die Erin-

Lina Haag mit ihrem Mann Alfred, aufgenommen 1940 in Berlin.

nerung an diese Erniedrigung noch im hohen Alter schmerzte.

Ihre Kindheit war geprägt von Armut und Entbehrung. Der Vater, zunächst Sozialdemokrat, trat nach dem Ersten Weltkrieg erst bei den Unabhängigen Sozialdemokraten (USPD) und dann in die KPD ein. Er arbeitete als Schleifer in einer Metallwarenfabrik, die Mutter musste mit Putzen und Waschen hinzuverdienen, damit es für die siebenköpfige Familie reichte. Als Älteste mit vier jüngeren Brüdern musste Lina so früh wie möglich mitverdienen. »Auf der untersten Ebene sind wir gekrebst. Ich bin schon mit dreizehn in die Fabrik beordert worden und das hat mir gar nicht gefallen. Ich war in verschiedenen Fabriken als Hilfsarbeiterin, praktisch war das Kinderarbeit. Ich bin halt von einer Fabrik zur anderen weitergereicht worden. Da, wo man am meisten ausbezahlt hat, da bin ich schnell hin und hab gearbeitet. Alles zuhause abgeliefert«, so Lina Haag in besagten Gesprächen im Jahr 1987.

Lina traf Alfred Haag im kommunistischen Jugendverband. Als sie schwanger wurde, heiratete sie ihn im Alter von 19 Jahren. Da sie glaubte, es gebe keinen Ausweg aus einem Leben in Arbeitslosigkeit und materiellem Elend, beschloss Lina Haag einen Ausbruchsversuch. Ein Onkel in Buenos Aires schickte ihr eine Fahrkarte und ihr Mann versprach ihr, zusammen mit ihrer Tochter nachzukommen, sobald sie das Geld für die Überfahrt der beiden verdient hätte. Sie arbeitete als Kindermädchen und Haushaltshilfe, aber als sie genug gespart

Lina Haag mit ihren Eltern und drei ihrer jüngeren Geschwister, aufgenommen im Jahr 1915.

hatte, wollte Alfred Haag Deutschland nicht mehr verlassen. Seine politische Arbeit in Deutschland, der Kampf gegen den aufkommenden Faschismus war ihm wichtiger und er bat Lina zurückzukommen. Sie fügte sich dem Wunsch ihres Mannes, nie sprach sie mit ihm über ihre Enttäuschung. Erst als Gefangene der NS-Diktatur erlaubte sie sich, in Gedanken nach Südamerika zurückzukehren. »Hat es das wirklich einmal gegeben, so viel Sonne, zu viel Sonne manchmal, dass man in den Schatten flüchtete? [...] Wenn ich an der Reling stand und eine Weile in den Horizont starrte, hatte ich das Gefühl, in einer gläsernen Kugel zu stehen, denn die Farben des Meeres und des Himmels waren ein Ton, ein Licht. Man sah nicht, wo das Meer aufhörte und der Himmel begann. Es war überwältigend«, schrieb sie in ihren Erinnerungen über ihre Gedanken während der Haft in einer dunklen Einzelzelle.

Nach Linas Heimkehr wurde Alfred Haag 1932 als jüngster Abgeordneter der KPD in den Stuttgarter Landtag gewählt. Die wirtschaftliche Lage der Familie Haag verbesserte sich allerdings nicht, da er alle Diäten, bis auf den Betrag, den er als Schreiner verdient hätte, bei der Partei ablieferte. Die Arbeitsbelastung nahm noch einmal erheblich zu, auch für seine Ehefrau, die an den Abenden Schreibarbeiten für ihren Mann erledigte.

Terror und Verfolgung

Am 10. Februar 1933 wurde Alfred Haag von SA-Männern zuhause festgenommen, zunächst ins Gefängnis und anschließend in das württembergische Konzentrationslager auf dem Oberen Kuhberg bei Ulm gebracht. Vier Wochen später wurde auch Lina verhaftet, die die Situation in ihren Erinnerungen folgendermaßen beschreibt: »Sie holen mich, weil der Reichstag brennt, weil sie einen Anlass brauchen, um die KPD zu zerschlagen. Ich bin bei der KPD. Deshalb holen sie mich. Ich habe keine Verbrechen begangen, aber sie führen mich ab wie eine Verbrecherin. Sie sehen, dass das Mittagessen auf dem Feuer steht, dass ich ein Kind habe, dass ich nicht einfach alles liegen und stehen lassen kann. Trotzdem hetzen sie mich. Sie geben das Kind der Nachbarin. Sie nehmen meinen Mantel vom Haken und werfen ihn mir hin. ›Hopp hopp‹ sagen sie.«

Als Lina Haag nach zehn Monaten wieder entlassen wurde, begann sie sofort für die Freilassung ihres Mannes zu kämpfen. Wiederum hoffte sie auf eine Ausreise mit Mann und Kind nach Argentinien. Aber Alfred Haag wurde nicht freigelassen, sondern im Juli 1935 vom Oberen Kuhberg ins Konzentrationslager Dachau verlegt. Auch Lina wurde erneut festgenommen. Die Gestapo hatte sie aufgefordert, einen flüchtigen Funktionär der KPD zu melden, falls er bei ihr auftauchen und Unterschlupf suchen sollte. Da war ihr klar, dass ihr eine erneute Verhaftung bevorstand. Sie warnte den Flüchtigen, der kurze Zeit später dennoch gefasst wurde. Lina Haag verbrachte zunächst zwanzig Monate in Untersuchungshaft im Stuttgarter Gestapo-Gefängnis, zuerst in Einzelhaft, einige Zeit auch in Dunkelarrest, dann in einer Gemeinschaftszelle. Als sie im März 1938 von einem Stuttgarter Gericht zu zwei Jahren Gefängnis verurteilt und die Untersuchungshaft auf die Haftstrafe angerechnet wurde, hoffte sie auf ihre baldige Freilassung und die Heimkehr zu ihrer Tochter, die bei Lina Haags Eltern lebte. Nach Verbüßung ihrer viermonatigen Reststrafe im Gefängnis Gotteszell in ihrer Heimatstadt Schwäbisch Gmünd wurde sie jedoch ohne weiteres Gerichtsverfahren, ohne Angabe von Gründen und ohne Benachrichtigung der Angehörigen in das Frauenkonzentrationslager Lichtenburg bei Torgau gebracht.

»Die Lichtenburg ist Torgaus alte Feste, eine mittelalterliche mächtige Burg mit vielen Türmen«, beschrieb Lina Haag später ihre Ankunft, »weiten Höfen, dunklen Verliesen und endlosen Sälen, ein beängstigender Riesenbau mit machtvollen Mauern, keine lichte Burg, sondern das ideale KZ. Von Gotteszell zur Lichtenburg, denke ich, die reinste Gralserzählung.« Fast ein Jahr wurde Lina Haag hier festgehalten. Angst und Verzweiflung, das vollständige Ausgeliefertsein an ihre Peiniger während dieser Monate waren mit den Bedingungen ihrer Haft im Gefängnis nicht zu vergleichen: »Es vergeht kaum ein Tag, an dem nicht in der Frühe eine Tote in den Dunkelzellen aufgefunden wird. Sie wird ›aufgefunden‹, obwohl die im Revier tätigen Häftlinge denen, die in der Nacht zu sterben haben, oft schon am Tag zuvor die Kleider aus der Zelle nehmen müssen. Nackt, mit zerschlagenen Knochen und blutbesudelten Körpern liegen die toten Frauen auf dem Fußboden. Manche haben sich unter die Pritschen zu drücken versucht oder sind unter den Tisch geflüchtet, um den Todeshieben zu entgehen. Zusammengekrümmte, zusammengeschlagene, erstarrte Wesen, die einmal Namen, Männer, Kinder, Heime hatten, liegen da mit unergründlich starren Blicken. Das ist die Hölle der Dunkelzellen mit ihren verrückten Schrecknissen. Es ist das Ende der Welt«, so Lina Haag.

Polizeifoto von Lina Haag aus dem Jahr 1939.

Der Kampf um die Freilassung Alfred Haags

Lina Haag wurde schließlich überraschend am 15. April 1939 aus dem KZ entlassen. Geistesgegenwärtig und mit einem sicheren Gespür für die eitle Großmannssucht ihres Gegenübers, wie sie es später bei ihrem Gespräch mit Heinrich Himmler erneut unter Beweis stellen sollte, packte sie den Lagerkommandanten bei einer kurzen Begegnung bei seiner »SS-Ehre«. Auf seine Frage nach ihrer Haftdauer erklärte sie ihm in einer spontanen Eingebung, dass sie nicht entlassen werden könne, da die für sie zuständige Gestapostelle in Stuttgart, die wohl die höhere Instanz sei, dies nicht zulasse. Die »höhere Instanz« konnte der Lagerkommandant nicht auf sich sitzen lassen. Er bekam einen Tobsuchtsanfall und Lina Haag blieb nicht einmal Zeit, sich von ihren Mitgefangenen zu verabschieden, so schnell wurde sie aus dem KZ Lichtenburg entlassen.

Sie hatte erfahren, dass Ihr Mann von Dachau in das besonders berüchtigte Konzentrationslager Mauthausen bei Linz verlegt worden war. Deshalb gönnte sie sich keine Erholungspause, sondern überließ ihre Tochter nach kurzer Zeit wiederum ihren Eltern und zog nach Berlin. Dort fand sie Unterkunft in einer Dachkammer bei Freunden und Arbeit in einer Metallfabrik. So konnte sie ihren beharrlichen Kampf um die Freilassung ihres Mannes aufnehmen. Als Alfred Haag auf Befehl Heinrich Himmlers tatsächlich aus Mauthausen nach Berlin entlassen wurde, holten sie ihre Tochter nach Berlin, wo sie eineinhalb Jahre unbehelligt lebten. Er fand Anstellung in einem Handwerksbetrieb und Lina ließ sich zur Krankengymnastin ausbilden.

Kriegsjahre

Doch der Krieg holte auch Alfred Haag ein. Obwohl er als politischer Gegner als »wehrunwürdig« galt, wurde er »zur Bewährung« eingezogen und nach kurzer Zeit an die Ostfront geschickt. 1944 geriet er in russische Gefangenschaft, aus der er erst im Jahr 1948 zurückkehrte. Letztendlich hatte er dank des Mutes seiner Frau überlebt.

Lina Haag blieb zunächst mit ihrer Tochter in Berlin und arbeitete als Krankenschwester in einem Militärlazarett. Als der Bombenkrieg immer heftiger wurde, ihre Tochter Käthe fast verschüttet und schließlich das Lazarett in der Berliner Charité zerstört wurde, ließ sie sich im Mai 1944 in ein Lazarett nach Garmisch versetzen. Dort verbrachte sie das letzte Kriegsjahr und erlebte die Ankunft der amerikanischen Befreier. In diesen Monaten, in denen das Ende des Krieges und der Zusammenbruch der Diktatur zum Greifen nahe schienen und doch Verfolgung und Massensterben sowohl an der Front wie in den Konzentrationslagern unverändert, ja mit zunehmender Intensität weitergingen, entschloss sich Lina Haag, ihre elfjährige Verfolgungsgeschichte niederzuschreiben. Sie hatte erfahren, dass sich die Gestapo bei ihren Eltern nach ihrem Verbleib erkundigt hatte und lebte deshalb in ständiger Angst, noch einmal verhaftet und erneut in ein Konzentrationslager verschleppt zu werden. Ihr Mann galt als vermisst, und so schrieb sie ihre Erinnerungen in Form eines Briefes an ihn nieder. Damit kämpfte Lina Haag auch gegen Angst und Einsamkeit und gegen das Gefühl ihres drohenden körperlichen Zusammenbruchs. »Warum darf ich nicht auch einmal sagen: Jetzt kann ich nicht mehr«, fragte sie einleitend. »Es geht nicht. Ich kann es mir nicht leisten. Ich darf hier nicht auffallen. Ich darf mir dieses Wunder, hier zu sein, nicht verscherzen. Es ist die einzige Chance durchzukommen. Ich darf nicht weich werden.« Am Ende ihres Berichts bilanzierte sie: »Elf Jahre sind lang. Elf Jahre sind viel, wenn es die besten Jahre eines Lebens sind. [...] Lange habe ich geglaubt, sie wären vertan und an ein sinnloses Schicksal verschwendet. Wie oft habe ich mich gegen dieses Schicksal aufgelehnt und uns töricht geheißen. [...] Der Krieg hat uns auf eine furchtbare Weise Recht gegeben.«

Nach der Befreiung

Das Lazarett im Garmischer Hotel Rießersee wurde am 1. Mai 1945 von Einheiten der US-Armee befreit. Bei einer Routinebefragung durch einen deutschsprachigen amerikanischen Offizier, der für kulturelle Angelegenheiten zuständig war, überließ Lina Haag ihm das einzige Exemplar ihrer Aufzeichnungen. Als sie wochenlang nichts von ihm hörte, befürchtete sie, das Manuskript sei verloren gegangen. Bei einem erneuten Treffen ermunterte sie dieser jedoch, sich um eine Veröffentlichung zu bemühen und sagte ihr seine Unterstützung zu. Anfang 1947 erschien das Manuskript von Lina Haag im Nürnberger Nest Verlag unter dem Titel *Eine Handvoll Staub*. Es war neben Eugen Kogons *Der SS-Staat* eines der ersten Bücher über Verfolgung und Widerstand im »Dritten Reich«. Der schmale Band war sofort vergriffen. Lina Haag wurde 1947 eingeladen, beim ersten deutschen Schriftstellerkongress in Frankfurt einen Vortrag zu halten. Unter dem Titel *Frauen und Pazifismus* formulierte sie einen eindringlichen Appell für den Aufbau einer friedlichen Welt. Im gleichen Jahr wurde ihr Buch von Victor Gollancz in London und im Mitteldeutschen Verlag in Halle neu aufgelegt.

Lina Haag wollte nicht mehr in ihre Heimatstadt Schwäbisch Gmünd zurückkehren. Sie konnte die dort erlittenen Demütigungen nicht verges-

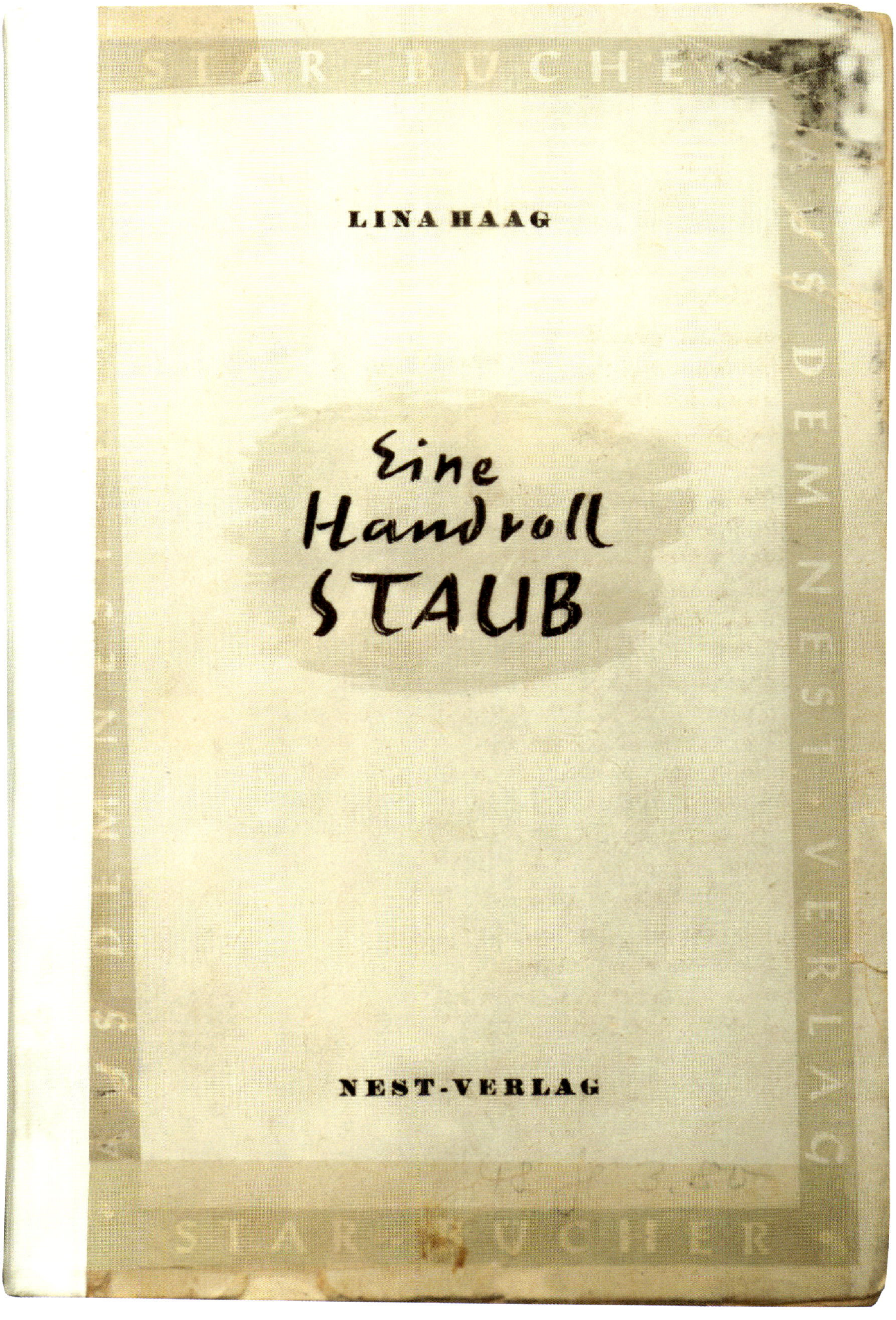

Titelblatt der Erstausgabe von *Eine Handvoll Staub* aus dem Jahr 1947.

Lina Haag auf einer Aufnahme aus dem Jahr 1952.

sen. »Als wir die Treppe hinuntersteigen, höre ich überall im Haus die Türen gehen, sehr leise und vorsichtig, aber ich höre sie«, schrieb sie über ihre Festnahme. »Auf der Straße überläuft es mich kalt. Ich spüre die Blicke im Rücken. Aus allen Fenstern schaut man mir nach. Ich sehe es nicht, ich weiß es. Alles ist auf dem Weg, wie immer in solchen Fällen. Alles holt Milch oder kommt vom Markt. Das muss wohl so sein. Die einen bleiben gaffend stehen und kosten das aus. Die anderen schauen erschrocken weg.« So beschloss sie, mit ihrer Tochter nach München zu ziehen. Als ihr Mann 1948 aus sowjetischer Kriegsgefangenschaft zurückkehrte, begannen sie sich eine neue Existenz aufzubauen und ihr durch Verfolgung und Haft beschädigtes Familienleben wieder zusammenzufügen.

Ein Leben für die Opfer der Diktatur

Alfred Haag fand zunächst Arbeit als Schreiner, bevor er kaufmännischer Angestellter einer Krankenkasse wurde. Zunächst als Mitglied, später als Vorsitzender der Vereinigung der Verfolgten des Naziregimes in Bayern sowie der Lagergemeinschaft Dachau engagierte er sich von Anfang an für die überlebenden Gegner und Opfer der NS-Diktatur. Nach seinem Rückzug aus dem Berufsleben widmete er sich ausschließlich den Anliegen der ehemals Verfolgten. Er baute eine Beratungsstelle für Fragen der Entschädigung für erlittene Verfolgung auf. Als deutscher Vertreter der Internationalen Vereinigung der ehemaligen Häftlinge des Konzentrationslagers Dachau kämpfte er darüber hinaus um die Errichtung einer Gedenkstätte auf dem Gelände des ehemaligen Konzentrationslagers. Auch für die Gedenkstätten der ehemaligen Lager Oberer Kuhberg und Mauthausen engagierte er sich kontinuierlich. Lina unterstützte ihn in seiner Arbeit, zog sich selbst jedoch aus der Öffentlichkeit zurück. Obwohl ihr Buch in der DDR und Übersetzungen in hohen Auflagen in der Sowjetunion und in Ungarn publiziert wurden, vergingen in Westdeutschland drei Jahrzehnte, bevor 1977 eine Neuauflage im Frankfurter Röderberg-Verlag erschien. Sie enthielt ein Vorwort des Schriftstellers Oskar Maria Graf, der nach dem Krieg nicht aus seinem New Yorker Exil zurückgekehrt und der dort zufällig auf Lina Haags Erinnerungen gestoßen war. »Dieses schmale Buch, das anmutet wie ein unendlicher Liebesbrief, wird jedem Leser unvergesslich bleiben«, hieß es darin. »Es schwingt im Lesenden nach wie ein innerstes Beben. Es bleibt noch lange in ihm wie eine nachhaltende Bestürzung, ein sprachloses Erstaunen über eine so tiefe Herzenskraft und es erweckt wieder den Glauben an das Menschlichste in uns allen, an das Wunder einer unbeirrbaren Liebe.«

Das Buch erschien im Jahr 1977 zu einem Zeitpunkt, als die Geschichte der NS-Verbrechen in der Bundesrepublik Deutschland zunehmend auf öffentliches Interesse stieß. Zum ersten Mal fanden die Stimmen der überlebenden Opfer mehr Gehör, zunächst vor allem bei jungen Menschen, die in den Jahren zuvor in Schule und Elternhaus kaum Aufklärung über die NS-Verbrechen erfahren hatten. Aber auch Zeithistoriker und Vertreter von Kultur und Medien begannen sich zunehmend mit individuellen Schicksalen der Verfolgten und Ermordeten des NS-Regimes auseinanderzusetzen.

So fand auch die Neuauflage von Lina Haags Erinnerungsband ein starkes öffentliches Echo, vor allem bei weiblichen Lesern. Die eindrückliche, schonungslose Schilderung ihrer Gefühle von Ohnmacht und Verzweiflung, aber auch ihr beharrlicher Kampfesmut und die unerschütterliche Bereitschaft, für eigene Überzeugungen einzustehen, bewegten ihre Leserinnen. Lina Haag erhielt zahlreiche Dankesbriefe, die sie mit großer Anteilnahme für das Anliegen ihrer Leser beantwortete und die oftmals zu jahrelangen Briefwechseln führten. Es folgten das Interesse der Medien und zahlreiche Einladungen zu öffentlichen Veranstaltungen. Auch in ihrer schwäbischen Heimat, die sie nie verleugnete, aber in die sie auch nie zurückkehren wollte, erlangte der Name Lina Haag schließlich Bekanntheit.

Lina Haag war wieder eine öffentliche Person der Zeitgeschichte geworden. Sie las in Schulen, bei Frauengruppen und oft bei Veranstaltungen von Verfolgtenorganisationen, denen sie sich besonders verbunden fühlte. Dabei ging es ihr jedoch niemals nur um ihre eigene Verfolgungsgeschichte. Sie nahm immer lebhaften Anteil am politischen Leben und Zeitgeschehen. Ihre besondere Sorge galt bis ans Ende ihres Lebens dem Fortbestehen nationalsozialistischer Ideen und der Entwicklung rechtsextremer Gewalt. Lina Haag war immer bemüht, vor allem ihre jungen Gesprächspartner anzuregen, sich gegen Ungerechtigkeit zur Wehr zu setzen und eigene Verantwortung zu übernehmen.

Alfred Haag starb im Jahr 1982 nach mehreren Schlaganfällen. Er erlebte nicht mehr, wie sich die Auseinandersetzung mit der Geschichte der NS-Diktatur in der Bundesrepublik Deutschland zu einem der beherrschenden gesellschaftspolitischen Diskurse entwickelte, der 1995 anlässlich des 50. Jahrestags der Befreiung der Todeslager einen Höhepunkt erreichte. Er erlebte auch die Anerkennung und Wertschätzung nicht mehr, die überlebende Opfer durch Politik und Gesellschaft in diesem Zeitraum erfuhren. Lina Haag blieb bis zu ihrem 80. Lebensjahr aktiv. Dann zog sie sich weitgehend aus der Öffentlichkeit zurück, nahm aber weiterhin lebhaften Anteil am politischen Geschehen. Ihr Erinnerungsbericht, der im Laufe der Jahrzehnte nichts von seiner Eindringlichkeit verloren hat und auch die nachwachsenden Generationen bewegt, wurde zu einem Standardwerk zur Geschichte des deutschen Widerstandes. 1995 erschien eine Neuauflage im Frankfurter S. Fischer Verlag, 2004 folgte eine weitere im Tübinger Silberburg Verlag, 2005 im Münchener Deutschen Taschenbuch Verlag. Anlässlich ihres 100. Geburtstages verlieh die Stadt Dachau Lina Haag im Jahr 2007 einen Preis für Zivilcourage. Am 18. Juni 2012 ist Lina Haag im Alter von 105 Jahren in München gestorben.

Lina Haag, aufgenommen im September 2011, an dem Ort, von dem aus sie immer noch Fragen von Schulklassen schriftlich beantwortete.

JOACHIM RADKAU

Theodor Heuss (1884–1963) Bundespräsident und »Entkrampfer« der Deutschen

Der jungen Bundesrepublik gab er ein Gesicht und den Deutschen nach dem Krieg Mut und Zuversicht. Das war seine Art, als Präsident zu wirken und das neue Amt zu gestalten: geistreich, wortgewandt und humorvoll zugleich.

Theodor Heuss wurde als erster Bundespräsident (1949–1959) zum populärsten deutschen Politiker seiner Zeit, in dem viele Bürger etwas Vertrautes zu erkennen glaubten und dessen Gesicht – teils schmunzelnd, teils mahnend – zur Ikone der frühen Bundesrepublik wurde. Dabei war er noch bis in die letzten Jahre vor seiner Wahl für die meisten Deutschen ein Unbekannter gewesen; selbst für viele, die ihn gut kannten, hatte er bis dahin kein deutliches Profil besessen. Während ab 1949 Bonner Hofberichterstatter mit entzückten Charakterschilderungen des Präsidenten wetteiferten, sucht man bis 1948 selbst in Briefen und Memoiren aus dem Heuss'schen Umkreis nahezu vergeblich nach einer Charakteristik dieses Mannes. Auch diese Fehlanzeige hat etwas zu sagen: Es wäre irreführend, in die Heuss'sche Lebensgeschichte von Anfang an eine höhere Prädestination, eine gerade Linie zum Repräsentanten der zweiten deutschen Republik hineinzulegen. Man versteht sie besser als einen Lebensweg, der lange Zeit in einem Schlingerkurs verlief und immer wieder in Sackgassen endete, durch die Gunst eines historischen Augenblicks aber ein klares Profil und einen höheren Sinn erlangte.

Heuss bietet ein Musterbeispiel dafür, in welchem Maße ein Charisma zeitbedingt ist. Pierre Bourdieu hat die »biografische Illusion« angeprangert: die Neigung vieler Biografen, eine Lebensgeschichte ganz aus sich selbst heraus zu erklären. Je tiefer man jedoch in die Heuss'sche Lebensgeschichte eindringt, desto gründlicher wird man von dieser Illusion geheilt. Heuss selbst legte zwar großen Wert darauf, stets authentisch (»mit mir selbst im Reinen«) zu bleiben, jedoch hat er nie einen Hehl daraus gemacht, dass der Gang seines Lebens ganz wesentlich durch Anstöße von außen bestimmt wurde.

Am Anfang: ein »Mann ohne Eigenschaften«

Der junge Heuss, vielseitig begabt und charmant, begann als Schnellstarter, aber dann verlief sein Leben im Zickzack, und immer wieder blieben schwungvolle Anläufe stecken. Mit 21 Jahren promovierte er bei dem brillanten Nationalökonomen Lujo Brentano mit der Dissertation *Weinbau und Weingärtnerstand in Heilbronn am Neckar.* Das aus lebendiger Erfahrung in Weinberg und Weinkeller hervorgegangene Büchlein ist noch heute lesenswert. Mit seiner Sympathie für die Schutzzollforderungen der Weingärtner, die die Konkurrenz der

Theodor Heuss wird der erste Bundespräsident der Bundesrepublik Deutschland: Am 12. September 1949 legt er die Schwurformel ab.

südländischen Weine fürchteten, stand Heuss jedoch quer zu den radikal freihändlerischen Überzeugungen seines Doktorvaters. Immer wieder zog es ihn in die Wissenschaft, aber auf diesem Weg kam er nie sehr weit. Kaum promoviert, ließ er sich 1905 von Friedrich Naumann, dem Hoffnungsträger vieler Liberaler, in die Redaktion der Zeitschrift *Die Hilfe* nach Berlin holen. Da war eigentlich die Politik sein Ressort, aber seine Beiträge verraten deutlich, dass ihn Kunst und Literatur im Grunde mehr interessierten.

Immer wieder ist Heuss als lebenslanger unbedingter Gefolgsmann Naumanns hingestellt worden, zumal seit er mit seiner großen Naumann-Biografie (zuerst 1937) die Erinnerungspolitik an diesen liberalen Mythos dominierte. Doch da handelt es sich um eine Fehldeutung. Der Naumann'schen Flottenbegeisterung, überhaupt dessen schwärmerischer Art sowie seiner Geringschätzung des Handwerks und der für Württemberg charakteristischen Klein- und Mittelindustrie stand Heuss stets distanziert gegenüber, auch wenn er seinen politischen Mentor nicht offen kritisierte. Auf Betreiben Naumanns ging Heuss 1912 von Berlin zurück nach Heilbronn, wo er die Redaktion der *Neckar-Zeitung* übernahm. Äußerlich eine erfolgreiche Karriere mit nicht einmal 30 Jahren, und doch hat es seinen Grund, dass er kaum je einen seiner damaligen Artikel in spätere Sammelbände aufnahm – aktuelle Reportagen waren nicht seine hervorgegangenen Abhandlungen später nie wieder gelesen habe. »Demokratie als Lebensform«, die von John Dewey übernommene Lieblingsformel, lebte er vor, jedoch vermochte er sie nicht auf den Begriff zu bringen.

Beim Werkbund, der durch die Inflation in eine Finanzkrise geriet, wurde Heuss Ende 1921 von der Gehaltsliste gestrichen. Ehrenamtlich war er weiter dabei. Da trafen sich reizvolle Menschen, hier konnte Heuss seinen Interessen an Kunst, Technik, Stil nachgehen, denn der Werkbund strebte nach einem modernen deutschen Design und nach einer Synthese von handwerklicher Qualität und industrieller Produktion. Und doch: »Was sollte ich eigentlich tun?« Er war ja weder Architekt noch Designer, kein Vorkämpfer irgendeiner Moderne, eher einer, der unter den dort versammelten Streithähnen vermitteln und Kompromissformeln ausdenken konnte. Ein Witzbold stellte den Antrag, Heuss zum »Werkbund-Transformulator« zu ernennen. Der Spitzname blieb an ihm hängen, aber damit blieb er eine bloße Randfigur.

»Mann ohne Eigenschaften«? Der junge Theodor Heuss in seinem Heilbronner Arbeitszimmer im Jahr 1915.

Stärke. Ungleich mehr lagen ihm jedoch biografische Essays über historische Gestalten, wobei er in diesen mit Vorliebe sich selbst spiegelte. Vor allem während der NS-Zeit, als er über Aktuelles besser schwieg, gingen seine Kurzbiografien in die Hunderte.

Als Redakteur in Heilbronn führte er zwar ein komfortables, aber auf die Dauer wenig befriedigendes Dasein. So erklärt sich der auf den ersten Blick verblüffende Umstand, dass er ausgerechnet in der schlimmsten Zeit des Ersten Weltkrieges, im Hungerwinter 1917/18, von dem noch gut versorgten Heilbronn nach Berlin übersiedelte, angelockt von der dort auf Initiative Naumanns gegründeten Hochschule für Politik sowie dem Deutschen Werkbund und den sich in der Metropole eröffnenden politischen Perspektiven. Eine bunte Vielfalt von Möglichkeiten, die dafür sorgte, dass das Heuss'sche Dasein auch in Zeiten der Niederlage und Revolution einen Grundton heiterer Gelassenheit behielt – und doch nirgends ein dauerhafter Erfolg. Er behielt seine Hochschulposition bis 1933, als das NS-Regime die Hochschule auflöste. Aber grundsätzliche Erörterungen zur Politik flossen ihm nicht flott aus der Feder: Selbst Margret Boveri, zu der sich später eine mit Neckerei gewürzte Freundschaft entwickelte, fand seine Vorlesungen sterbenslangweilig. Heuss bekannte selbst, dass er die daraus

Immer wieder: auf Schlingerkurs

Das Gleiche galt für seine Rolle in der Deutschen Demokratischen Partei (DDP), der er von Anfang an angehörte, wie schon ihrer Vorgängerin im Kaiserreich, der Fortschrittlichen Volkspartei. Von seinen Fähigkeiten und seinem unermüdlichen Engagement her konnte er sich in den Anfängen der Weimarer Republik als Zukunftsmann der Linksliberalen fühlen. Aber immer wieder wurde er in die hinteren Ränge zurückgedrängt. Er werde »nach Strich und Faden hereingelegt«, machte er 1932 mit einer für ihn ungewöhnlichen Schroffheit seinem Ärger Luft. Und doch scheint er an der Politik ein gewisses Vergnügen bewahrt zu haben. Stets verachtete er Menschen, die aus einem »Ressentiment« heraus lebten, auch wenn er hinter der Fassade des Humors manchen Ärger verbarg. So etwa seine politisch irrationale Aversion gegen Stresemann, die er unter seinen »negativen Hobbys« aufführte und die ihn in der Weimarer Zeit davon abhielt, sich an Initiativen zur Wiedervereinigung des politischen Liberalismus zu beteiligen, die ein Gebot der Zeit gewesen wäre.

Endlich angekommen? Bundespräsident Theodor Heuss mit seiner Ehefrau Elly Heuss-Knapp im Jahr 1950. Nach einem Staatsbesuch in Bebenhausen gibt es am Tübinger Bahnhof einen Abschiedstrunk.

1925 wurde Heuss zum Vorsitzenden des Schutzverbandes deutscher Schriftsteller gewählt: eigentlich eine Rolle, die ihm mit seiner Verbindung von literarischen und politischen Interessen auf den Leib geschrieben war. Aber schon 1926 sah er sich wieder zum Rücktritt veranlasst. Er, der sich sonst politisch nur selten exponierte, kämpfte damals in vorderster Front für das »Gesetz zur Bewahrung der Jugend vor Schund- und Schmutzschriften«, das wegen der Zensurgefahr in Literaturkreisen bis hin zu Thomas Mann einen Aufschrei der Empörung erregte. Der in der Literaturgeschichte beschlagene Heuss musste eigentlich am besten wissen, dass sich die Qualität der Literatur unmöglich per Gesetz garantieren lässt. Dieses Engagement, seine Zustimmung zum Ermächtigungsgesetz 1933 und sein hartnäckiges Eintreten für den Nationalhymnen-Entwurf von Rudolf Alexander Schröder in seinen ersten Präsidentenjahren sind die drei größten Merkwürdigkeiten seiner Lebensgeschichte, die bis heute Rätsel aufgeben.

Überhaupt besitzt sein Lebensweg über weite Strecken etwas Schwankendes, das sich selbst innerhalb vieler seiner Essays verfolgen lässt: ein Schwanken zwischen Literatur und Politik, zwischen nüchterner Rationalität und versteckter Romantik, zwischen Württemberg und Berlin, zwischen dem Pathos der Freiheit und dem Pathos vom Staat als dem alleinigen Hort des Rechtes. Obwohl Heuss mit seinem Schwabentum kokettierte und gerade als Bundespräsident mit seinem Schwäbeln eine anheimelnde Atmosphäre verbreitete, war er doch in Verfassungsfragen stets ein Zentralist, der nicht daran glaubte, dass ausgedehnte Länderrechte geeignet seien, die Demokratie zu beleben. Er wetterte gegen politische »Romantik«, schon gar nach der NS-Erfahrung, sprach jedoch wiederholt davon, dass das »Konkubinat zwischen

Romantik und Rationalismus« eine zwar illegitime, aber doch kinderreiche Beziehung gewesen sei, ob in Kunst, Architektur oder Literatur. Schaut man nicht nur auf den Inhalt, sondern auch auf den Stil seiner Schriften und Reden, drängt sich der Verdacht auf, dass auch er selbst zu diesen Sprösslingen gehörte.

Unter der NS-Diktatur: Heuss findet seinen Weg

Die nationalsozialistische »Machtergreifung« erlebte er als Reichstagsabgeordneter der zur Deutschen Staatspartei mutierten, auf fünf Abgeordnete geschrumpften DDP. Gegenüber dem Ermächtigungsgesetz plädierte er zuerst für Enthaltung, ließ sich jedoch von der Mehrheit seiner winzigen Fraktion zur Zustimmung bewegen: ein Akt, der fortan der dunkle Punkt in seinem Leben blieb. Eine überzeugende Erklärung blieb er schuldig. Vermutlich haben Furcht und Ratlosigkeit mitgespielt, aber auch die Hoffnung, das NS-Regime werde sich mit der Zeit in einigermaßen rechtliche Bahnen lenken lassen.

Schon wenige Monate darauf stand er vor dem beruflichen Nichts. Zuerst verlor er seine Dozentur an der Hochschule für Politik und dann auch sein Reichstagsmandat. Es war seine Frau Elly Heuss-Knapp (1881–1952), Tochter eines namhaften Nationalökonomen, die damals die bürgerliche Existenz der Familie rettete, indem sie im Auftrag von Industrieunternehmen Werbesongs für den Rundfunk verfasste und in diesem damals ganz neuen Metier einen erstaunlichen Erfolg erzielte. Im Krieg kam diese Tätigkeit zum Erliegen. Da sicherte Heuss der Familie ein festes Monatseinkommen, indem er zuerst, bis 1942, für die *Frankfurter Zeitung* wöchentliche Essays und dann im Auftrag der Firma Bosch eine Biografie des Gründers Robert Bosch schrieb, die das voluminöseste Opus seines Lebens wurde.

Wiederholt geriet Heuss mit NS-Instanzen aneinander, aber mehr als einmal fand er innerhalb des NS-Apparates »anständige« Menschen, die sich ihm gegenüber fair verhielten: ein Grund, weshalb ihm nach 1945 eine schematische »Entnazifizierung« zuwider war. Die wenigen Heuss-Fotos aus jener Zeit zeigen einen ernsten Mann, bei dem man einen Zug von Resignation erkennen könnte. Aber in seiner Korrespondenz bekundet er nach wie vor einen unerschütterlichen Gleichmut. Einst, als Fünfzehnjähriger, hatte er erleben müssen, wie sein Vater, damals Baudezernent von Heilbronn, nervlich zusammenbrach und die restlichen vier Lebensjahre in einer Heilstätte verbrachte. Womöglich als Reaktion darauf zieht sich durch Heuss' gesamtes späteres Leben der Ehrgeiz, in allen Situationen Gelassenheit zu bewahren, und sei es mit hohem Wein- und Zigarrenkonsum. So überstand er auch die NS-Jahre.

Und gerade in dieser beruflichen Zwangspause erreichte seine literarische Produktivität ihren Gipfel: mit den vier großen Biografien Friedrich Naumanns, des im Werkbund aktiven Architekten Hans Poelzig (1939), des Meeresbiologen Anton Dohrn (1940) und des Erfinder-Industriellen Robert Bosch (1946). Zu allen diesen Gestalten besaß er einen persönlichen Zugang und eine emotionale Beziehung. Am meisten Vergnügen scheint ihm die Arbeit an der Biografie Anton Dohrns bereitet zu haben, des Begründers der Zoologischen Station in Neapel, aus heutiger Sicht ein Gründervater der Meeresökologie. Die Kluft zwischen der literarisch-humanistischen und der technisch-naturwissenschaftlichen Welt zu überwinden, war ein – bislang wenig gewürdigtes – Leitmotiv von Heuss' Leben.

Der Weg nach oben: aber auch nicht ohne Fehlstarts

Nach dem Kriegsende 1945 dominierte in Heuss' Karriere zunächst ein neues Hin und Her zwischen Schriftstellerei, Journalismus (als Mitherausgeber der *Rhein-Neckar-Zeitung*), Administration (als württembergisch-badischer »Kultminister« 1945/46) und liberaler Parteipolitik: alles auf prominenterem Niveau als zur Weimarer Zeit, aber wiederum ohne Dauer. Zum entscheidenden Sprungbrett wurde für ihn 1948/49 der Parlamentarische Rat, der das Grundgesetz ausarbeitete und in dem Heuss sein Talent zum Vermitteln und zu konsensfähigen Formulierungen zur Geltung bringen konnte wie noch nie. Ellys seit den 1920er-Jahren erfolgte

Zuwendung zur Religion mag Adenauers Zuversicht genährt haben, dass ein Bundespräsident Heuss einer Koalition seiner FDP mit der CDU den Vorzug vor einem Linksbündnis geben würde. Als Adenauer seine Partei bei der Wahl des Bundespräsidenten auf Heuss einschwor, gab er auf den Einwand, dass Heuss nicht zur Kirche gehe, die kolportierte Antwort: »Aber er hat eine fromme Frau; dat jenücht.«

Das Grundgesetz vermittelt von den Funktionen des Bundespräsidenten kein kompaktes Bild. Daher muss der jeweilige Amtsträger selber zusehen, aus seiner Position etwas zu machen. Auch da ist die Ära Heuss zunächst durch zwei Fehlstarts markiert: zuerst durch den ebenso hartnäckigen wie vergeblichen Versuch, eine neue Nationalhymne durchzusetzen; danach in der zweiten Jahreshälfte 1952 durch einen Anlauf, sich als »Hüter der Verfassung« zu profilieren, indem er das Präsidentenprivileg, Gutachten beim Bundesverfassungsgericht einzuholen, nutzte. Es ging um die Rechtmäßigkeit des bundesdeutschen Beitritts zur Europäischen Verteidigungsgemeinschaft (EVG). Da er sich in dieser Angelegenheit jedoch von Adenauer zunächst vorschicken und dann wieder zurückpfeifen ließ, machte er am Ende eine schlechte Figur. Nüchtern besehen hätte er ähnlich wie sein Nachfolger Heinrich Lübke zur lächerlichen Gestalt werden können. Umso bemerkenswerter ist, dass diese Misserfolge dem Wachstum seiner Popularität kaum schadeten, sodass er 1954 sogar mit den Stimmen der SPD wiedergewählt wurde. Diese Volkstümlichkeit eines zuvor kaum bekannten Politikers bedarf der Erklärung. Allerdings ist diese mit einer eng verstandenen Politikgeschichte nicht zu geben. Was hat Heuss als Bundespräsident konkret geleistet?

Oberster Netzwerker der bundesdeutschen Gründerjahre

Berühmt wurden zu seiner Zeit einige seiner »großen Reden«: schon am 7. Dezember 1949 sein Aufruf zum *Mut zur Liebe* zwischen Deutschen und Juden, wobei beide sich zuallererst als Menschen und nicht als Angehörige verschiedener Völker verstehen sollten. Am 19. Juli 1954 hielt er seine

Der Bundespräsident auf Auslandsreisen: Häufig bewegte sich Heuss außerhalb des Protokolls und lockerte damit die steife Atmosphäre auf. Hier zeichnet er während eines Staatsbesuchs in Italien. Das Malen war für Heuss auch eine Meditationstechnik inmitten des Präsidententrubels, mit der er auch seine unerschütterliche Ruhe zur Schau stellte.

Berliner Gedenkansprache über die Widerstandskämpfer des 20. Juli 1944, die der Mehrzahl der damaligen Deutschen noch als Verräter galten, von Heuss jedoch als edelste Blutzeugen deutscher Soldatenehre gerühmt wurden. Für ihn selbst gehörte auch seine Rede *Soldatentum in unserer Zeit* am 12. März 1959 vor der Führungsakademie der Bundeswehr zu seinen wichtigsten Reden, wo er ohne Namensnennung Martin Niemöller attackierte, der das Militär als »Hohe Schule für Berufsverbrecher« gebrandmarkt hatte. Schon seit jungen Jahren hielt Heuss gern öffentliche Reden, in seiner eigenen Art, ohne dick aufgetragenes rhetorisches Pathos. Über seine Reden führte er von jung auf Tagebuch, nicht dagegen über seine Presseartikel.

Literaturhistoriker haben bis heute besonderes Vergnügen an Heuss' Lörracher Rede vom 10. Mai 1952 auf Johann Peter Hebel, den »Homer aus dem Wiesental«, mit der er nebenbei auch grollende badische Regionalpatrioten mit dem eben ge-

Karikatur in der *Stuttgarter Zeitung* über den Streit um die Nachfolge von Theodor Heuss als Bundespräsident. »Spiele' mr jetzt Karte' oder tun mr Räuberles? I bin doch dra'!« Heuss hält in der Hand die Karte mit seinem Wunschkandidaten Ludwig Erhard, während Adenauer selbst auf das Amt schielt und Franz Etzel zu seinem Nachfolger als Kanzler machen will.

gründeten Südweststaat Baden-Württemberg zu versöhnen suchte. Anders als spätere Präsidenten verfasste er fast alle seine Reden selbst. Als er 1956 seine Teilnahme an einer Frankfurter Feier zum 100. Geburtstag Sigmund Freuds zusagte, ihm jedoch zu Freud nicht viel einfiel, suchte sich ihm Max Horkheimer als Ghostwriter anzudienen – aber da zog Heuss es vor, bei der Feier ganz einfach zu schweigen.

Und doch erschöpft sich Heuss' Bedeutung bei weitem nicht in seinen »Großen Reden«. Man muss in die Archive gehen, um von dem Umfang der Heuss'schen Wirksamkeit einen Begriff zu bekommen. Er war mindestens so sehr ein Mann des Gesprächs und Briefwechsels von Mensch zu Mensch wie ein öffentlicher Redner; die Zahl seiner hinterlassenen Briefe wird auf mehrere 10 000 geschätzt. Er markiert einen letzten Höhepunkt der Briefkultur, auch wenn die vielen Routineschreiben des Präsidenten – wie könnte es anders sein? – von Wiederholungen wimmeln.

Da die Stellung der frühen Bundesrepublik auf internationalem Parkett noch äußerst unsicher war, besaßen Kontakte mit Vertretern des Auslands für ihn Priorität. Im Laufe der Zeit gewann er im westlichen Ausland das Image eines Vertreters des »anderen«, des »guten«, des »geistigen Deutschlands«. Im heutigen Internetjargon möchte man ihn als obersten Netzwerker der bundesdeutschen Gründerjahre bezeichnen, dessen Kontakte von Adenauer bis zu Adorno, von Wehrmachtsveteranen bis zu deutschjüdischen Emigranten reichten. Heuss trug vermutlich mehr als alle anderen Bonner Politiker seiner Zeit dazu bei, dass aus dem zunächst amorphen Gebilde Bundesrepublik eine Gesellschaft, ein Staatsvolk wurde, auch wenn sich der Anteil eines Einzelnen an diesem Prozess unmöglich exakt bestimmen lässt.

Überblickt man die Masse der Heuss-Korrespondenzen, erkennt man in all dem Trubel deutlich zwei Lieblingsbeschäftigungen des Bundespräsidenten in seiner zweiten Amtszeit: zum einen die Mitarbeit an dem fünfbändigen Sammelwerk *Die Großen Deutschen*, das von 1956 bis 1959 im Ullstein-Verlag erschien, und zum anderen die mitternächtliche Korrespondenz mit Toni Stolper (1890–1988), der großen Liebe seiner späten Jahre. Als Geschichtspolitiker fühlte sich Heuss ganz in seinem Element – und da gab es nach 1945 einen Handlungsbedarf wie noch nie. Ein erstes Sammelwerk *Die Großen Deutschen* war in der NS-Zeit erschienen, 1935/36, herausgegeben von Heuss' Studienfreund Willy Andreas. Auch in dem neuen Mega-Opus waren viele der früheren Namen verblieben: Heuss hätte es für absurd gehalten, die deutsche Geschichte neu zu erfinden. Und doch bereitete es ihm sichtliches Vergnügen, aus der neuen deutschen Walhalla gewisse Namen herauszuwerfen – nicht nur Horst Wessel und Hermann den Cherusker, sondern auch die Königin Luise – und dafür neue mit neuem Geist hineinzunehmen: mit besonderer Lust Wilhelm Busch, aber nach einigem Zögern auch Bert Brecht, der zu jener Zeit erst allmählich vom DDR-Autor zum deutschen Klassiker avancierte.

Der transatlantische Briefwechsel mit Toni Stolper, der deutschjüdischen Emigrantin von 1933, dessen Originale bis heute gesperrt sind, ist die bei weitem umfang- und inhaltsreichste Korrespondenz des Bundespräsidenten. Die bis in den Sommer 1918 zurückreichende Freundschaft wurde im Mai 1955, als beide längst verwitwet waren, beim gemeinsamen Urlaub in Bad Kissingen zu einer erotischen Beziehung. Eine in New York lebende Emigrantin, hochintellektuell und überhaupt nicht bieder, als geheime *First Lady* der frühen Bundesrepublik: Schon dies wirft Klischees vom »Mief der 50er-Jahre« über den Haufen. Stolper und Heuss führten miteinander eine sehr intime, zugleich jedoch hochpolitische und keineswegs spannungslose Korrespondenz. Sehr im Unterschied zu Heuss war Toni Stolper eine leidenschaftliche Kalte Kriegerin und oft unkritische Adenauer-Verehrerin. Andererseits warnte sie Heuss davor, sich von den Zionisten vereinnahmen zu lassen und die Bundesrepublik Israel zuliebe mit den arabischen Staaten zu verfeinden.

»Entkrampfung der Deutschen«

Wenn Heuss nach seinem Ziel als Bundespräsident gefragt wurde, erwiderte er mit Vorliebe: »Entkrampfung der Deutschen«. Das traf etwas, was er wohl tatsächlich ein gutes Stück voranbrachte: die Deutschen davon abzubringen, in Bitterkeit und Ressentiment zu erstarren, und stattdessen alte Fronten zu lockern – zwischen »links« und »rechts«, zwischen Antinazis und Altnazis, zwischen Antiklerikalen und Religiösen, zwischen Kriegsopfern und Unversehrten, zwischen Emigranten und »Dringebliebenen«. Während Adenauer die Front zwischen CDU und SPD immer wieder aufriss, empfand Heuss keinen anderen Bonner Politiker jener Zeit als sich selbst so kongenial wie den Sozialdemokraten Carlo Schmid, mit dem er sich gegenseitig bedichtete: mal in homerischen Hexametern, mal im Stil von Wilhelm Busch.

Bis in seine letzte Präsidentenzeit vermied Heuss im Allgemeinen den offenen Konflikt mit Adenauer und stand mit ihm in engerem Kontakt, als zu jener Zeit in der Öffentlichkeit bekannt war. Aber auf seine gelassene Art und mit der »Atmosphäre« (eines seiner Lieblingsziele!), die er um sich verbreitete, wirkte er dem erregten Kalten Kriegertum des Kanzlers entgegen. Nach Möglichkeit vermied er Reden vor Vertriebenenverbänden, auch unnötige Attacken auf DDR-Politiker. Auch hielt er nicht viel von der Hallstein-Doktrin, die diplomatische Beziehungen zu solchen Staaten verbot, die die DDR anerkannten, und gerne hätte er schon Fühler nach Osteuropa ausgestreckt. Denkt man daran zurück, wie leicht in der Atmosphäre des Kalten Krieges hysterische Kurzschlussreaktionen zu einem heißen Krieg hätten führen können, mag man darin Heuss' größtes historisches Verdienst erblicken.

JULIA ANGSTER

Kurt Schumacher (1895–1952) Der unbeugsame Deutsche

Als Parteivorsitzender und Oppositionsführer hat er die Nachkriegszeit mitbestimmt und mehr zur Stabilisierung der westdeutschen Demokratie beigetragen, als sein streitbares Wesen vermuten ließ.

»Er schien mir ein Sinnbild der ganzen Tragödie Deutschlands. Er verlor seinen rechten Arm im Ersten Weltkrieg. Sein Gesicht spiegelt die Qual von [zehn] Jahren Konzentrationslager [...] – seine Augen sind starr, und die Zähne wurden ihm von Gestapoleuten aus dem Mund geschlagen [...], Furchen markieren sein Gesicht. [...] Sein Körper ist mager, und er sieht schwindsüchtig aus [...]. Aber was für ein Wandel, wenn er spricht! Die verhaltene Stärke und die vorwärtstreibende Kraft in ihm, die Herausforderung und die Wucht, die Menschlichkeit und das Licht der Vision!« So beschrieb Fenner Brockway, ein britischer Beobachter, Kurt Schumacher bei einer Rede im Mai 1946. Die ausgemergelte Gestalt, die hier vor Ruinen eine Vision für den Neuaufbau Deutschlands und der Sozialdemokratischen Partei entwarf, war einer der bedeutendsten politischen Köpfe im frühen Nachkriegsdeutschland. Er bestimmte den Kurs der SPD und beeinflusste die politische Kultur der frühen Bundesrepublik.

Herkunft und Aufstieg in der SPD

Kurt Schumacher wuchs als Kind einer gutbürgerlichen Kaufmannsfamilie im westpreußischen Culm (Chelmno) auf, gemeinsam mit drei älteren Schwestern. Sein Vater war linksliberal und kommunalpolitisch engagiert; er gehörte zu den angesehenen Bürgern der Stadt. Polnische, preußische und jüdische Bürger lebten hier wohl recht harmonisch zusammen, vereint auch in der gemeinsamen Distanz zum russischen Zarenreich und seiner Despotie. Die Kindheit Kurt Schumachers scheint glücklich gewesen zu sein. Schon während der Schulzeit wandte er sich der Politik zu und begann, »sozialdemokratisch zu denken«: »Das elterliche Heim habe zwischen einem katholischen Konvent und einer preußischen Kaserne gelegen, hat er einmal berichtet, da sei für ihn überhaupt kein anderer Weg als der zum Sozialismus geblieben«, so Fritz Heine, der Weggefährte der späten Jahre. Der junge Schumacher las Unmengen politischer Fachliteratur und abonnierte unter anderem die *Sozialistischen Monatshefte*. Eltern und Lehrer sahen es gelassen, es war ein liberales Umfeld.

Im Januar 1918 trat Schumacher der SPD bei. Zu diesem Zeitpunkt hatte der Krieg sein Leben und die Welt bereits grundlegend verändert. Am 3. August 1914 hatte er sein Notabitur gemacht und sich noch am selben Tag als Kriegsfreiwilliger gemeldet. Schon Anfang Dezember 1914 war der Krieg für ihn vorbei gewesen: Er war schwer ver-

Kurt Schumacher bei einer Rede auf dem Frankfurter Römer im Juni 1946. Als leidenschaftlicher Redner und brillanter Rhetoriker entwarf der Sozialdemokrat nach dem Krieg eine Vision vom Neuaufbau Deutschlands und seiner Partei.

wundet worden und hatte seinen rechten Arm verloren. Nach einem Jahr der Rekonvaleszenz war er nach Hause entlassen worden. Sein Überleben verdankte er nur seiner großen Zähigkeit. Er studierte nun in Halle, Leipzig und Berlin Rechtswissenschaft und Nationalökonomie. 1918 legte er das Staatsexamen ab. Die Novemberrevolution erlebte er als Mitglied der Mehrheitssozialdemokratie, als Anhänger des »rechten« Parteiflügels. Er engagierte sich im Groß-Berliner Arbeiter- und Soldatenrat. Seine Familie musste derweil Culm verlassen, das an Polen fiel, und verlor ihr gesamtes Vermögen. Die Eltern Schumacher waren von da an auf die finanzielle Unterstützung durch den Sohn angewiesen. Dieser wurde 1920 in Münster mit einer Arbeit zum *Kampf um den Staatsgedanken in der deutschen Sozialdemokratie* promoviert. Hier erweist er sich als Lassalleaner, denn wie dieser wendet er sich gegen eine »Staatsverneinung«. Vielmehr plädiert er für den Weg, über Wahlen die Mehrheit im Staat zu erringen und so die Sache der Arbeiterschaft mit gesetzgeberischen Mitteln zu vertreten. Anstatt den Staat zu bekämpfen, sollte die SPD ihn sich zu eigen machen.

Ende 1920 erhielt Schumacher eine Stelle als Redakteur der *Schwäbischen Tagwacht* in Stuttgart, einer der bedeutenderen SPD-Zeitungen jener Jahre. Chefredakteur Wilhelm Keil, der Schumacher nach Stuttgart holte und ihn nach Kräften förderte, war als Landtags- und Reichstagsabgeordneter und ab 1921 als Landesminister für Arbeit und Ernährung der wichtigste württembergische SPD-Politiker. Die 13 Stuttgarter Jahre dürften für Kurt Schumacher wohl die glücklichsten seines Lebens gewesen sein. Hier machte er sich einen Namen als begabter, umfassend gebildeter und scharfzüngi-

Kurt Schumacher musste einen mehrjährigen Leidensweg durch die NS-Konzentrationslager durchmachen, der von den »Schutzhaftlagern« Heuberg auf der Schwäbischen Alb und Oberer Kuhberg in Ulm im April 1935 für acht Jahre ins KZ Dachau führte. Hier entstanden 1936 diese Erkennungsfotos.

ger Redakteur und Redner, stieg als SPD-Politiker zum Landtags- und Reichstagsabgeordneten auf und wurde Vorsitzender der Stuttgarter SPD. Schumacher war der intellektuelle Kopf der Stuttgarter SPD und ein wichtiger Nachwuchspolitiker der Partei im Reich.

Gegen jede Diktatur

Seine politische Aufgabe sah er in der Verteidigung der Demokratie gegen ihre Gegner, zu denen sowohl die KPD als auch die NSDAP gehörten. Schon länger hatte sich als Grundhaltung Schumachers eine »absolute Gegnerschaft gegen jede Diktatur, auch [die] des Proletariats« abgezeichnet (Waldemar Ritter). In Württemberg machten sich Anfang der 1920er-Jahre zunächst vor allem die Kommunisten bemerkbar mit Streiks, Aufständen und Gewalt. Aber auch die NSDAP war früh rege in der Region, und Schumacher engagierte sich in der republikanischen Abwehrorganisation »Büro Schwabenland«, die dann im Reichsbanner Schwarz-Rot-Gold aufging. Er wurde Reichsbannerführer. Demonstrationen, Saalschlachten und Gewalt wurden jetzt zur Begleiterscheinung politischer Auseinandersetzung in der Weimarer Republik. Kurt Schumacher wurde so durch Rede, Schrift und »hemdsärmelige Härte« (Fritz Heine) im Kampf um die Rede- und Versammlungsfreiheit zum öffentlichen Kontrahenten der radikalen Republikgegner. Bald war er der »von den Nationalsozialisten meistgehasste Mann« in Stuttgart.

1924 wurde er in den Württembergischen Landtag gewählt, wo er als »scharfer Debattenredner« und Kritiker der Landesregierung auffiel und sich inhaltlich auf die Sozial-, Wirtschafts- und Rechtspolitik konzentrierte. 1930 wurde er als Abgeordneter für den Wahlkreis Württemberg in den Reichstag gewählt. Dort hielt er 1932 die Rede, die ihn auf einen Schlag bekannt machte. An Goebbels gerichtet erklärte er: »Die ganze nationalsozialistische Agitation ist ein dauernder Appell an den inneren Schweinehund im Menschen.« Die SPD-Reichstagsfraktion wählte ihn daraufhin in den Vorstand.

Offene Parteiarbeit war nur noch bis Anfang März 1933 möglich, danach begann das Dasein in der Illegalität. Schumacher wurde schon bald steckbrieflich gesucht, den Gang ins Exil verweigerte er dennoch. Im Juli 1933 wurde er verhaftet. Die nächsten zehn Jahre sollte er in Konzentrationslagern verbringen, die längste Zeit davon in Dachau. Das Elend dort, die Willkür und Gewalt, der Hunger und die schwere körperliche Arbeit konnten ihn jedoch nicht brechen. Schumacher überlebte, körperlich gezeichnet, abgemagert und gesundheitlich am Ende, aber aufrecht. Ganz erholt hat er sich jedoch nicht mehr.

1943 entlassen, 1944 im Gefolge des Hitler-Attentats erneut für vier Wochen ins Konzentrationslager gebracht, überstand Schumacher auch die Wirren des Zusammenbruchs und gründete im April 1945 gemeinsam mit Parteifreunden in Hannover die dortige SPD neu. Hier entstand in engen Räumlichkeiten im Hannoveraner Arbeiterviertel Linden das »Büro Dr. Schumacher«, die »Keimzelle der neuen Sozialdemokratischen Partei in Westdeutschland«. Im Mai wurde Schumacher zum Vorsitzenden des SPD-Ortsvereins Hannover gewählt. Hier begann er damit, die SPD neu aufzubauen – und nicht etwa wiederzugründen.

Neubeginn im »Büro Schumacher« in der Hannoveraner Odeonstraße im Jahr 1945: Kurt Schumacher mit seinen engsten Mitarbeitern (v. l.) Egon Franke, Erich Ollenhauer, Alfred Nau und Fritz Heine.

Herausragende Rolle in der Nachkriegs-SPD

Schumachers Bedeutung für die SPD der Nachkriegszeit kann kaum überschätzt werden. Inhaltlich wie organisatorisch drückte er der Partei seinen Stempel auf. So kämpfte er gegen eine einheitliche Arbeiterpartei aus KPD und SPD und öffnete zugleich die Sozialdemokratie für Mitglieder und Ideen aus anderen Milieus und Traditionen. Damit griff er der Entwicklung zur Volkspartei, wie sie im Godesberger Programm von 1959 vollzogen wurde, voraus.

Der politische Neuanfang in Deutschland erfolgte unter den Bedingungen der Besatzungsherrschaft. Parteiorganisationen wurden in den Westzonen nur zögerlich zugelassen, politische Betätigung war zunächst nur im lokalen Rahmen und unter misstrauischer Beobachtung der Militärregierungen möglich. Dennoch gelang der SPD mit der Konferenz von Wennigsen bei Hannover im Oktober 1945 eine erste, wenn auch illegale »Reichskonferenz« von Sozialdemokraten, bei der auch der Berliner Zentralausschuss der SPD unter Otto Grotewohl – und damit die Sozialdemokraten aus der Sowjetischen Besatzungszone – sowie Mitglieder der Londoner Exil-SPD vertreten waren. Es ging um die Neuausrichtung der Partei. In der Sowjetischen Besatzungszone waren Parteien rasch wieder zugelassen worden, und die dortige SPD erhob nun den Anspruch, die gesamte Partei zu vertreten.

Schumacher wandte sich massiv gegen eine organisatorische Einigung, die einer Unterstellung unter den Berliner Zentralausschuss gleichgekommen wäre. Auf der Konferenz von Wennigsen wurde er zum politischen Beauftragten der SPD in den drei westlichen Besatzungszonen bestimmt. Der Hintergrund dieser organisatorischen Auseinandersetzung war eine inhaltliche Richtungsentscheidung, die damit verbunden war: Es ging um die Frage der Einheit der deutschen Arbeiterbewegung durch den Zusammenschluss von KPD und SPD. Hierin wurde Schumacher zum zentralen Gegenspieler Grotewohls und seines Berliner Zentralausschusses der SPD.

Dr. Kurt Schumacher (links), mit Zigarre, und Carlo Schmid im Gespräch mit Bundeskanzler Konrad Adenauer im September 1949.

Die Hannoveraner SPD um Schumacher und der Berliner Zentralausschuss der SPD um Grotewohl waren sich durchaus einig in den Zielen Demokratie und Sozialismus, die beide Seiten als zusammengehörig betrachteten. Beide Parteizentralen wollten die Reste der NS-Herrschaft tilgen, die Wirtschaft wiederaufbauen, Banken, Versicherungen, Großindustrie, Großgrundbesitz sozialisieren und Rechtsstaatlichkeit einführen. Gravierende Unterschiede taten sich jedoch auf, wo es um die Einheit der Arbeiterbewegung ging. Grotewohl und der Berliner SPD galt die organisatorische Einheit der Arbeiterklasse als vorrangiges Ziel auf dem »Weg des deutschen Volkes in eine bessere Zukunft«. Sie plädierten daher für den Zusammenschluss von KPD und SPD. Auch für Schumacher waren Sozialismus und Demokratie aufs engste miteinander verbunden. Aber eine einheitliche Arbeiterbewegung unter Einschluss der KPD war für ihn ausgeschlossen.

Am 5. Oktober 1945, zu Beginn der Konferenz von Wennigsen, äußerte Schumacher in einer programmatischen Erklärung, die Einheitspartei der Sowjetischen Besatzungszone sei der Versuch, »der sozialdemokratischen Partei eine kommunistische Führung aufzuzwingen. Eine sozialdemokratische Partei unter kommunistischer Führung wäre aber eine kommunistische Partei.« Die KPD sei außenpolitisch von Moskau abhängig und damit nicht mehr, wie die Sozialdemokraten, »Vertreter des deutschen arbeitenden Volkes und damit der deutschen Nation«. Die Fusion von SPD und KPD zur SED im April 1946 bestätigte Schumacher in seinem antikommunistischen Kurs, den er schon von Anfang an vertreten hatte. Sozialismus setzte für ihn Demokratie und Freiheit voraus – und umgekehrt.

Mit der SED-Gründung und dem Wegfall des Berliner Zentralausschusses als Konkurrenz für die Hannoveraner SPD-Zentrale wurde Kurt Schumacher der unbestrittene Kopf der Sozialdemokratie. Bei aller Bewunderung und Vorrangstellung war er in der Parteispitze allerdings auch für seine schneidende Schärfe und seinen »diktatorischen Führungsstil« gefürchtet. Am 10. Mai 1946 wurde er auf dem ersten Parteitag der SPD nach dem Krieg mit großer Mehrheit zum Parteivorsitzenden gewählt, ein Amt, das er bis zu seinem Tod innehaben sollte. Als ihm 1946 das Angebot gemacht wurde, Ministerpräsident Württemberg-Badens zu werden, lehnte er ab: Er sah seine Aufgabe nicht mehr auf der regionalen Ebene.

Die SPD war aus seiner Sicht die moralisch wie politisch am besten legitimierte Kraft in Deutschland, den Neuanfang zu gestalten: Hatten ihre Mitglieder nicht in Widerstand, KZ und Exil ihre demokratische Gesinnung bewiesen? Ein Neuanfang in Deutschland setzte zudem, so war die Nachkriegs-SPD überzeugt, auch eine sozialistische Neuordnung der wirtschaftlichen Verhältnisse voraus, damit sich nicht die Kräfte des Kapitals und mit ihnen der Nationalsozialismus wieder durchsetzen könnten. Der Nexus zwischen sozialistischer Neuordnung und Demokratie ließ sich nach dem Marshallplan und der Währungsreform, vor allem aber mit Beginn des Wirtschaftswunders im Korea-Boom der frühen 1950er-Jahre jedoch nicht aufrechterhalten: Dieses Programm scheiterte letztlich am Erfolg des Kapitalismus. In den ersten Nachkriegsjahren aber hatte die Vorstellung einer Sozialisierung von Schlüsselindustrien breite Zustimmung gefunden – bis weit in die CDU hinein und auch bei einzelnen alliierten Besatzungsoffizieren.

Als führender Kopf der westdeutschen Sozialdemokratie trat Schumacher den westlichen Besatzungsmächten gegenüber sehr selbstbewusst auf. Vor allem kritisierte er sie für ihre Bevorzugung der bürgerlichen Parteien, wenn es um die Besetzung wichtiger Ämter in Politik, Wirtschaft und Verwaltung ging. Der »schwierige Deutsche«, wie Peter Merseburger ihn genannt hat, stellte zudem Forderungen: nach einem Ende der Reparationen, vor allem aber nach einer gleichberechtigten Beteiligung deutscher politischer Kräfte, insbesondere der SPD, am Wiederaufbau der politischen und wirtschaftlichen Ordnung des Landes. Diese Forderungen, mehr aber noch seine oft harsche Art, diese zu formulieren, irritierten amerikanische und britische Besatzungsoffiziere und stießen auf wenig Unterstützung. Diese hielten sich zunehmend an einen anderen politisch schwergewichtigen Ansprechpartner: an den ehemaligen Kölner Oberbürgermeister Konrad Adenauer.

Kurt Schumacher war das Zugpferd der Sozialdemokraten in den Wahlkämpfen nach 1945.

Der Gegenspieler Adenauers und die Rolle der Opposition

In den deutschlandpolitischen Positionen entwickelte sich Schumacher rasch zum zentralen Gegenspieler des ersten Bundeskanzlers und CDU-Vorsitzenden Konrad Adenauer. Dabei waren sich beide in ihrer westlich orientierten demokratischen Grundauffassung gar nicht unähnlich. Schumacher als »agnostischer Protestant« (Peter Merseburger) aus Westpreußen, der die nationale Einheit in den Mittelpunkt seiner Deutschlandpolitik stellte und eine sozialistische Wirtschaftspolitik verfolgte, stand einem rheinländischen Katholiken gegenüber, der die Sicherung der Freiheit und der Demokratie in den Westzonen nur durch deren feste Bindung in die Bündnissysteme des Westens für möglich hielt, um den Preis einer Teilung des Landes im frühen Kalten Krieg.

Schumachers Haltung gegenüber dem Entwurf des Grundgesetzes war kritisch. Er brachte die SPD dazu, ihn zunächst zu torpedieren, um in einer gewagten Erpressungsaktion schließlich eine stärkere Rolle der Bundesregierung herauszuschlagen. Die Alliierten gaben nach. Die erste Bundestagswahl im August 1949 verlor die SPD, die mit großer Zuversicht in den Wahlkampf gezogen war. Konrad Adenauer wurde Kanzler. Auch als Kandidat für das Amt des Bundespräsidenten unterlag Schumacher am 12. September 1949 Theodor Heuss von der FDP. So wurde Kurt Schumacher Oppositionsführer. Man kann diesen ersten Oppositionsführer im Deutschen Bundestag getrost als Glücksfall bezeichnen, denn er hat die Rolle der Opposition in einer parlamentarischen Demokratie mit großer Leidenschaft ausgefüllt und damit der jungen westdeutschen Demokratie plastisch vor Augen geführt, dass demokratische Opposition eben nicht Fundamentalopposition ist, sondern im Gegenteil ein wesentlicher Bestandteil der Demokratie. Das hieß aber eben auch nicht – und das kam Schumachers Temperament sehr entgegen –, der Regierung alles abzunicken. In seiner Antwort auf die Regierungserklärung Adenauers im September 1949 erklärte Schumacher: »Eine Opposition ist in ihren Qualitäten nicht dann staatserhaltend, wenn sie eine wohlwollende Beurteilung durch die Bundesregierung oder durch ihre Parteien findet. [...] Die Opposition ist die Begrenzung der Regierungsmacht und die Verhütung ihrer Totalherrschaft.«

Deutschlandpolitik und Westbindung

Schumachers Vorstellungen zum Neuaufbau Deutschlands basierten auf der Annahme, Deutschland müsse als nationale Einheit und als gleichberechtigtes Gegenüber behandelt werden – denn ein geknechtetes und hungriges deutsches Volk könne kein demokratisches und freies Mitglied Europas werden. Und um eine Annäherung an das westliche Europa und seine demokratischen Traditionen ging es Schumacher. Er ebnete damit der späteren Westbindung den Weg, auch wenn er sich den konkreten Schritten oft versperrte, da er eine solche Integration Deutschlands in den Westen nicht um den Preis der Teilung des Landes zu akzeptieren bereit war. Schumacher war gerade kein Nationalist, sondern handelte im nationalen Interesse – was für ihn einen entscheidenden Unterschied darstellte. Dabei überschätzte er mitunter die realpolitischen Möglichkeiten eines Landes, das den Zweiten Weltkrieg vom Zaun gebrochen und verloren hatte – und dessen Bevölkerung eben nicht aus lauter Widerständlern bestand. Die deutschen Sozialdemokraten waren in den Augen der Alliierten, und auch ihrer westeuropäischen Nachbarn, eben doch zuerst Deutsche, denen man mit Misstrauen begegnete. Mit seiner – provozierenden und spontanen – Bezeichnung Adenauers als »Kanzler der Alliierten« im Deutschen Bundestag hat er sich und seiner Partei mehr geschadet als dem Kanzler.

Schumachers außenpolitischer Kurs war dabei in den Grundlagen gar nicht so weit von jenem Adenauers entfernt: Beide waren überzeugte Gegner der sowjetischen Politik, beide traten für eine Anbindung an das demokratische Westeuropa und seine Traditionen ein. Die konkrete Politik beider aber war grundverschieden. Schumacher hoffte auf die Möglichkeit eines neutralisierten Gesamtdeutschlands. Unter den Bedingungen des Kalten Krieges ab 1947 verfolgte er dann das Ziel eines »Dritten Wegs«, eines losen Zusammenschlusses west- und mitteleuropäischer, demokratisch-sozialistischer Staaten. Diese Form der Westbindung ohne die Übernahme des kapitalistischen – also marktwirtschaftlichen – Ordnungsrahmens hatte keine Chance auf Erfolg. Adenauers Kurs der Akzeptanz der staatlichen Rechtlosigkeit Deutschlands und des allmählichen Vertrauensaufbaus durch Entgegenkommen war im Vergleich zu Schumachers fordernd-nationaler Haltung der klügere und realistischere Weg. Schumachers Kurs der prinzipiellen Westbindung, aber der Verweigerung konkreter Schritte, die die nationale Einheit gefährden könnten, limitierten den außenpolitischen Handlungsspielraum der SPD empfindlich. Seine Partei stimmte in den frühen 1950er-Jahren gegen den Beitritt der Bundesrepublik Deutschland zum Europarat, zur Montanunion und zur Europäischen Verteidigungsgemeinschaft. Sie vergab so die Chance, die europäische Integration in ihrem Sinne mitzugestalten. Immerhin gelang es aber, die Mitbestimmung im Montanbereich durchzusetzen.

Einer der Großen des Neubeginns in Deutschland

Am 20. August 1952 starb Kurt Schumacher an einem Schlaganfall. 1948 hatte man ihm – eine indirekte Folge der zehn Jahre Lagerhaft – das linke Bein amputiert. Sein Tod kann wiederum als Folge davon gedeutet werden. Sieben Jahre waren ihm in Freiheit geblieben, Jahre der politischen Auseinandersetzung um den Neuaufbau der deutschen Sozialdemokratie, um die Gesellschafts- und Wirtschaftsordnung und die politische Ordnung Deutschlands sowie um seine europapolitische und weltpolitische Ausrichtung. Schumacher hat kein Staatsamt versehen, sondern als Parlamentarier und Parteivorsitzender, als Redner und Autor gewirkt und dabei großen Einfluss auf die Nachkriegsgeschichte der Bundesrepublik Deutschland und der SPD genommen. Er hat sich in vielen Punkten nicht durchgesetzt, aber er hat auch dort,

Annemarie Renger zusammen mit Kurt Schumacher und Erich Ollenhauer im Bundeshaus in Bonn, 2. Dezember 1949.

wo er erfolglos war, wichtige Weichen gestellt: Nicht zuletzt als Oppositionsführer hat er die Rahmenbedingungen der politischen Auseinandersetzung mitbestimmt und mehr zur Stabilisierung der westdeutschen Demokratie beigetragen, als sein streitbares Wesen, sein oft schroffes Auftreten und messerscharfes Argumentieren auf den ersten Blick vermuten ließen. Seine Unbeugsamkeit in zentralen Positionen und sein scharfer Intellekt waren eben kein Widerspruch zu seinem Hang zum Pluralismus, zur ergebnisoffenen parlamentarischen Auseinandersetzung. Auch aus diesem Grund war Kurt Schumacher »einer der Großen des deutschen Neubeginns« (Peter Merseburger).

KURT HOCHSTUHL

Carlo Schmid (1896–1979) Außenseiter und Ausnahmegestalt

Der intellektuelle Star der Sozialdemokratie hat ihr einen großen Teil des Bildungsbürgertums zugeführt. In der jungen Nachkriegsdemokratie hat er beispielgebend gewirkt, auch wenn ihm die ganz großen politischen Erfolge versagt blieben.

Allein sein Körpergewicht hob ihn nach dem Zweiten Weltkrieg aus der Millionenmasse verhärmter, ausgehungerter und abgemagerter Deutscher heraus. Der Genussmensch war ihm ins Gesicht geschrieben und hatte auf seinen Rippen unübersehbare Spuren hinterlassen. Aber es war nicht seine Leibesfülle, die durchaus als Verheißung kommender Zeiten gelten konnte, die ihn zu einer Ausnahmegestalt werden ließ. Manchmal als »Fleischberg« diskreditiert, häufiger bewundernd als »Monte Carlo« (Rudolf Augstein), als festes geistiges Gebirge in der Nachkriegspolitik beschrieben, war Carlo Schmid in der Tat ein Kuriosum, eine außergewöhnliche Persönlichkeit, die aufgrund ihrer Biografie – im Positiven wie im Negativen – bis heute Nachfragen und Nachdenken provoziert und Neugierde auslöst. Schmid war einer, der aus der anonymen Masse herausragte und dennoch fest in ihr verankert war, der unter und mit ihr litt, manchmal verzweifelte und dennoch immer wieder die Energie und Überzeugungskraft fand, mit der er andere mitreißen konnte. Dass er zeitlebens auch ein Außenseiter geblieben ist, sich nie vollständig vereinnahmen ließ, seine geistige Unabhängigkeit bewahrte und damit häufig aneckte, mag seinem zwischen Hingabe und Distanz oszillierenden Charakter die besondere Prägung gegeben haben.

»Der Franzos« – Jugendzeit und berufliche Orientierung

Schon in seiner Kindheit und Jugend lebte Charles Jean Martin Henri Schmid, so sein vollständiger Name, gewissermaßen in zwei Welten. Am 3. Dezember 1896 in Perpignan, am Fuße der Pyrenäen, als Sohn der Anna Erra und des württembergischen Lehrers Josef Schmid geboren, erfuhr der junge Charles auch nach dem Umzug nach Württemberg, wo der Vater 1897 eine Lehrerstelle an der Realschule in Weil der Stadt gefunden hatte, eine ausgeprägt französische Erziehung, die auf den humanistisch-republikanischen Auffassungen seiner Eltern basierte. Streng achtete vor allem seine Mutter auf die französische Hochsprache, die zu Hause ausschließlich gesprochen wurde. Ebenso streng untersagte sie ihrem kleinen »Charlot« den allzu engen Umgang mit den Weiler Kindern. Diese verballhornten den Kosenamen zu Carlo. Er sollte ihn zeit seines Lebens begleiten.

Als »Franzos« war es auch in Stuttgart für den Schüler des Karls-Gymnasiums schwer, außerhalb der Familie Anerkennung und geistige Orientierung zu finden. Schüchterne Versuche, sich Freiheit von seiner dominanten Mutter zu erobern, indem er sich dem Wandervogel anschloss, blieben

In vielerlei Hinsicht ein Gegenspieler von Konrad Adenauer: Carlo Schmid, einer der Vordenker der SPD, bei einer Rede im Bundestag, während Adenauer scheinbar uninteressiert die Zeitung liest.

Episode. Der Ausbruch aus den Normen gelang ihm erst nach dem Abitur 1914, als sich der junge Schmid unter Aufgabe seines französischen Staatsbürgerrechts als Kriegsfreiwilliger meldete und schließlich als Pionier bis zum Kriegsende an der West- und Ostfront zum Einsatz kam. Hier gewann er Führungserfahrung, zuletzt als Leutnant der Reserve. Hier verlor er auch seine Scheu vor den »einfachen« Menschen und lernte den Umgang mit ihnen, der weniger durch Befehl und Gehorsam denn durch das eigene vorbildhafte Wirken geprägt war.

Carlo Schmid begrüßte 1918 den Wechsel der Regierungsform, wandte sich jedoch auch als Mitglied im sozialdemokratischen Tübinger Studentenbataillon gegen die Versuche der Spartakisten, die Revolution in Richtung Kommunismus weiterzutreiben. Aktiv an der Tagespolitik nahm Schmid jedoch nicht teil. Sein elitäres Bewusstsein hielt ihn abseits von diesem vermeintlich »schmutzigen« Geschäft. Er konzentrierte sich vielmehr auf das »Brotstudium« der Rechte, das er im Februar 1919 in Tübingen aufgenommen hatte, auch wenn er – ein früher Hinweis auf die ihn später auszeichnende pädagogische Leidenschaft – viel lieber Psychologie studiert hätte. In Rekordzeit absolvierte er das Studienpensum, legte schon Ende 1921 die erste Staatsprüfung ab, absolvierte das Referendariat und schrieb parallel dazu eine Dissertation über die *Rechtsnatur der Betriebsvertretungen nach dem*

Carlo Schmid (Bildmitte) in Wehrmachtsuniform auf der Zuschauertribüne eines Fußballstadions 1944 in Lille.

Betriebsrätegesetz, mit der er 1923 am Lehrstuhl von Hugo Sinzheimer an der Universität Frankfurt am Main promoviert wurde.

Neben der anschließenden Tätigkeit im württembergischen Justizdienst, die dem frisch gebackenen Ehemann mit bald vier Kindern eine sichere Existenzgrundlage bot, hielt er sich über Lehraufträge an der Universität Tübingen die Chance offen, auch den Weg einer Universitätskarriere einzuschlagen. Dabei vertiefte er sich in die noch junge Disziplin des Völkerrechts, was ihm auch dank seiner perfekten französischen und italienischen Sprachkenntnisse einen Aufenthalt am Kaiser-Wilhelm-Institut für ausländisches öffentliches Recht und Völkerrecht in Berlin eintrug. Hier nahm er als Referent für Polen und die Tschechoslowakei auch an den Sitzungen des Ständigen Internationalen Gerichtshofes in Den Haag teil. Seine 1929 angenommene Habilitation über die *Rechtsprechung des Ständigen Internationalen Gerichtshofes* war unmittelbare Frucht seiner Berliner Tätigkeit, die ihn aber auch dank des anregenden geistigen Klimas am Institut menschlich bereicherte und für politische Fragen sensibilisierte. Denn an der national-konservativ ausgerichteten Universität Tübingen blieb der Privatdozent Schmid, der in seinen Seminaren und Vorlesungen als politisierender Jurist für Demokratie, Freiheit, die Integrität des Geistes und internationale Verständigung warb, ein Außenseiter.

Überleben und Widerstehen

Das Außenseiterdasein sollte sich nach 1933 in verschärftem Maße fortsetzen. Seine kritische Distanz zu den »neuen Herren« brachte ihm umgehend einen Sperrvermerk in seiner Personalakte ein, was gleichbedeutend mit einem Beförderungsstopp war. Im Justizdienst ging Schmid notgedrungen den Weg des Arrangements mit der neuen Staatspartei. Den von den Richtern erwarteten Beitritt zur NSDAP vollzog er nicht. Die Mitgliedschaften im Bund Nationalsozialistischer Deutscher Juristen und in der Nationalsozialistischen Volkswohlfahrt waren aus seiner Sicht hinreichende Konzessionen, um weitere persönliche und berufliche Nachteile zu vermeiden. Dazu zügelte er seine bekannt lose

Zunge und machte sich rar in der Tübinger Öffentlichkeit. Doch ganz konnte er das Löcken wider den Stachel nicht einstellen. Er habe vor 1933 nie einen Hut getragen, so Schmid in einem späteren Interview, sich jedoch nach der »Machtergreifung« sofort einen solchen zugelegt, um den auf deutschen Straßen bald obligatorischen »deutschen Gruß« mit dem Schwenken seines Hutes beantworten zu können. Unter diesen Umständen wurde ihm auch die akademische Anerkennung verwehrt. Die Ernennung zum außerplanmäßigen Professor, die seinem Ego sicher geschmeichelt hätte, blieb nach Intervention von NSDAP-Stellen aus. Schmid zog sich in den Elfenbeinturm der schönen Künste zurück, übersetzte Dante, Baudelaire und Calderon und hielt sich abseits vom politischen Geschehen.

Derart isoliert nutzte er 1940 die Gelegenheit, als Kriegsverwaltungsrat in das französische Lille zu gehen. Hier erlebte er die Brutalität des NS-Besatzungsregimes aus nächster Nähe, hier erfolgte aber auch die entscheidende Weichenstellung seines Lebens. Er wurde vom bloßen Betrachter der Ereignisse zu deren Mitgestalter im positiven Sinne. Schmid nutzte die wenigen Freiräume, die ihm das Besatzungsregime bot, wenn er beispielsweise die Milchversorgung der Bevölkerung in seinem Bereich sicherte, wenn er auf Listen für Geiselerschießungen oft die eintrug, die sowieso schon zum Tode verurteilt waren, oder wenn er über Mittelsmänner die *Résistance* vor Aktionen der Besatzungsmacht warnte. Der Grat, auf dem er sich bewegte, war schmal. Schmid zählte nicht zum organisierten politischen Widerstand. Seine Leitmotive waren Anstand und Humanität. Nichtstun schien ihm unerträglicher als das Risiko, das er dabei einging. Durch sein Auftreten und sein Verhalten erwarb er sich Anerkennung und Ansehen, die ihn nach dem Kriege zu einem der ersten Ansprechpartner der französischen Besatzungsmacht im deutschen Südwesten werden ließen.

Auf dem Forum

Er habe vor allem in den letzten Kriegsjahren, so berichtete Schmid einmal, viel darüber nachgedacht, wer schuld sei an der absehbaren Katastrophe. Sein Resümee: »Ich bin schuld, ich und meinesgleichen. Weil wir uns damals zu gut waren, haben wir Hitler und seine Leute an die Schalthebel herangelassen.« Für sich zog er die Konsequenz aus dieser Erkenntnis und ging auf das Forum, in die politische Arena, und kämpfte dort um Einfluss. Er gehörte zu den wenigen, die gleich nach dem Krieg die Ärmel aufkrempelten, um dem zerstörten Land und seiner niedergeschlagenen Bevölkerung eine neue Heimat einzurichten. Bei einer Durchsuchung des Schmid'schen Hauses – Anlass war eine Denunziation als »Wehrwolf« – fanden die Franzosen dessen Übersetzung der *Fleurs du mal* von Baudelaire. »Wer Baudelaire ins Deutsche übersetzt, muss ein Freund Frankreichs sein«, so der Tübinger Militärgouverneur Guillaume Widmer, der Schmid in die Besatzungsverwaltung einband. Noch in Stuttgart von den Franzosen zum Landesdirektor für den Kulturbereich ernannt, wurde Schmid nach der Verlegung der französischen Militärregierung nach Tübingen zum Leiter des dortigen Staatssekretariats und damit de facto Regierungschef.

Als »Mann der Franzosen« war er beileibe nicht nur Ausführender der Verfügungen der Besatzungsmacht, sondern Gestalter und Wegbereiter einer neuen Politik und Verwaltung auf demokratischer Grundlage. Im Frühsommer 1945 betrieb er erfolgreich die Entnazifizierung »seiner« Universität Tübingen, an die er hoch angesehene Gelehrte band, die Tübingen zu einem geistigen Zentrum des demokratischen Neubeginns werden ließen. Seine Sprachkenntnisse und seine allumfassende Bildung festigten seine Stellung bei der Besatzungsmacht. Seine geistige Stärke und die völlige Erfassung der französischen Kultur stellten ihn fast auf Augenhöhe mit ihr. Häufig gelang es ihm, die rigide Herrschaftspraxis der Besatzungsmacht in der Umsetzung abzumildern. Dazu bedurfte es keiner großen Gesten oder öffentlichkeitswirksamer Auftritte. »Er schuf eine Atmosphäre, die mit Unterwerfung nichts zu tun hatte, und konnte in einem Gespräch über Victor Hugo politische Wünsche einstreuen«, so charakterisierte Theodor Eschenburg das »Schlitzohr« Carlo Schmid, das im Umgang mit der Besatzungsmacht selbstbewusst das fast verloren geglaubte »andere Deutschland« verkörperte.

Doch bei aller Geschmeidigkeit war Carlo Schmid auch ein Mann von Prinzipien, einer, der den einmal als richtig erkannten Weg unbeirrt weiterschritt. 1946 war an ihn von ehemaligen Führern der Hitlerjugend der Gedanke eines sozialen Hilfsdienstes herangetragen worden, um den zehntausenden Jugendlichen, die hungernd, frierend, orientierungslos und verzweifelt durch die Trümmer der Städte irrten, Arbeit, Unterkunft und damit Zukunft zu verschaffen. Er suchte Verbündete bei der Besatzungsmacht, bestärkte die Freiwilligen in ihrem Anliegen und hielt schützend seine Hand über diese misstrauisch beäugte Initiative, aus der der Internationale Bund für Sozialarbeit hervorgehen sollte, heute einer der größten freien Träger der Jugendsozialarbeit in Deutschland. Diese nachhaltige Art des sozialen Engagements war nur möglich, wenn man seine Mitmenschen achtete, jedes Individuum wahrnahm und es nicht nach formalen Kriterien einordnete. Schmid hatte kein menschliches Feindbild, auch weil er wusste und in seiner eigenen Biografie leidvoll erfahren hatte, »wie sehr Leid und Schmerz, wie Konflikte und Schuld das Leben der Menschen bestimmen, und wie unendlich schwierig es ist, als Mensch zu bestehen«, so Norbert Greinacher an seinem Grab in Tübingen. Dieser Respekt vor dem Anderen, mehr noch das Gernhaben, bestimmte seinen persönlichen Stil in der Öffentlichkeit. Selten wurde er in politischen Auseinandersetzungen laut oder grob, nie gemein oder böse. Hatte er sich zu weit vorgewagt und erkannte sich im Unrecht, besaß er die Größe zur Entschuldigung. Das hob ihn heraus, auch aus der Menge der Politiker. Daraus resultierte seine Beliebtheit bei den Menschen, auch wenn die SPD, der er 1946 beigetreten war, im strukturkonservativen Südwürttemberg nicht mehrheitsfähig war.

Deutschland in Verfassung bringen

Der in der politischen Enge Württembergs ausbleibende politische Erfolg war sicher nicht der alleinige Grund, weswegen es Carlo Schmid schon früh

Carlo Schmid als Mitglied des Parlamentarischen Rates 1949 in Bonn in der Pädagogischen Akademie.

Außerordentlicher Parteitag der SPD 1959 in Bad Godesberg: Die Arbeiterpartei gibt sich ein neues Grundsatzprogramm und öffnet sich damit für neue Wählerschichten. V. l. n. r.: Erich Ollenhauer, Herbert Wehner, Alfred Nau, Fritz Erler, Carlo Schmid, Erwin Schöttle und Willi Eichler.

auf die bundespolitische Ebene zog. Seit der Münchener Ministerpräsidentenkonferenz 1947 war er bundesweit bekannt. Dort hatte er mit seiner Forderung nach einem Besatzungsstatut und dem Übergang von der militärischen Willkürherrschaft zur Volkssouveränität für Furore gesorgt. Seine Erfahrungen bei der Arbeit an den württembergischen Nachkriegsverfassungen prädestinierten ihn geradezu für eine Mitwirkung bei der verfassungsmäßigen Ausgestaltung der bundesrepublikanischen Nachkriegsdemokratie. Schon auf dem Verfassungskonvent auf Herrenchiemsee war der Tübinger Professor durch seine substanziellen Beiträge aufgefallen. Als Vertreter seines Landes im Parlamentarischen Rat wurde er Vorsitzender des Hauptausschusses, der wichtigsten Instanz des Bonner Verfassungsparlaments. In dieser Funktion gab Schmid dem »Notdach« Grundgesetz im Wesentlichen seine bis heute gültige Gestalt. Die Präambel mit ihrer Betonung der »nationalen und staatlichen Einheit« des deutschen Volkes, die Voranstellung der Grundrechte, das konstruktive Misstrauensvotum, das Verbot der Todesstrafe und die »Rechtswegegarantie« in Artikel 19 gehen auf seine Initiative zurück. Damit ist er zu einem der entscheidenden Architekten des westdeutschen Teilstaats geworden.

Reformator der SPD

Seine politische Heimat hat Carlo Schmid in der SPD gefunden, Folge seiner Überzeugung, dass sich die humanistische Grundhaltung mit breitesten Bevölkerungsschichten verbinden müsse. Die Arbeiterpartei schien auf einen solchen Außenseiter nur gewartet zu haben. Mit unverhohlenem Stolz präsentierte ihn Fritz Ulrich auf dem ersten Landesparteitag 1946: »Der so viel umworbene, geistreiche und hochbegabte Carlo Schmid ist einer der unsrigen, ist Mitstreiter für den demokratischen und humanitären Sozialismus geworden.« Gerne schmückte sich die Partei mit ihm, war er doch als einer von wenigen in der Lage, weit über die Grenzen des damaligen SPD-Milieus hinaus Aufmerksamkeit zu erregen und für die Partei zu wirken. Schon früh wies er ihr den Weg zur Volkspartei und ebnete das Terrain für Godesberg, indem er seine Forderung, »ideologischen Ballast abzuwerfen«, mit seiner Person und seinem Auftreten in der Öffentlichkeit verband. Als Bundestagskandidat 1949 in Mannheim, dem proletarischsten Wahlkreis im deutschen Südwesten, setzte der hochgebildete Professor ein sichtbares Zeichen für die von ihm angestrebte Neuausrichtung der Partei. 23 Jahre sollte er – mit immer steigenden Prozentzahlen – in diesem Wahlkreis das Direktmandat erringen.

In Mannheim, wie in der gesamten Öffentlichkeit, wurde Schmid schnell zum Gegenstand des Staunens und der Bewunderung. »Komisch«, äußerte sich einmal ein Mannheimer Arbeiter ihm gegenüber, »Sie sind ein Professor und Sie reden wie ein Professor, und ich verstehe Sie doch.« Ohne belehrend zu wirken oder sich anzubiedern, verstand es Schmid, für alle Bürger erreichbar zu bleiben, was ihn menschlich glaubwürdig machte und ihn zum beliebtesten sozialdemokratischen Politiker der jungen Bundesrepublik werden ließ. Ganze Generationen von »Lehrern, Ingenieuren, Abteilungsleitern und Abitur-Ehefrauen« habe er mit seiner Art der Politikvermittlung für die SPD gewonnen, so Peter Glotz 1996 im *Spiegel* über den in der damaligen Arbeiterpartei akzeptierten »Paradiesvogel«.

»Zum Herrschen geboren«, so urteilte im März 1949 der *Spiegel*, der ihn in einer Titelgeschichte als einen der kommenden Männer des neuen Staates präsentierte. Daraus ist bekanntlich nichts geworden. Die Position des Vizepräsidenten des Deutschen Bundestages, die er von 1949 bis 1966 und noch einmal von 1969 bis 1972 innehatte, sowie das Ministeramt für Angelegenheiten des Bundes und der Länder in der ersten Großen Koalition auf Bundesebene von 1966 bis 1969 waren beileibe nicht die Ämter, die er von seinem Selbstverständnis her angestrebt hatte. Bei der Bundespräsidentenwahl 1959 unterlag er Heinrich Lübke. Vier Jahre später trat als Spitzenkandidat für die Bundestagswahl der neue jugendliche Star der SPD, Willy Brandt, an. Doch es war nicht allein eine Frage des Alters, weswegen Schmid nicht zum Zuge gekommen war. Dem sensiblen und geistreichen Charakter fehlten wesentliche Voraussetzungen für politischen Erfolg in der modernen Parteiendemokratie: der nötige persönliche Ehrgeiz, Härte und Durchsetzungsvermögen gegenüber dem politischen Kontrahenten wie auch innerparteilich, der hilfreiche »Stallgeruch«, »Netzwerke« und eine Hausmacht in der eigenen Partei. Damit hatte er gegen die zunehmende Phalanx der Parteipolitiker und -funktionäre keine Chance. Von den Kräften, die er mit seiner Parteiöffnung gerufen hatte, ins Abseits gedrängt, verblieb Schmid bis 1972 im Bundestag – nicht einflusslos, aber weit weg vom innersten Kern der Macht. Die Funktion des Vorzeige-Intellektuellen, die sein Freund Theodor Heuss mit dem Bonmot über Schmid als »bürgerlichen Tafelaufsatz im Proletarierhaushalt« der SPD boshaft beschrieben hatte, wurde er zeit seines Lebens nicht mehr los.

Europäer der ersten Stunde

In seiner Zeit in Lille hatte Schmid mit Helmuth von Moltke über die Neuordnung Europas nach dem Krieg diskutiert. Dabei waren sie sich einig, dass eine Aussöhnung mit den Nachbarn, besonders mit Frankreich und Polen, Grundbedingung für ein friedliches Zusammenleben der Nachkriegsgesellschaften sein werde. Angesichts des »Eisernen Vorhangs«, der sich seit dem Kriegsende durch Deutschland zog, kam er zu der Überzeugung, dass auch die angestrebte Einheit Deutschlands von dieser Aussöhnung abhängen werde. In der konfrontativen Auseinandersetzung über Wiedervereinigung oder Westintegration trat Schmid – in Abweichung von der Parteilinie – für die Westbindung des Provisoriums Bundesrepublik unter gleichzeitiger Öffnung nach dem Osten ein.

Die Funktion des Brückenbauers nahm er gerne wahr. Zusammen mit Theodor Heuss, Joseph Rovan und Alfred Grosser war er schon 1948 maßgeblich an der Gründung des Deutsch-Französischen Instituts in Ludwigsburg beteiligt, ein sichtbares und nachhaltiges Zeichen für die angestrebte neue Basis der Zusammenarbeit der beiden Länder. Sein Eintreten für die Montanunion entsprang seiner Überzeugung, dass ein wirtschaftliches Zusammen-

Carlo Schmid (links) im Jahr 1958 im Residenzschloss in Ludwigsburg anlässlich des zehnjährigen Bestehens des Deutsch-Französischen Instituts Ludwigsburg. Neben ihm (v. l. n. r.) André Siegfried, Mitglied der Académie française, Bundespräsident Theodor Heuss und der französische Botschafter Seydoux de Clausonne.

gehen der westeuropäischen Staaten die Initialzündung für eine politische Verständigung auch mit Frankreich sein werde. Seit 1950 gehörte er der Beratenden Versammlung des Europarats in Straßburg an und war von 1963 bis 1966 Präsident der Versammlung der Westeuropäischen Union in Paris.

Neuland betrat er schon 1956 mit seiner Forderung nach Anerkennung der Oder-Neiße-Linie durch die Bundesrepublik und mit seinem 1958 erfolgten Besuch in Polen, wo er als erster bundesdeutscher Politiker von Rang am Mahnmal für die Opfer des Nationalsozialismus einen Kranz niederlegte. Damit bereitete er in seiner Partei den Boden für die spätere Ostpolitik. Im selben Jahr besuchte er Israel und unterstrich dort die Kollektivverantwortung des deutschen Volkes für die Untaten des »Dritten Reichs«: »Die im Sinn des Strafrechts Unschuldigen in unserer Nation haften solidarisch für alles, was in ihrem Namen geschehen ist.« Durch solche Gesten und das Aussprechen einfacher, zu Hause allerdings umstrittener Wahrheiten trug er einen gewichtigen Teil zur Reputation und Anerkennung der Bundesrepublik im Ausland bei.

Abschied und Vermächtnis

Die letzten Jahre seines Lebens verbrachte Schmid mit dem Abfassen seiner Lebenserinnerungen. Diese gerieten nicht zu einer Beichte, sondern fassten vielmehr seine Stellung als geistiger Mentor der Bonner Nachkriegsdemokratie zusammen. Dahinter verborgen blieben der Dichter, Künstler und *homme de lettres*, vielleicht auch, weil er am eigenen Leibe Heinrich Heines bitteres Wort erfahren hatte: »Das Volk steinigt gern seine Propheten, um ihre Reliquien desto inbrünstiger zu verehren.« Im Zentrum seiner Memoiren stand das Plädoyer an die akademisch Gebildeten, politische Verantwortung für das Gemeinwesen zu übernehmen und nicht das Terrain »cleveren Auswertern von Meinungen« zu überlassen. Moral als Richtschnur der Politik, diese Grundeinstellung hatte wesentlich zu seiner Popularität beigetragen. Sie war möglicherweise jedoch auch Ursache dafür, dass Carlo Schmid, nach einem Wort Theodor Eschenburgs, viel wollte, noch mehr konnte, und doch nur wenig erreichte. Am 11. Dezember 1979 verstarb Carlo Schmid in Bad Honnef.

JÖRG BREHMER

Reinhold Maier (1889–1971) Remstalpolitiker und liberales Urgestein

Den Begriff der Remstalpolitik hat er mit Leben gefüllt. Das streitbare Schlitzohr war der erste Ministerpräsident des Landes Baden-Württemberg und der bislang einzige Chef einer Landesregierung, den die Liberalen stellen konnten.

Als am 24. September 1945 zwei ältere Herren das Gebäude der amerikanischen Militärregierung in der Stuttgarter Heusteigstraße verlassen, sieht man ihnen die eben übertragene Bürde nicht an. Sie sind neu ernannte Minister der ersten Landesregierung von Württemberg-Baden. Der ältere der beiden fasst den jüngeren am Arm und fragt ihn: »Du, Maier, wer setzt uns eigentlich wieder ab?« Darauf der andere: »Entweder die Amerikaner oder die Franzosen oder vielleicht gar die Russen, und wenn es diese alle nicht tun, dann wieder, wie schon einmal, das dankbare schwäbische Volk!« Die beiden Herren waren Theodor Heuss und Reinhold Maier, zwei Ausnahmeliberale und zwei der Gründerväter Baden-Württembergs.

Reinhold Maier war kein Neuling in der Landespolitik, und er stellte sich selbstbewusst in die Tradition der demokratischen Regierungen vor 1933. Wenige Tage nach der ersten Sitzung des Staatsministeriums betonte er in einer Radioansprache, die Landesregierung habe gleich zu Beginn ihrer Arbeit eines »um unser Land sehr verdienten Mannes gedacht, den wir in tiefer Trauer in unserem Kreis vermissen. Es ist dies der im ganzen Land hochverehrte ehemalige Staatspräsident Dr. Eugen Bolz.« Maier überhöhte nicht ohne politische Berechnung die Stellung des von den Nationalsozialisten im Januar 1945 ermordeten Bolz, indem er heraushob, dass dieser, »wenn er noch unter den Lebenden weilen würde, [...] heute unser Ministerpräsident sein würde«. So wurde früh das Bild des vorbildhaften Bolz geformt, der als Referenz und Anknüpfungspunkt der neuen Staatlichkeit angeführt werden konnte.

Diese Referenz griff Maier erneut in der Ikonografie des neuen Staatswesens auf. In der Villa Reitzenstein, dem Amtssitz der Ministerpräsidenten, werden Künstler beauftragt, um von den ausscheidenden Chefs Porträts zu malen. Damit stellen sich scheidende Amtsinhaber in eine Reihe mit ihren Vorgängern. Die »Ahnengalerie« beginnt mit Wilhelm Blos, der 1918 das Amt des württembergischen Staatspräsidenten übernahm. Ihm folgen Johannes Hieber, Wilhelm Bazille, Eugen Bolz und dann Reinhold Maier. Dieses Bild des ersten Ministerpräsidenten des Landes entstand früh. Bereits 1950 hatte es der Künstler August Köhler gemalt. Es zeigt einen aufrecht stehenden Mann mit dreiteiligem Anzug, der den Betrachter direkt anblickt. Seine linke Hand vergräbt er in der Jacketttasche, während sich sein rechter Zeige- und Mittelfinger entschieden auf einen grünen Tisch stützen. Entschlossenheit, aber auch distanzierte Scheu ist im Gesicht des Mannes wahrzunehmen. Eine Be-

24. Oktober 1946: Reinhold Maier (Mitte) bei der Verabschiedung der Verfassung des Landes Württemberg-Baden in der Verfassunggebenden Versammlung im Stuttgarter Furtbachhaus. Zwei Plätze rechts neben ihm Kultminister Theodor Heuss.

sonderheit unter den Porträts der Ministerpräsidenten ist im linken Hintergrund zu entdecken: Im schwarzen Anzug sitzend und mit steifem Kragen nur halb zu sehen, lugt Eugen Bolz hervor, der seinem Nachfolger über die Schulter zu blicken scheint. Mit Bolz beginnt also die Nachkriegszeit. Auch dieser gewollte Hinweis auf den letzten demokratischen Staatspräsidenten Württembergs vor der »Machtergreifung« der Nationalsozialisten muss als Botschaft verstanden werden: In seinem Geist will Maier gesehen werden. Bolz dient als Identifikationsfigur, als unmissverständliches Vorbild für seinen Nachfolger. Dabei werden sein Widerstand gegen das NS-Regime und sein Tod zum eigentlichen Ausgangspunkt seiner Bewertung.

Kontinuität wurde auch in der Zusammensetzung des ersten Kabinetts des »Übergangslandes« Württemberg-Baden deutlich: zuerst Reinhold Maier selbst, der von 1930 bis 1933 das Amt des Wirtschaftsministers innegehabt hatte. Ebenso der damalige und neue Justizminister Josef Beyerle, der langjährige Landtags- und Reichstagsabgeordnete Fritz Ulrich, nicht zu vergessen Theodor Heuss, der mit Unterbrechungen bis 1933 Reichstagsabgeordneter gewesen war, der Reichs- und Landtagsabgeordnete Otto Steinmayer sowie Josef Andre, der auf eine Abgeordnetentätigkeit seit 1906 zurückblicken konnte. Dieser »Neuanfang« war nichts anderes als die Wiederbelebung der alten, der »Weimarer« Demokratie.

Ikonografie der baden-württembergischen Ministerpräsidenten: Reinhold Maier in der »Ahnengalerie« des Stuttgarter Regierungssitzes, der Villa Reitzenstein. Im Hintergrund Eugen Bolz. Das Gemälde aus dem Jahr 1950 stammt von August Köhler.

Als neuer Staatschef betonte Maier die »sachliche Arbeit«, bei der »es keine Rache und keine auf Instinkten aufgebaute Vergeltung« geben werde. Genauso legte er Wert auf Sparsamkeit der Staatsleitung mit »kleinen Ministerien, klein und bescheiden in Bezug auf die Diensträume, klein in der Zahl der Beamten«. Auch damit knüpfte er unmittelbar an die Regierungsarbeit vor 1933 an.

Später Einstieg in die parlamentarische Arena

Reinhold Maier wurde 1889 in der württembergischen Oberamtsstadt Schorndorf im Remstal geboren. Nach dem Abitur studierte er Jura, verließ 1912 die Universität mit dem Ersten Staatsexamen und begann sein Referendariat. Im selben Jahr schloss er sich, dem Beispiel des Vaters folgend, der linksliberalen Württembergischen Volkspartei an und verdiente sich seine ersten Sporen als Wahlhelfer. Der Erste Weltkrieg, so Maier im Rückblick, an dem er »vom ersten bis zum letzten Tag« teilnahm, »hatte mich viele Jahre verlieren lassen«. Nach seiner Militärzeit setzte er im November 1918 sein Referendariat in Ravensburg fort und wurde Assessor. Seine Dissertation, die er 1921 abschloss, befasste sich mit der Stellung des Reichsrates in der Weimarer Reichsverfassung. Anschließend war er ein Jahr lang für seine Partei, die neu gegründete Deutsche Demokratische Partei (DDP), tätig: »Da hab' ich gelernt, wie man in der Minderheit Politik machen muss«, so Maier im Rückblick.

Erst nachdem sich Reinhold Maier in Stuttgart als Anwalt niedergelassen hatte, erst nachdem er 1924 Vorsitzender der DDP in Stuttgart war, und erst nachdem er 1929 Gerta Goldschmidt, die Tochter des jüdischen Anwalts Eduard Goldschmidt, geheiratet und am württembergischen Kabinettstisch Platz genommen hatte, erst dann begab er sich 1932 in die parlamentarische Arena. »Ich heiratete erst in meinem vierzigsten Lebensjahr. [...] Zuerst eine feste Berufsgrundlage, sagte ich mir, dann Familie, dann auch vom Vorhof der Politik in diese selbst hinein.«

Zum Beruf wurde Maier die Politik erst 1930. Zunächst exponierte er sich als heftiger Kritiker der Mitte-Rechts-Regierung von Staatspräsident Eugen Bolz (Zentrum) und dem Deutschnationalen Wilhelm Bazille, gegen die er als juristischer Beistand Kurt Schumachers sogar gerichtliche Schritte einleitete. Schrittweise näherte er sich aber diesem Bündnis an. In einer knappen Entscheidung (107 zu 97) stimmten die Delegierten der DDP auf einer Landesversammlung 1930 für den Eintritt in die Regierung. Noch am gleichen Abend wurde Reinhold Maier zum Wirtschaftsminister ernannt. Diese politische Entscheidung erschütterte die Partei in ihren Grundfesten. Der Parteiveteran Friedrich Payer trat mit seiner Familie unter Protest aus der DDP aus. Im eben noch bekämpften »verfassungswidrigen Kabinett« arbeitete Reinhold Maier nun ausgezeichnet mit. Die eiserne Haushaltsdisziplin und die sprichwörtlich schwäbische Sparsamkeit wurden fortgesetzt.

Fehleinschätzung der Nationalsozialisten – bedrängte Familie

Maier gelangte erst 1932 in die Reichspolitik, als von Wahl zu Wahl die verfassungspolitische Krise der Demokratie immer deutlicher wurde. Seine in die Bedeutungslosigkeit sinkende Partei brauchte den zunehmend populären »Wirtschaftsmaier« als Zugpferd im Wahlkampf. Auch deshalb wurde er im November 1932 in den Reichstag gewählt. Mit dem Zusammenschluss der DDP mit dem rechtsstehenden Jungdeutschen Orden zur Deutschen Staatspartei scheiterte auch der Versuch, den alten Platz in der linken Mitte im Parteienspektrum wieder einzunehmen. Die Partei driftete deutlich nach rechts. Dennoch blieb Reinhold Maier nach der Wahl im März 1933 weiterhin Mitglied des Reichstags. In der Diskussion um das »Gesetz zur Behebung der Not von Volk und Reich« (»Ermächtigungsgesetz«) gehörte er neben Ernst Lemmer und Heinrich Landahl zu den drei Fraktionsmitgliedern der DDP, die die Zustimmung forderten. Hermann Dietrich und Theodor Heuss plädierten für eine Enthaltung, aber die Fraktion entschied nicht nach dem Gewissen der einzelnen Abgeordneten, sondern nach dem Mehrheitsprinzip.

Zwei Jahre nach Kriegsende wurde deshalb im Württemberg-badischen Landtag ein Untersuchungsausschuss eingerichtet, der das Verhalten

Bei einer Feier zur Erinnerung an die erste Landrätekonferenz in Murrhardt im Juni 1945 referiert Reinhold Maier 1965 in der Stuttgarter Villa Reitzenstein. In der ersten Reihe als Zuhörer Ministerpräsident Kurt Georg Kiesinger (2. v. r., sitzend).

der damaligen südwestdeutschen Abgeordneten klären sollte. Maier hatte zu denen gehört, die 1933 der Ansicht gewesen waren, die Regierung Hitler könne mit dem »Ermächtigungsgesetz« in zivilisierten Grenzen gehalten werden. Erneut berief er sich nun, im Jahr 1947, auf Eugen Bolz und auf eine stille Übereinstimmung der beiden. Bolz, der als scharfer Kritiker der Nationalsozialisten bekannt war, aber ebenfalls für das »Ermächtigungsgesetz« gestimmt hatte, habe Maier nach dessen Erklärung im März 1933 gesagt: »Sie haben mich auf dem Rednerpult droben gedauert.«

Maier wurde 1933 – wie der allergrößte Teil der württembergischen Regierung – seines Amtes enthoben. Politisch zur Enthaltsamkeit gezwungen, war er nun wieder als Anwalt in Stuttgart tätig. Trotz der zunehmenden Repressalien kam für Maier eine Emigration nicht in Frage, selbst als seine Frau, die einer angesehenen jüdischen Familie Stuttgarts entstammte, und seine beiden Kinder buchstäblich in den letzten Stunden Deutschland den Rücken kehren mussten. Gelegentlich traf er sich mit alten Weggefährten, darunter auch Eugen Bolz und Theodor Heuss. Nach dem Krieg hob er erneut seine Verbindung zu Bolz hervor und erweckte so den Eindruck besonderer Übereinstimmung. »Das bevorstehende Attentat [am 20. Juli 1944] hatte er [Bolz] mir ein halbes Jahr vorher angedeutet. ›Ich will Ihnen nicht zu viel sagen. Sie sind exponiert genug‹.«

Nach dem Zweiten Weltkrieg suchten die Besatzungsmächte unbelastete Mitarbeiter. Maier hatte sich dem Schwäbisch Gmünder Landrat angeboten und mischte bald wieder mit. Er nahm an der ersten Landrätetagung in Murrhardt teil und hat dort auf sich aufmerksam gemacht. Schließlich wurde er von den Amerikanern mit der Leitung einer neuen Regierung beauftragt.

Der Remstalpolitiker

Ein Schlagwort ist mit Reinhold Maier besonders eng verbunden: »Remstalpolitik«. Es ist ein Kampfbegriff des hart geführten politischen Streits um den richtigen politischen Kurs der frühen Bundesrepublik. In der Auseinandersetzung um die umstrittene Vereinigung von Württemberg und Baden, aber auch in der Konfrontation um den richtigen Weg zur Wiedervereinigung fiel der Begriff zum ersten Mal – und er war nicht positiv gemeint. Abschätzig und als geografisch eng begrenzt qualifizierte Kanzler Adenauer seinen allzu querköpfigen und widerspenstigen Gegner Maier ab. Eine törichte Art von provinzieller Kirchturmpolitik, die das große Ganze nicht sehe, sollte damit auf den Begriff gebracht werden. Mit einem fein gesponnenen propagandistischen Schachzug wandte Reinhold Maier im Verbund mit den kommunal starken Freidemokraten im Remstal den Begriff jedoch ins Positive. Um die Weltbedeutung des Remstals hervorzuheben, wählten Maier und Pfleiderer geschickt ein historisches Ereignis: die 250. Wiederkehr des »Großen Kriegsrates in Großheppach«, der als entscheidend für den Ausgang des Spanischen Erbfolgekriegs (1701–1714) gesehen werden kann. Damit brachte Maier seine engere Heimat in Zusammenhang mit der großen europäischen Geschichte und nebenbei auch noch mit Winston Churchill, dessen Ururgroßvater damals im Remstal dabei gewesen war. Der »Große Kriegsrat« darf hier doppeldeutig verstanden werden: Die demokratischen Kämpen brachten damit den Zusammenhalt und das demokratische Vorgehen aus dem Südwesten gegen die »Politik der Stärke« zum Ausdruck, die auch in der FDP viele Anhänger hatte. Es war also einerseits eine Abgrenzung gegen Adenauers Kurs, aber auch gegen den nationalen Flügel in der eigenen Partei.

Hinzu kam, dass sich der Stuttgarter Regierungschef mit einer klaren Definition der Remstalpolitik ganz auf der Linie der Amerikaner befand. Ihre Auffassung der angewandten Demokratie von unten nach oben fand in Maier einen besonders eifrigen Unterstützer, der in einer Rede am 28. November 1959 sagte: »Remstalpolitik anerkennt unter gar keinen Umständen die Reihenfolge von oben nach unten: Bund, Bundesland, Gemeinden. Zuerst muss unten alles gesund sein, die Gemeinden in Ordnung sein, dann können diese auch das Bundesland auf ihren Schultern tragen und die Bundesländer, in dieser Weise fest gegründet, ihrerseits wieder den Bund.« Maier vertraute auf den Rückhalt in der Bevölkerung, den er auch zeitlebens genoss. Seinen Wahlkreis und ein eng geknüpftes Netz zu den örtlichen Kommunalpolitikern pflegte er wie »ein Gärtle« (Wilhelm Keil). Er erzeugte ein »Wir-Gefühl«, als dessen Vertreter »da oben« er von sehr vielen auch anerkannt wurde.

In den Landtagswahlkämpfen der frühen 1950er-Jahre spielten auch bundespolitische Themen eine Rolle. Wegen der Gegnerschaft zu Adenauers Plänen der Westintegration und Wiederbewaffnung war Maier in Bonn oft zu hören. Seine Ansichten zur Wiedervereinigung nahmen aber erst in dem Augenblick Gestalt an, als 1952 der zusammen mit seinem Parteifreund Karl Georg Pfleiderer erarbeitete Alternativplan, der sogenannte »Pfleiderer-Plan«, öffentlich wurde. Die Stuttgarter SPD-FDP/DVP-Regierung stand damit in Opposition zu zentralen Punkten der Außen- und Sicherheitspolitik des Kanzlers.

Erster und bisher einziger liberaler Ministerpräsident

In der Landespolitik wurden im Jahr 1951 die Weichen für die Gründung des Südweststaates gestellt. Wenn Maier noch zu Beginn seiner Amtszeit als Ministerpräsident des Landes Württemberg-Baden den Eindruck vermittelte, andere wären eher berufen gewesen, das Amt des Regierungschefs auszufüllen, so verschleierte er damit vor allem die Tatsache, dass er selbst aktiv die Wahl Gebhard Müllers verhindert hatte, der sich politisch und persönlich viel eher als Erbe von Eugen Bolz fühlen konnte. Mit Gebhard Müller habe er, so Maier, sich nicht leicht getan. Vor allem sein eigenes Herkommen aus dem protestantischen Remstal stellte er dem ländlich-katholischen Hintergrund Müllers gegenüber.

Die Geburtswehen des Landes Baden-Württemberg dauerten lange. Nach der Wahl zur Verfassunggebenden Versammlung des neuen Bundeslandes im März 1952 stand im Landtag am 25. April die

Wahl des Ministerpräsidenten an. Eine Einigung aller Parteien war im Vorfeld gescheitert. Als stärkste politische Kraft im Landtag reklamierte die CDU die Position des Ministerpräsidenten für Gebhard Müller. Gewählt wurde jedoch Reinhold Maier mit 64 Stimmen von der SPD, FDP/DVP und der Vertriebenenpartei BHE. Gebhard Müller erhielt fünfzig Stimmen. Ein »schwarzer Freitag« für die CDU, denn die stärkste Partei im Südwesten war auf die harten Oppositionsbänke verwiesen. Reinhold Maier hingegen wurde der erste und bis heute einzige liberale Ministerpräsident eines deutschen Landes.

Gemäß der Verfassung musste der neue Regierungschef binnen zweier Wochen nach der Wahl sein Kabinett präsentieren. Maier benannte es aber unmittelbar nach seiner Wahl – unter heftigem Protest und Buh-Rufen der CDU-Fraktion. Mit der Wahl einer Regierung war der noch namenlose Südweststaat gegründet. Einige Tage vorher hatte Maier seinen CDU-Rivalen Gebhard Müller noch am Ärmel gezupft: »Sehen Sie, lieber Herr Müller, Sie haben jetzt vier Wochen an der Sache herumgemurkst. Merken Sie sich: Wenn man etwas werden will, darf man nichts werden wollen.«

Noch im selben Jahr kam das Amt des Bundesratspräsidenten auf den Ministerpräsidenten von Baden-Württemberg zu. Maier ließ sich diese Gelegenheit nicht entgehen, um den Versuch zu unternehmen, gemeinsam mit den SPD-regierten Ländern das Kernstück der Innen- und Außenpolitik Adenauers – den Deutschlandvertrag und den Vertrag über den Aufbau einer Europäischen Verteidigungsgemeinschaft (EVG) – zunächst zu verhindern. Dies misslang jedoch nicht zuletzt, weil der Druck auf die FDP als in Bonn mitregierende Partei doch zu groß war.

Maier hatte in der entscheidenden Phase der Abstimmung das Amt des Bundesratspräsidenten inne. Bei der Abstimmung über die Westverträge

Am 27. August 1949 erscheint in der *Stuttgarter Zeitung* diese Karikatur unter dem Titel »Südwestdeutsche Brautwerbung«. Sie zeigt die Protagonisten der Auseinandersetzung um die Gründung des neuen Südweststaates (v. l. n. r.) Leo Wohleb (Südbaden) auf der einen und Gebhard Müller (Württemberg-Hohenzollern) sowie Reinhold Maier (Württemberg-Baden) auf der anderen Seite.

Zwei alte Weggefährten treffen sich wieder: Reinhold Maier und Bundespräsident Theodor Heuss im Januar 1954 in Stuttgart.

kam es auf die Stimmen Baden-Württembergs an. Die SPD-regierten Länder lehnten sie ab, die unionsgeführten Länder stimmten zu. Maier, in einer Koalition mit der SPD im Land, während im Bund die FDP mit der CDU koalierte, enthielt sich zunächst, stimmte nach langen Auseinandersetzungen dann aber doch zu. Bevor die Koalition in Stuttgart unter anderem an dieser Frage zerbrach, trat er zurück und machte einer Allparteienregierung Platz. Im Bundestagswahlkampf 1953 hatte Maier sein Schicksal auf das Engste mit dem Ausgang der Wahl verknüpft. Als die CDU am 6. September 1953 in Baden-Württemberg über 50 Prozent der Stimmen erhielt, trat er vom Amt des Ministerpräsidenten zurück. Sein Nachfolger wurde Gebhard Müller. Maier hatte sich allerdings bei der Bundestagswahl als Zugpferd auf den ersten Listenplatz setzen lassen und ging nach Bonn, um sein Bundestagsmandat wahrzunehmen. Sein Stuttgarter Landtagsmandat behielt er trotzdem.

Bundesvorsitzender der Liberalen

Im Bundestag hielt Maier während seiner insgesamt fünfjährigen Abgeordnetentätigkeit lediglich vier Reden. Aus der Bonner Tagespolitik hielt er sich weitgehend heraus. Mit den anhaltenden politischen Auseinandersetzungen in Bonn machte Maier weder praktisch noch menschlich besonders gute Erfahrungen. In seinen Reden sprach er wie ein Oppositionspolitiker und griff vor allem Konrad Adenauer und Franz Josef Strauß scharf an, obwohl die FDP noch Koalitionspartner war. 1956 schied er zwischenzeitlich aus dem Bundestag aus, wurde aber im Januar 1957 von seiner Partei gedrängt, wieder auf die bundespolitische Bühne zurückzukehren. Der Fraktionsvorsitzende Thomas Dehler war als Bundesvorsitzender nach verschiedenen verbalen Entgleisungen nicht mehr zu halten. Maier bot sich als Kompromisskandidat an. Allen war klar: Als Mann des Übergangs verfolgte er einerseits keine eigenen politischen Ambitionen mehr, genoss andererseits aber in der eigenen Partei eine große Popularität. Außerdem verfügte Maier mit Baden-Württemberg als dem »Stammland der Liberalen« über eine starke Hausmacht.

Obwohl Maier 1957 abermals in den Bundestag einzog, war das Wahlergebnis eine Enttäuschung für die Liberalen. Die CDU hatte die absolute Mehrheit errungen. Für die Oppositionsarbeit entwickelte Maier nun klare Vorstellungen: Er wollte mehr Demokratisierung, sprach erstmals von aktiver Umweltpolitik und wandte sich mit der Aktion »Kampf dem Atomtod« einmal mehr gegen Adenauer. Maier blieb kritisch – nicht zuletzt gegenüber den großen Parteien und ihren »bundestagsfrommen« Fraktionen. Er warnte lautstark und bisweilen polemisch vor unbezahlbaren sozialen Wohltaten und dem engstirnigen rheinischen Konfessionalismus: »Das schwarze Gewürm muss man, wo man es trifft, auf Kopf, Bauch und Schwanz treten.« Außenpolitisch knüpfte er geschickt an den »Pfleiderer-Plan« seines 1957 verstorbenen Freundes an und belegte damit seinen unbedingten Willen zur Wiedervereinigung. Allerdings gelang es Maier nicht, die zerstrittenen Gruppierungen innerhalb der FDP zu einen. So wurde schon im Laufe des Jahres 1959 an der Übergabe des Parteivorsitzes an den Fraktionsvorsitzenden Erich Mende gearbeitet, die im Januar 1960 vollzogen wurde.

Der letzte Coup scheitert

Das *political animal* Reinhold Maier zog sich allerdings keineswegs aus der Politik zurück. Nach einer verfassungswidrigen Wahlabsprache Maiers mit der CDU und dem Waiblinger Landrat Werner Bertheau für die baden-württembergischen Landtagswahlen im Mai 1960 musste der Urnengang in den zwei Waiblinger Wahlkreisen wiederholt werden. Maier bot in einem Haustürwahlkampf alles auf. Sogar der sonst in parteipolitischen Aktionen enthaltsame Altbundespräsident Theodor Heuss kam aus Stuttgart in den Welzheimer Wald und begründete dies: »Ich bin hier, um meine Liebe, meinen Dank für Reinhold Maier auszusprechen.« Maier holte das Direktmandat und erlebte einen persönlichen Triumph. Er blieb die graue Eminenz im Hintergrund, ein *elder statesman*, der nach wie vor die Strippen zog.

Als er 1964 aus dem Landtag ausschied, hinterließ er ein bestelltes Feld. Sein letzter Coup jedoch misslang: Als 1966 der Wechsel Kurt Georg Kiesingers nach Bonn die Neuwahl des Stuttgarter Ministerpräsidenten erforderlich machte, nahm die mit der CDU regierende FDP Fühlung mit der SPD auf. In dramatischen Sitzungen des Landtags schaffte es Hans Filbinger (CDU) jedoch in letzter Minute, mit der SPD eine Große Koalition zu schmieden und die Liberalen auf die Oppositionsbank zu verbannen. Dieses Mal waren die Liberalen ausgebootet.

Abwägender Pragmatiker und überzeugter Demokrat

Als erster Ministerpräsident des Landes Württemberg-Baden hat Reinhold Maier an bestehende Traditionen angeknüpft und unter schwierigen Bedingungen im Verbund mit anderen das Land Baden-Württemberg aus der Taufe gehoben. Sicher wird man ihn als einen der erfolgreichsten Landespolitiker mit großer Ausstrahlung in die gesamte Bundesrepublik bezeichnen können. Bodenständigkeit und Weitblick, Toleranz und gelebte Liberalität, ein unverkrampfter Pragmatismus sowie hintersinnige Schläue gepaart mit Volksnähe zeichneten ihn aus. Mit großer Sorge verfolgte Maier einen neu aufkeimenden Nationalismus und immer wieder wandte er sich wortgewandt gegen den autoritären Regierungsstil Adenauers. In dessen Politik der Wiederbewaffnung sah er die Verhinderung einer deutschen Wiedervereinigung. Die Liberalisierung der bundesdeutschen Gesellschaft in der zweiten Hälfte der 1960er-Jahre erlebte er als radikalen Bruch bewährter Traditionen. Bis heute aber gilt der 1971 verstorbene »Fuchs aus dem Remstal« als abwägender Pragmatiker und zugleich als streitbarer und überzeugter Demokrat.

Wahlplakat der FDP zur Bundestagswahl 1957 mit dem Bundesvorsitzenden Reinhold Maier.

PHILIPP GASSERT

Kurt Georg Kiesinger (1904–1988) Politik und Geist

Er suchte den Austausch mit Intellektuellen und lud sie an seinen »Hof« in die Stuttgarter Villa Reitzenstein. Doch viele von ihnen sahen in ihm nicht den Mittler zwischen Politik und Geist, sondern en Symbol »unbewältigter Vergangenheit«.

Wir wissen nicht genau, was Kiesinger dazu bewog, am 6. September 1959 in Singen am Hohentwiel als bildungspolitischer *deus ex machina* auf die Bühne zu treten und sich vor den versammelten städtischen Honoratioren als »leidenschaftlicher Verfechter« der Idee zu erkennen zu geben, dass es »keinen besseren und schöneren Platz« als die »traditionsreiche Stadt Konstanz« für eine Universitätsgründung gebe, sollte eine solche ins Auge gefasst werden. In Kiesingers »geschichtskundigem Geist«, so der aus allen Wolken fallende Kultusminister Gerhard Storz, der von diesem Plan anderntags aus der Presse erfuhr, habe wohl »der Anblick der Reichenau das Zukunftsbild einer Universität in Konstanz ausgelöst«.

Die unkonventionellen Anfänge einer der wichtigsten und bleibenden Initiativen Kiesingers passen ins Bild: Er ist ein Mann, der intuitiv agiert. Manches schiebt er aus der Gunst der Stunde heraus an. Die Ausführung überlässt er anderen. Dass er seinen Plan weder im Kabinett noch gegenüber der Fraktionsführung absichert, ist kein Einzelfall. Ralf Dahrendorf, Kiesingers engster bildungspolitischer Berater, spricht augenzwinkernd von der Konstanzer »Fürstengründung«. Zwar greift Kiesinger mächtige Stichworte der Zeit wie »Bildungskatastrophe«, »Bildungsexpansion« und »Mobilisierung der Begabungsreserven« auf, doch tut er dies anfangs auf fast unzeitgemäße Weise – ohne Kabinett, ohne Beiräte, ohne Kommissionen.

Unter Spitzenpolitikern besitzt Kiesinger den Ruf eines Laienbruders. Unstreitig populär, als Ministerpräsident, aber auch als Kanzler sucht er die Höhe oberhalb des politischen Alltags zu behaupten. Parteipolitische Aufgeregtheiten lassen ihn scheinbar kalt. Er reagiert sensibel auf Zeitströmungen, reflektiert intensiv über Grundlagen. Er hat keine Berührungsängste mit Intellektuellen, lädt sie an seinen »Hof« in die Stuttgarter Villa Reitzenstein ein. *Ideen vom Ganzen* ist ein Band seiner Reden überschrieben. Dort parliert er gekonnt über Platon und Tocqueville, fragt sich, was aus der Menschheit wird, wenn sie eines Tages die Erbsubstanz manipulieren kann. 1964 ist das eine Frage von übermorgen.

Was ist dran an der Synthese aus »Politik und Geist«?

Sicher ist ein gerütteltes Maß Selbststilisierung dabei, wenn Kiesinger sich zum Vermittler zwischen »Geist und Politik« aufschwingt. Denn viele Intellektuelle der Zeit, etwa Heinrich Böll oder Günter

Mit sichtlichem Stolz ein Werk vollbracht: Ministerpräsident Kurt Georg Kiesinger bei der Grundsteinlegung »seiner« Universität, der Reformuniversität Konstanz, im Juni 1966.

Grass, sehen in ihm nicht gerade den deutschen Paul Claudel, sondern das Symbol unbewältigter Vergangenheit. Indes: Wie Willy Brandt, sein späterer Widerpart in der Großen Koalition, hat auch Kiesinger etwas leicht Visionäres an sich. Daher kommen beide nüchterner denkenden Zeitgenossen wie Konrad Adenauer, Herbert Wehner oder Helmut Schmidt wie rechte Wolkenschieber vor, mit zu wenig pragmatisch-politischem Sinn.

Nicht von der gleichen zupackenden Robustheit wie der erste Bundeskanzler, weit entfernt vom legendären Aktenfleiß seines Stuttgarter Vorgängers Gebhard Müller (oder dem seines nicht weniger strebsamen Nachfolgers Hans Filbinger), setzt Kiesinger auf seine Weise Akzente. Er weiß, wie man Versuchsballons startet. Konstanz setzt er in einem zähen Ringen gegen einen sparsamen Landtag und Finanzminister durch. Es liegt nicht an machtpolitischem Unverständnis, dass er als Kanzler weniger reüssiert. Es hat auch mit den Umständen zu tun. Die erste Große Koalition ist ein innenpolitisches Bündnis, in dem es um Föderalismusreform, den Umbau des Sozial- und Rechtsstaates, die Wirtschaftsverfassung geht. Ein Kanzler aber drückt der Republik seinen Stempel mit außenpolitischen Richtungsentscheidungen auf. Kiesinger fehlt, wie Charles de Gaulle einmal sagt, jene *grande querelle*, die einen Staatsmann über sich hinauswachsen lässt.

Doch wofür steht Kiesinger? Sein Lebensweg lässt sich als paradigmatische Biografie des deutschen 20. Jahrhunderts deuten. So intensiv er auch über die Grundlagen der Demokratie spricht, so lässt seine Konversion nach 1945 nicht die Untiefen vergessen, auf denen dieses zweite demokratische Experiment auf deutschem Boden gründet. Kiesingers Leben »zwischen den Zeiten« stellt einen nicht untypischen deutschen Lebensweg dar: die viel beschworene Erfolgsgeschichte des westdeutschen Teilstaates in seiner atlantischen und europäischen Prägung, dessen demokratischer Durchbruch eben nur aufgrund der Anpassungsfähigkeit der gebrannten Kinder der Epoche vor 1945 verstanden werden kann. Das zu akzeptieren, fällt vielen schwer – und ganz besonders vielen Intellektuellen, die in Kiesinger nicht einen der ihren erkennen.

Von der Schwäbischen Alb nach Berlin

Wie alle Bundeskanzler ist Kiesinger Aufsteiger aus kleinen Verhältnissen. Am 6. April 1904 wird er in der schwäbischen Industriestadt Ebingen (heute Albstadt) geboren. Er wächst in das nervöse Zeitalter hinein, in dem sich wachsender Wohlstand mit Zukunftshoffnungen paart. Der Vater ist kaufmännischer Angestellter in der Textilindustrie, die Mutter stammt aus einer Älbler Bauernfamilie. Ganz ungewöhnlich: Sie gehören verschiedenen Religionsgemeinschaften an. Der Vater ist strenggläubiger Methodist, die Mutter ländlich-katholisch geprägt. Das zieht Kiesinger gern heran, wenn er seinen »Hang zur Synthese« begründet.

Mit aller Kraft will er der Enge der schwäbischen Heimat entrinnen. Über die Stationen des katholischen Lehrerseminars in Rottweil und das Pädagogik- und Philologiestudium in Tübingen entprovinzialisiert er sich. 1926 geht es zum Jurastudium nach Berlin. Politische Anstöße erhält er in dem von dem Priester Carl Sonnenschein geleiteten »Sekretariat sozialer Studentenarbeit«, wo der umtriebige »Großstadtapostel« schon in den 1920er-Jahren die Zentrumspartei interkonfessionell fortentwickeln will. Wie Sonnenschein ist Kiesinger ein glühender Patriot, der in der Überwindung der Klassengegensätze und der weltanschaulichen »inneren Zerrissenheit« Deutschlands die zentrale politische Aufgabe seiner Generation erblickt.

Das macht ihn empfänglich für den Gedanken der »Volksgemeinschaft«, damals beileibe kein exklusiv NS-konnotierter Begriff. Sein Eintritt in die NSDAP 1933 erfolgt vielleicht in der Begeisterung über den nationalen Aufbruch während der »Machtergreifung«, obwohl er hinterher meint, Hitler habe ihn abgestoßen, wie auch die Partei. Die »Wiederherstellung der nationalen Gemeinschaft« erscheint als Erfüllung seiner politischen Träume. Der 28-Jährige glaubt, die »Bewegung« im Sinne eines konservativ-katholischen »Brückenbaus« beeinflussen zu können. In einem mit *Schicksalsstunde* überschriebenen Artikel für die Zeitschrift seiner Korporation spricht er von der »Vollendung der Einheit des deutschen Volkes [...], durch Blut und Glauben emporgerissen zur großen, gemeinsamen, fruchtbaren völkischen Tat«.

Nach ein bis zwei Jahren erkennt auch Kiesinger, dass Hitler sich nicht an seine feierlichen Versicherungen hält, sondern Priester, Ordensleute und kirchliche Mitarbeiter verfolgt. Die Unmöglichkeit, die NS-Bewegung im katholisch-konservativen Sinne zu beeinflussen, wird ihm spätestens mit der »Niederschlagung« des »Röhm-Putsches« am 30. Juni 1934 klar. Diesem fallen auch Menschen aus seinem Umfeld zum Opfer. Als privater Rechtslehrer und Repetitor zieht er sich in eine auskömmliche Nische zurück. Dem Wehrdienst entgeht er, indem er sich 1940 ins Auswärtige Amt verpflichten lässt. Dort macht er rasch Karriere und wird schließlich stellvertretender Abteilungsleiter der Rundfunkpolitischen Abteilung. Seine Tätigkeit ist wesentlich nach innen gerichtet, steht unter den Auspizien des Machtkampfes zwischen Propagandaminister Goebbels und Außenminister Ribbentrop um die Kompetenz des Auslandsrundfunks.

Kiesinger ist kein »kleines Rädchen« in einer anonymen Bürokratie. Inhaltlich leitet er die NS-Sprachregelungen weiter, beteiligt sich an Durchhaltekampagnen, setzt sich für eine propagandistische Flankierung der deutschen Hegemonie über Europa ein, nimmt antiamerikanische und antisemitische Parolen in Kauf. Im Nachhinein hebt er darauf ab, er habe den Auslandsrundfunk von grobem Antisemitismus freihalten wollen. Dokumente belegen dies. Er argumentiert zweckrational, die Propaganda würde sonst nicht geglaubt.

Seitenblick nicht ohne Bewunderung: Staatsempfang für Staatspräsident Charles de Gaulle am 9. September 1962 in Stuttgart.

Als »national denkender« Deutscher liegt ihm daran, dass Deutschland nicht mit den Nazis in einen Topf geworfen wird, als sich die Niederlage abzuzeichnen beginnt.

Demokratische Neuanfänge im Südwesten und in Bonn

Bei Kriegsende wird er aus nie ganz geklärten Gründen von den Amerikanern interniert und nach 16-monatiger Haft im September 1946 entlassen. Er setzt als Repetitor in Würzburg seinen alten Beruf fort, dann nimmt er ein überraschendes Angebot Gebhard Müllers enthusiastisch an und wird CDU-Landesgeschäftsführer in Südwürttemberg-Hohenzollern. Die Aufgabe erledigt er bravourös. Als sich 1949 die Chance bietet, für den ersten Bundestag zu kandidieren, wird Kiesinger für den absolut sicheren Wahlkreis Ravensburg–Tettnang–Wangen nominiert. Er fährt nach einem furiosen Wahlkampf 75,2 Prozent der Stimmen ein, das drittbeste Resultat im Bundesgebiet. Zu diesem achtbaren Erfolg gratuliert Müller: »Du selbst bist unsere besondere Hoffnung.«

Als Müllers Statthalter geht er nach Bonn. Dort spielt er sich rasch nach vorne, wird bald für wichtige Partei- und Staatsämter gehandelt. Seinen Aufstieg verdankt er nicht allein seiner Rednergabe, sondern auch seiner regionalen Herkunft, werden doch Ämter nach landsmannschaftlichem und konfessionellem Proporz vergeben. Als Protegé Müllers kann er, der sich später gern zum »Politiker ohne Hausmacht« stilisiert, auf ein Netzwerk südwestdeutscher Abgeordneter bauen. Als deren Mann kommt er 1950 in den CDU-Bundesvorstand. Er beginnt als Rechtspolitiker, wird an entscheidender Stelle als erster Vorsitzender des Vermittlungsausschusses tätig, macht schließlich Karriere als außenpolitischer Sprecher der Fraktion und wortgewaltiger Verteidiger der Westintegration.

Es ist vor allem auch Kiesinger zu danken, dass gegen den Willen Adenauers 1952 der Südweststaat aus der Taufe gehoben wird. Weil er eine Minderheit der Bonner CDU-Politiker auf die Seite der Südweststaatbefürworter bringt (SPD und FDP sind uneingeschränkt dafür), wird eine Polarisierung entlang von Parteigrenzen verhindert. Das wäre für die spätere Integration des Landes »verhängnisvoll«, so Kiesinger. Vor allem hätte die CDU als südweststaatfeindliche Partei keinen Anspruch auf die Führungsrolle in Baden-Württemberg gehabt, als dessen Landespartei sie sich seit den 1960er-Jahren versteht. Kiesingers Bonner Aufstieg wird durch sein Engagement für den Südweststaat gebremst.

Weiteren Kreisen wird er als Außenpolitiker bekannt. In den Redeschlachten um die Wiederbewaffnung der Bundesrepublik verficht der »Debattenstar« der CDU die kontroverse Position, wonach nur eine »Politik der Stärke« mit Integration in die »westliche Schutzgemeinschaft« den Weg zur Wiedervereinigung ebnen kann. Ein neutrales Gesamtdeutschland wäre der sowjetischen Übermacht ausgeliefert, zugleich würde es in Europa als bedrohlich gesehen. Früh verinnerlicht der viel in Europa herumreisende Kiesinger, was als »doppelte Eindämmung« bezeichnet wird: Die Integration in den Westen bedeutet Sicherheit *für und vor* Deutschland.

Als Vorsitzender des Auswärtigen Ausschusses (1954–1959) profiliert er sich als Protagonist einer »gemeinsamen Außenpolitik« mit der SPD. Er zielt auf eine Überwindung der außenpolitischen Polarisierung, weil innere Geschlossenheit Voraussetzung der Wiedervereinigung sei. Darüber entzweit er sich erneut mit dem Kanzler. Sicher ist Kiesingers Agieren auch von persönlichem Ehrgeiz bestimmt. Er nutzt die »gemeinsame Außenpolitik«, um sich für eine alternative Regierungskoalition ins Gespräch zu bringen. Da der »Alte« fest im Sattel sitzt, sind Kiesingers Bonner Perspektiven begrenzt. 1957 wird er bei der Regierungsbildung erneut übergangen. So nimmt er 1958 das Angebot an, dritter Ministerpräsident von Baden-Württemberg zu werden.

Integrator Baden-Württembergs und Bundesratsföderalist

Kiesingers Ministerpräsidentschaft kreist um zwei große Themen: erstens die Integration des Bindestrich-Landes und zweitens die Modernisierung Baden-Württembergs, mit starkem Fokus auf Bildungspolitik und Hochschulbau. In der Integrationspolitik lässt er Rechtsfragen zunächst beiseite, konzentriert sich auf die Schaffung einer baden-württembergischen Identität. Er sucht die wachsende Akzeptanz des Südweststaats mit großen Reden vor Ort zu konsolidieren. Auch die Konstanzer Gründung ist partiell integrationspolitisch motiviert. Mit einer dritten badischen Landesuniversität nach Heidelberg und Freiburg, dem Ausbau der TU Karlsruhe und der bisherigen Handelshochschule Mannheim zur Universität wird augenfällig demonstriert, dass es sich lohnt, Teil des leistungsfähigeren Baden-Württemberg zu sein. Die nun »benachteiligten« Württemberger erhalten eine Universität in Ulm.

Erneut zeigt sich seine Janusköpfigkeit: Obwohl er zeitgenössischen Kritikern (wie Theodor Eschenburg) vehement widerspricht, Länderparlamente seien eine unzeitgemäße und kostspielige Marotte, ist er alles andere als unbeteiligtes Opfer der vielbeklagten Unitarisierung des Bundesstaates. In seiner Stuttgarter Zeit, in der die Union in Bundestag und Bundesrat dominiert, werden die Länderkompetenzen kräftig ausgehöhlt. Schuld daran sind nicht zuletzt die von Kiesinger mitangestoßenen, kostspieligen Modernisierungsprojekte. Diese zwingen zu verstärkter Kooperation und öffnen dem Bund die Tore zur Bildungspolitik. Während die Länderparlamente zusehends machtlos werden, steigt der Einfluss der Ministerpräsidenten.

Es fehlt in der Ära Kiesinger nicht an Versuchen, dem Südwesten mehr Einfluss im Bund zu

Reden, Reisen, Repräsentieren: Kiesinger im staatsmännischen Element am 22. Mai 1965 mit Queen Elisabeth II. im offenen Wagen vor dem Neuen Schloss in Stuttgart.

verschaffen, etwa durch Überwindung der Zersplitterung der Südwest-CDU. 1963 scheitert sein Plan, die vier baden-württembergischen Landesverbände zu fusionieren. Noch ist die Zeit nicht reif dafür. Doch seine Nominierung zum Kanzlerkandidaten im November 1966 signalisiert eine Schwerpunktverlagerung innerhalb der Bundes-CDU nach Süden. Die Hegemonie der rheinischen CDU ist gebrochen. Ein Stück weit bleibt Kiesinger in Stuttgart Außenpolitiker. Zu glanzvollen Höhepunkten geraten die Besuche de Gaulles (1962) und der englischen Königin (1965). Seit 1963 ist er erster Bevollmächtigter für kulturelle Angelegenheiten im Rahmen des deutsch-französischen Freundschaftsvertrages. Ein Amt, das er mit großem Einsatz und Selbstvertrauen prägt, wobei er sich sofort in Kompetenzgerangel mit Bundesaußenminister Gerhard Schröder verwickelt.

Kanzler der Großen Koalition

Als der von den jahrelangen Querelen um Adenauers Nachfolge am wenigsten belastete unter den führenden Unionspolitikern wird Kiesinger am 1. Dezember 1966 von CDU/CSU und SPD zum Kanzler gewählt. In der Union gilt er als Hoffnungsträger. Als konservativer, weltoffener Modernisierer hat er in Stuttgart erfolgreich gewirkt. Auch hat er lange Jahre Kontakte zu führenden SPD-Politikern wie Fritz Erler und Herbert Wehner gepflegt und sich als »Brückenbauer« im Spiel gehalten. Doch als Kanzler steht er vor einer fast unlösbaren Aufgabe. Am Kabinettstisch sitzt die komplette Garde der damals führenden Politiker, von denen Vizekanzler Brandt, Verteidigungsminister Gerhard Schröder und Finanzminister Franz Josef Strauß selbst Ambitionen auf den Chefsessel

Ein Novum in der westdeutschen Nachkriegsgeschichte: Kanzler Kurt Georg Kiesinger am 13. Dezember 1966 bei der Regierungserklärung der ersten Großen Koalition (1966–1969).

hegen – während die ehrgeizigen Nachwuchsstars Rainer Barzel und Helmut Schmidt als Fraktionsvorsitzende ein gewichtiges Wort mitsprechen. Als *moderator germaniae* müht er sich um einen kooperativen Führungsstil, kann aber ein Auseinanderdriften nicht verhindern. Da sich Kiesinger hoher Popularität erfreut, zwingt das die SPD ab 1968 zum koalitionspolitischen Umdenken.

Als Sollbruchstelle erweist sich die Außenpolitik. Hier operiert er in einem höchst diffizilen Umfeld, zumal sich Brandt als Außenminister und Strauß als CSU-Vorsitzender ebenfalls dort profilieren. Immerhin, Ende Januar 1967 werden diplomatische Beziehungen zu Rumänien aufgenommen, im September eine Handelsvertretung in Prag errichtet, im Januar 1968 Botschafter mit Jugoslawien ausgetauscht. Damit ist die »Hallstein-Doktrin« nichtig. Schwierig gestaltet sich das Verhältnis zum zweiten deutschen Staat, da die Bundesregierung am Alleinvertretungsanspruch festhalten will und die DDR ihrerseits mauert. Als Kiesinger im Juni 1967 einen Brief von Ministerpräsident Willi Stoph annimmt – was bisherige Bundesregierungen strikt abgelehnt hatten – und diesen auch noch zu beantworten wünscht, führt dies zu tagelangen, erregten Diskussionen. Kiesinger sieht sich in der CDU isoliert, der SPD geht er nicht weit genug.

Innenpolitisch bewirkt die Große Koalition einen Reformschub, wenn auch vieles später rückgebaut wird. Zugleich wird der ehemalige Mitarbeiter des Auswärtigen Amtes zum Objekt geschichtspolitischer Skandalisierungsstrategien der »68er«. Dafür ist die symbolische Ohrfeige von Beate Klarsfeld das prägnanteste Beispiel. Dabei hat er mehr Verständnis für die »68er«, als diese sich vorstellen können. Enttäuscht und geschlagen durch den Wahlausgang 1969, wo er sich trotz eines exzellenten Ergebnisses auf der Verliererseite wiederfindet, wird er bald abgehalftert und zieht sich nach Tübingen zurück. Dort baut der 65-Jährige in bester Schwabenmanier »sein Häusle«. Noch zwei oder drei Mal steht er im Rampenlicht, etwa 1972 bei der Begründung des konstruktiven Misstrauensvotums gegen Brandt.

Die Politik wird für Kiesinger zum Nebenberuf, 1980 scheidet er aus dem Bundestag aus. Er widmet sich seinen historischen Interessen, insbesondere der Aufarbeitung der Ära Adenauer. Als eine Figur des Übergangs in das moderne Deutschland der 1970er-Jahre glückt es ihm nicht, aus dem langen Schatten des Rhöndorfer Alten herauszutreten. Er teilt das Schicksal vieler südwestdeutscher Politiker, die als Bundestagspräsidenten und Bundespräsidenten – das Amt, das er eigentlich angestrebt hat – in hohem Maße das repräsentative Gesicht der alten Bundesrepublik mitbestimmen, jedoch nie wirklich die Richtlinien setzen.

Auf den Kanzler kam es doch nicht an: CDU/CSU stellten 1969 ihren Bundestagswahlkampf ganz auf Kiesinger ab, aber Willy Brandt wurde Kanzler durch den Koalitionswechsel.

Was bleibt?

Es liegt eine Ironie in der Tatsache, dass er, der »als gebranntes Kind« wie wenige andere als Vermittler wirkte und für eine Überwindung innerer und äußerer Gegensätze kämpfte, in der Erinnerung stärker als jeder andere Kanzler polarisiert. In ihrer Zeit haben Adenauer und Brandt tiefe Gräben aufgerissen. Heute stehen sie fast über den Parteien, sind als Gründer und Umgründer der Republik allseits akzeptiert und umworben, sind Ikonen der historischen Selbstverständigung. Kiesinger gilt aufgrund seiner NS-Belastung als negative Integrationsfigur. Noch an seinem 100. Geburtstag hat seine Vergangenheit in der Heimatstadt Albstadt-Ebingen erbitterte Kontroversen provoziert. Obwohl diese Demokratie von ehemaligen Eliten des »Dritten Reiches« mit aufgebaut wurde, wird dieser Kontext gern externalisiert, Kiesinger als »doppelt Angepasster« aus dem historischen Konsens verdrängt. Er eignet sich nicht zum Helden.

Dass Kiesinger in der kollektiven Erinnerung der Deutschen hinter den anderen Kanzlern etwas zurücksteht, hängt neben der Kürze seiner Kanzlerschaft auch mit den geschichtspolitischen Interessen der Parteien zusammen. Diese erinnern sich ungern an das Übergangsphänomen erste Große Koalition. Für die SPD bedeutete sie den Auftakt zu noch größeren Taten, während für die Union der Abstieg in eine 13-jährige Oppositionsphase begann. Dennoch hat sich Kiesinger, der am 9. März 1988 in Tübingen verstorben ist, nicht allein um den Aufbau einer demokratischen Kultur in der Nachkriegszeit, um die Politik der Westbindung sowie um die Integration und Modernisierung von Baden-Württemberg verdient gemacht. Er hat das schwierige Gespann der Großen Koalition erfolgreich an den Klippen der späten 1960er-Jahre vorbeigesteuert und als Kanzler in einer Umbruchphase keinen gravierenden Fehler gemacht.

ERIK LOMMATZSCH

Hans Filbinger (1913–2007) Der Landesvater und die Vergangenheit

Positionen, die er einmal eingenommen hatte, verteidigte er beharrlich. Dies trug sowohl zu seinem politischen Aufstieg zum beliebten und erfolgreichen »Landesvater« bei wie auch zu seinem tiefen Fall.

»Tritt er zurück?« – »Wir können im Haus wohnen bleiben und er behält den Parteivorsitz. Sie waren anständig bei der Sitzung. Die Pressekonferenz beginnt jeden Moment.« Es wäre naheliegend, Sarkasmus in diese Sätze zu deuten. Dennoch handelte es sich eher um Ingeborg Filbingers Art, Rückhalt zu geben, als sie am Nachmittag des 7. August 1978 die Frage ihrer Tochter Susanna indirekt, aber klar beantwortete. Der Sommertag war verregnet, die »Sitzung« war diejenige der CDU-Fraktion und »er« war Hans Filbinger, Ministerpräsident von Baden-Württemberg. Auf der halbstündigen Pressekonferenz im Stuttgarter Landtag erklärte der sichtlich mitgenommene Regierungschef, dass er »nach reiflicher Überlegung« sein Amt zurückgebe. »Dies ist die Folge einer Rufmordkampagne, die in dieser Form bisher in der Bundesrepublik Deutschland noch nie vorhanden war. Es ist mir schweres Unrecht angetan worden. Dies wird sich erweisen, soweit es nicht bereits offenbar geworden ist.«

In den fast 30 Jahren, die Filbinger bis zu seinem Tod verblieben, sollte der Kampf gegen dieses »Unrecht« Leitthema seines Lebens und Gegenstand vielfältiger Bemühungen bleiben. Überzeugen konnte er weite Teile der Öffentlichkeit nicht. Sein Rücktritt vom Amt des Ministerpräsidenten war alles andere als freiwillig erfolgt. Selbst die CDU war ihm zuletzt bis auf wenige Ausnahmen lediglich noch in »kritischer Solidarität« verbunden. Ingeborg Filbingers Voraussage traf auch nur teilweise zu. Zwar konnte die Familie die Dienstvilla auf der Solitude noch einige Jahre bewohnen, aber die Führung der Landespartei musste Hans Filbinger bereits im April 1979 widerstrebend niederlegen. Abgefunden wurde er mit dem Ehrenvorsitz.

Auf landespolitischer Ebene hatte Hans Filbinger 20 Jahre lang gewirkt, von Dezember 1966 bis zum August 1978 war er Ministerpräsident des Südweststaates. Bei seinen letzten beiden Landtagswahlen konnte er absolute Mehrheiten erringen. Schenkt man den Allensbacher Umfragen Glauben, so spielte dabei vor allem die Person des Ministerpräsidenten die entscheidende Rolle. Als »Landesvater« erfreute sich Filbinger größter Beliebtheit, aber er polarisierte auch vielfach mit seinen als konservativ wahrgenommenen Standpunkten. Er selbst empfand sich als Hüter der Positionen, die seiner Meinung nach dem »Zeitgeist« oder der Politik der Bonner sozialliberalen Koalition zum Opfer fielen – seien es die Veränderungen an den Universitäten in der Folge von »1968« oder die neue Gangart in der Ostpolitik.

Der baden-württembergische Ministerpräsident Hans Filbinger (r.) gibt am 7. August 1978 seinen Rücktritt bekannt. Er zieht damit die Konsequenzen aus der anhaltenden Kontroverse um seine Rolle als Marinerichter im Zweiten Weltkrieg. Links von Filbinger sitzt Manfred Wörner, der Vorsitzende der CDU-Landesgruppe Baden-Württemberg in Bonn.

Aus der Geschichte Baden-Württembergs ist Hans Filbinger aufgrund des immensen Einflusses auf die Entwicklung des Landes kaum wegzudenken. Dennoch wird sein Name nicht in erster Linie mit der Landespolitik der 1960er- und 1970er-Jahre in Verbindung gebracht, sondern mit den Debatten, die zu seinem Rücktritt führten. Filbinger hatte in der Zeit der nationalsozialistischen Herrschaft als Marinerichter gewirkt. Die seit Frühjahr 1978 massiv geführten Auseinandersetzungen um seine Vergangenheit überstiegen schnell und durch das Zutun beider Seiten die Sachebene und dominieren bis heute die Erinnerung an Hans Filbinger.

Ausbildung, Kriegsdienst, Wiederanfang

Geboren wurde Hans Filbinger am 15. September 1913 in Mannheim. Sein Vater war Bankangestellter und erreichte nahezu das gleiche biblische Alter wie später sein Sohn. Filbingers Mutter hingegen starb bereits 1918. Er besuchte das Realgymnasium. Breite kulturelle, vor allem historisch-literarische und philosophisch-theologische Interessen haben sich bereits damals ausgeformt. Filbingers bei weitem nicht nur formaler Katholizismus dürfte ebenfalls in der frühen Jugend ausgeprägt worden sein. Religiöse Fragen fanden vielfach Niederschlag in seiner Korrespondenz. Aktiv war er seit 1928 innerhalb der katholischen Jugendbewegung im Bund Neudeutschland. In Freiburg und München studierte Hans Filbinger zwischen 1933 und 1937 Rechtswissenschaften, 1938/39 war er in der Pariser Niederlassung einer Mannheimer Firma tätig und studierte in der französischen Hauptstadt. 1940 legte er, wiederum in Freiburg, das Zweite Staatsexamen ab. Bereits ein Jahr zuvor war er hier mit einer Arbeit zum Aktien- und Konzernrecht promoviert worden.

1937 war Hans Filbinger der NSDAP beigetreten – nach eigenen Angaben aus dem Grund, die juristische Ausbildung abschließen zu können. Zwänge galten – Filbinger zufolge – auch als Erklärung für die Mitgliedschaft in anderen NS-Organisationen. 1940 wurde er zur Marine eingezogen, ab 1943 war er bei der Marinejustiz tätig. Wiederum nach eigenen Angaben war es zu dieser Berufung gegen seinen Willen gekommen. Von August 1943 bis zum Kriegsende war Filbinger, zuletzt im Rang eines Marinestabsrichters, im besetzten Norwegen. Der Einsatz erfolgte von Fall zu Fall als Richter oder Ankläger, der die Rolle des Staatsanwalts zu übernehmen hatte. Nach der Kapitulation des Deutschen Reiches verblieben die in Norwegen stationierten deutschen Truppen zunächst in sogenannten Reservationen. Die deutsche Militärgerichtsbarkeit wurde auf britischen Wunsch aufrechterhalten, Filbinger war weiter als Richter tätig.

Nach der Rückkehr nach Freiburg im Juni 1946 und einem Entnazifizierungsverfahren, das ihn letztendlich als »entlastet« einstufte, betätigte Filbinger sich als Wirtschaftsanwalt. Zudem wurde er Mitglied der Dekartellisierungskommission. Eine beabsichtigte Habilitation schloss er nicht ab. Seit 1953 engagierte Filbinger sich in der Freiburger Kommunalpolitik. Der CDU war er 1951 beigetreten. 1950 hatte er geheiratet, aus der Ehe sollten fünf Kinder hervorgehen.

Innenminister und Ministerpräsident in einer Zeit tiefgreifender Umbrüche

Die landespolitische Karriere des nicht mehr ganz jungen Hans Filbinger begann 1958 mit der Berufung zum ehrenamtlichen Staatsrat. In der Regierung Gebhard Müller vertrat er insbesondere die Anliegen Südbadens im jungen Land Baden-Württemberg. 1960 erhielt Filbinger ein Landtagsmandat, und noch im selben Jahr ernannte ihn Ministerpräsident Kurt Georg Kiesinger zum Innenminister seiner CDU/FDP-Regierung. Als Kiesinger 1966 Bundeskanzler wurde, setzte sich Filbinger parteiintern gegen Kultusminister Wilhelm Hahn durch, wechselte handstreichartig den Koalitionspartner und stand seit Dezember 1966 als Ministerpräsident an der Spitze einer Großen Koalition. Der Preis dafür war die Aufgabe der Konfessionsschule, die in Teilen des Landes noch populär war. Nachdem diese Koalition 1968 bestätigt wurde, holte Filbinger 1972 für die CDU einen Stimmenanteil von 52,9 Prozent, der 1976 sogar noch auf 56,7 Prozent ausgebaut werden konnte. Als im Jahr 1971 die vier noch immer eigenständigen Landesverbände der südwestdeutschen CDU zum einheitlichen Landesverband Baden-Württemberg vereinigt wurden, übernahm er auch hier den Vorsitz. Ab 1973 war er einer der stellvertretenden Bundesvorsitzenden der CDU.

Die Presse bescheinigte Filbinger wiederholt, dass er es an Brillanz und Eleganz nicht mit seinem Amtsvorgänger Kiesinger aufnehmen könne, diesem aber in puncto Fleiß und Sachkunde überlegen sei. Bei der Bevölkerung war Filbinger persönlich äußerst beliebt. Allerdings ließ er auch erfolgreich sein Image pflegen. Die Staatskanzlei gab ein Büchlein mit wohlwollenden Karikaturen heraus, auch ein Bildband *Der Mensch Filbinger* war erhältlich. Die *Bildzeitung* berichtete, er komme neben einem Frack mit fünf dunklen Anzügen aus. 1976 hatte er Freude daran, dass er in seiner Karnevalsverkleidung nicht erkannt wurde und man ihm den Zutritt zur Staatskanzlei verwehrte. Auch über seine Leidenschaft für das Bergwandern war vielfach zu lesen.

Wie im Privaten, so gerierte er sich auch als Politiker patriarchalisch, zuweilen autoritär. Zu fragen wäre, ob gerade dies von der Wählerschaft erwartet und mit entsprechend hoher Zustimmung honoriert wurde. Der breite Rückhalt ermöglichte es Filbinger, Prioritäten zu setzen. Aktive Umweltpolitik hatte bei ihm von Anfang an einen hohen Stellenwert. Der für die Umwelt zuständige Innenminister sah sich in den 1960er-Jahren mit dem

Im Oktober 1976 diskutiert Ministerpräsident Filbinger in Kiechlingsbergen, einer Nachbargemeinde von Wyhl, mit den aufgebrachten Anwohnern, die das geplante Kernkraftwerk in der Gemeinde am Kaiserstuhl verhindern wollen.

Problem des verunreinigten, vom »Umkippen« bedrohten Bodensees konfrontiert. Filbinger begründete später die noch heute existente Bodenseekonferenz.

Ein weiterer Schwerpunkt seines politischen Handelns war die Energiepolitik. Filbinger exponierte sich stark im Bereich der Kernenergie – seinem Verständnis nach die in einer ressourcenknappen Welt umweltfreundlichste Lösung. Die Nutzung der Kernenergie verteidigte er beim CDU-Kongress »Energie und Umwelt« im Oktober 1977 mit den Worten: »So hat die Internationale Atomenergie-Agentur in Wien in ihrem jüngsten Jahresbericht [...] festgestellt, dass es seit der Inbetriebnahme des ersten Kernkraftwerkes vor mehr als zwanzig Jahren in keinem Werk auf der ganzen Welt einen von der nuklearen Seite verursachten tödlichen oder auch nur ernsten Unfall gegeben hat.« In derselben Rede unterstrich er: »Ohne die Nutzung der Kernenergie kann unsere Energieversorgung in der Zukunft nicht sichergestellt werden.« Gegenwehr gegen den Bau von Atomkraftwerken galt Filbinger als »Egoismus unter dem Mantel des Umweltschutzes«, auf den keine Rücksicht zu nehmen sei. Entsprechend sollte Filbinger auch an den Plänen zur Errichtung des Kernkraftwerkes Wyhl festhalten. Einprägsam war seine 1975 geäußerte Droh-Befürchtung, wenn Wyhl nicht gebaut werde, »dann gehen noch vor 1980 die Lichter aus«. Massive Proteste der Bürgerschaft, über die politischen Lager hinweg, verhinderten jedoch schließlich den Bau des Werkes.

In Filbingers Amtszeit als Ministerpräsident fiel die endgültige Regelung der Baden-Frage im Jahr 1970, nachdem sich der badische Bevölkerungsteil in einer abermaligen Volksbefragung mit großer Mehrheit für den Verbleib im Südweststaat ausgesprochen hatte. Die große Gebiets- und Verwaltungsreform brachte Filbinger gemeinsam mit Walter Krause (SPD), bis 1972 sein Stellvertreter, auf den Weg. Das Bemühen um den Erhalt dezentralisierter Strukturen war ihm bereits seit seiner Zeit als Innenminister ein Anliegen gewesen. Die Konsolidierung der finanzwirtschaftlichen Ordnung kam hinzu. In der Bildungspolitik hielt Filbinger den Ausbau eines differenzierten Bildungssystems für entscheidend. Der Ausbau der Universitäten wurde vorangetrieben. Mit Kultusminister Wilhelm Hahn versuchte er aber auch der »Überproduktion« von Akademikern entgegenzuwirken. Alternativen zum Hochschulstudium – vor allem im Bereich der Fachhochschulen – sollten angeboten werden. In studentischer Mitbestimmung oder Drittelparitäten konnten beide keinen Fortschritt erkennen.

Gegen die »68er« bezog Filbinger deutlich Stellung. Der Terror der Roten Armee Fraktion (RAF) war für ihn die logische Folge der generellen gesellschaftlichen Liberalisierung und des Umbruchs an den Universitäten. Als Ministerpräsident des Landes Baden-Württemberg kam er in unmittelbare Berührung mit den Vorgängen, so etwa bei dem großen Anschlag auf das Hauptquartier der 7. US-Armee während der sogenannten Maioffensive im Jahr 1972 in Heidelberg oder bei der Ermordung des Generalbundesanwalts Siegfried Buback in Karlsruhe im April 1977. Während der Entführung Hanns Martin Schleyers gehörte er im Herbst desselben Jahres dem Großen Krisenstab an. Von den RAF-Terroristen soll ursprünglich erwogen worden sein, Filbinger statt Schleyer zu entführen. Die Terroristenselbstmorde in der Justizvollzugsanstalt Stuttgart-Stammheim im Oktober 1977 zogen eine schwere Krise der von Filbinger geführten Regierung nach sich. Justizminister Traugott Bender verlor sein Amt, der Ministerpräsident musste sich nachsagen lassen, ihn geopfert zu haben.

Filbinger stand für die konsequente und verschärfte Umsetzung des »Radikalenerlasses« und für die hohe Wertschätzung der inneren Sicherheit. Konträr dazu war »Freiheit« im Wahlkampf von 1976 das Schlagwort, das erfolgreich gegen den Begriff »Sozialismus« ins Feld geführt wurde. Axel Springer würdigte den Wahlausgang mit einem spontanen Telegramm an den Ministerpräsidenten: »Freiheit statt Sozialismus war die rechte Parole«. Die Ostpolitik der Regierung Brandt hatte Filbinger seinerzeit als »riskante Verzichtspolitik gegenüber Moskau« bezeichnet – eine Formulierung, die er später abschwächte. Mehrfach wurde Filbinger in den 1970er-Jahren als Kandidat für das Amt des Bundespräsidenten genannt, aber auch in der eigenen Partei war er nicht konsensfähig.

Unser schönstes Ausstellungsstück (Der Cappenberger Barbarossakopf anno 1977)

Mit dieser Karikatur bezieht sich die *Stuttgarter Zeitung* am 26. März 1977 auf die Große Landesausstellung in Stuttgart zu den Staufern, mit der sich der Ministerpräsident selbst in Szene setzte.

Patriotismus und deutsche Identität bedeuteten dem historisch breit gebildeten Ministerpräsidenten viel. Als Beispiel mag der Verweis auf die große Staufer-Ausstellung des Jahres 1977 stehen, die er stark förderte. Die *Stuttgarter Zeitung* veröffentlichte eine Karikatur, die Filbinger als »unser schönstes Ausstellungsstück« bezeichnete. Illustriert wurde hier nicht nur das Interesse an der Ausstellung, sondern vor allem Filbingers zu dieser Zeit nahezu unangefochtene Position als »Landesvater«. Europäer war Filbinger im Sinne eines Europas der Vaterländer. Besonderes Augenmerk lag auf der deutsch-französischen Freundschaft. Auf seine Mitarbeit bei dieser Verständigung als Kulturbeauftragter der Bundesregierung war er nicht wenig stolz. Die ökonomische Wohlstandsbilanz für das Land Baden-Württemberg war zur Zeit des Landtagswahlkampfes von 1976 mehr als vorzeigbar: Der Südweststaat hatte sich zum »Musterländle« entwickelt – mit der größten Industriedichte und zugleich mit der niedrigsten Arbeitslosenzahl im Vergleich der deutschen Länder. Auch wenn Filbinger durch seine Standpunkte und Ansichten polarisierte – in der CDU des Südweststaates, die er zur »Baden-Württemberg-Partei« machte, hatte er bis zum Frühsommer des Jahres 1978 einen festen Stand.

Sturz und Streben nach Rehabilitation

Kritik im Zusammenhang mit Filbingers Tätigkeit als Marinerichter während des Zweiten Weltkrieges sowie in der unmittelbaren Folgezeit hatte es schon vor 1978 gegeben. So war bereits 1972 im *Spiegel* der Fall Kurt Petzold zur Sprache gekommen, der unter dem Vorsitz Filbingers verhandelt worden war. Besonders hervorgehoben wurde dabei, dass das Urteil wegen »Erregung von Missvergnügen, Gehorsamsverweigerung und Widersetzung« am 29. Mai 1945, also nach Kriegsende, ergangen war. Filbinger war zwar auf Weisung der Briten regulär weiter als Marinerichter tätig, diese Konstellation stieß jedoch im Nachhinein in der Öffentlichkeit auf Unverständnis. Petzold, der zu einer sechsmonatigen Gefängnisstrafe verurteilt worden war, behauptete zudem, Filbinger habe »unseren geliebten Führer« gerühmt. Bei diesem Ausspruch handelte es sich allerdings um eine Verwechslung. Filbinger klagte erfolgreich auf Unterlassung.

Als Ministerpräsident fiel es Filbinger von Amts wegen zu, Gedenkreden für NS-Opfer zu halten. Dies blieb nicht immer unwidersprochen. Am 19. Juli 1974, dem Vortag des 30. Jahrestages des Attentats auf Hitler, hielt er in seiner Funktion als Bundesratspräsident die offizielle Ansprache. Obwohl er den Widerstand ausdrücklich würdigte, gab es vor allem seitens der Angehörigen der Attentäter unter Verweis auf die Biografie des Redners Proteste.

Als folgenreich sollte sich das juristische Vorgehen Filbingers gegen den Schriftsteller Rolf Hochhuth im Frühjahr 1978 erweisen. Hochhuth hatte den »Fall Petzold« im Zusammenhang mit seinem Roman *Eine Liebe in Deutschland* wieder aufgegriffen. In einer Darstellung seiner Rechercheschwierigkeiten kam Hochhuth auf Filbinger zu sprechen. Dieser sei ein »furchtbarer ›Jurist‹« gewesen und er sei »auf freiem Fuß nur dank des Schweigens derer, die ihn kannten«. Filbinger klagte erneut. In der Folge tauchten jedoch insgesamt vier Todesurteile auf, an denen Filbinger als Richter oder Anklagevertreter beteiligt war. Am prominentesten sollte der Fall des Matrosen Walter Gröger werden, der einzige der vier Fälle, in dem die Todesstrafe vollstreckt wurde.

Infolge der Vorwürfe entstand eine mediale Einheitsfront. Hans Filbinger selbst sprach bis zum Lebensende von einer gegen ihn geführten Kampagne. Auf der einen Seite standen stark verzerrende Darstellungen vor allem der Umstände des Gröger-Prozesses. Auf der anderen Seite stand ein Ministerpräsident, der zunächst vehement bestritt, dann Erinnerungslücken ins Feld führte, sich missverständlich rechtfertigte und schließlich zurücktreten musste. Allerdings fand er durchaus Verteidiger. Zu nennen sind hier in erster Linie der Marinepfarrer Karl-Heinz Möbius und der Oberleutnant Guido Forstmeier. Beide erklärten wiederholt, Filbinger habe in seiner Funktion als Marinerichter ihre Todesstrafen abgewendet und ihnen das Leben gerettet.

Bemerkenswerterweise wird der Hauptgrund für Filbingers Scheitern kaum in den Vorgängen an sich gesehen, sondern darin, dass er nicht zur leisesten selbstkritischen öffentlichen Äußerung in der Lage war, sich selbst in die Nähe des Widerstandes rückte oder sich selbst gar als Widerständler fühlte. Anführen konnte er neben den abgewendeten Todesurteilen den freundschaftlichen Kontakt mit dem Schriftsteller Reinhold Schneider, den er sehr schätzte. Dieser hatte sich im NS-Staat alles andere als systemkonform verhalten – eine Tatsache, mit der Filbinger später häufig seine eigene Position plausibel machen wollte. Schneider hatte ihm nach Kriegsende jedoch ein »weltanschauliches Zeugnis« verweigert. Andererseits wurde Hans Filbinger bestätigt, dass er durch den dem Widerstand verbundenen Generalstabsrichter Karl Sack für die Staatsstreichplanungen des 20. Juli 1944 als zuverlässig empfohlen worden sei.

Personen, denen Filbinger eng verbunden war, versuchten in der Zeit der »Machtergreifung« politisch-philosophische Verbindungen zwischen völkischem Nationalismus und Christentum herzustellen. Der autoritäre Staat wirkte zunächst attraktiv – der praktisch erfahrene totalitäre Staat trieb wieder auf Distanz. Der Gedanke, dass Filbinger ähnlich dachte, muss aber Hypothese bleiben.

Für eine vielfach geteilte Außensicht auf die Dinge sei exemplarisch aus einem Schreiben Josef Augsteins, Anwalt Filbingers und Bruder des *Spiegel*-Herausgebers, an Filbinger vom Juni 1980 zitiert: »Ich bin nach wie vor der Meinung, dass Sie sich während des Krieges nichts zuschulden kommen ließen. Sie kennen aber auch meine Meinung, dass Sie taktisch sehr unklug waren und deshalb Ihren Posten verloren [...] Mein Bruder [Rudolf Augstein] beurteilte Ihre Tätigkeit während des Krieges fast so wie ich. Mein Bruder nahm Ihnen übel, dass Sie sich als Widerstandskämpfer bezeichneten und nicht voll zu Ihrer Tätigkeit während des Krieges standen.«

Filbinger zog sich nach seinem Rücktritt als Ministerpräsident von nahezu allen Ämtern zurück. Wenig rühmlich verhielt sich dabei der überwiegende Teil seiner Partei. In einer auch Kritiker befremdenden Weise wurde versucht, ihn weit auf Abstand zu halten und den Namen Filbinger nach Möglichkeit von der CDU abzukoppeln. Andererseits verwandte Filbinger bis an sein Lebensende viel Energie darauf, vermeintlich Schuldige an seinem von ihm so empfundenen Sturz auszumachen. Dabei wurde auf der Suche nach Rechtfertigung so mancher Strohhalm ergriffen. Der Staatssicherheitsdienst der DDR wurde beschuldigt, maßgeblich gegen ihn gearbeitet zu haben. Prominente Politiker wurden immer wieder gebeten, zu seinen Gunsten Stellung zu beziehen. Eifrig und relativ erfolglos war er auch darum bemüht, sein Anliegen publizistisch voranzutreiben.

In der Öffentlichkeit und nicht in eigener Sache wirkte Filbinger nach seinem Rücktritt vor allem durch das 1979 von ihm begründete Studienzentrum Weikersheim. Als konservativer Bewahrer und Vordenker innerhalb der CDU hatte er sich schon immer verstanden. Helmut Kohl kündigte bei der Übernahme seiner Kanzlerschaft 1982 eine »geistig-moralische Wende« an. Entsprechende Erwartungshaltungen wurden rasch enttäuscht. Hier sah Filbinger einen Ansatzpunkt. Eine spürbare Breitenwirkung blieb jedoch aus.

Hans Filbinger starb am 1. April 2007. Seine Vergangenheit warf aber lange Schatten – auch auf einen seiner Nachfolger. Ministerpräsident Günther H. Oettinger, der in seiner Trauerrede Filbinger als »Gegner des NS-Regimes« bezeichnete, erfuhr dafür viel Kritik. Dies war allerdings nicht die einzige Auseinandersetzung bezüglich der Würdigung des Verstorbenen. Dem Berliner Domkapitular Wolfgang Knauft wurde seitens seines Erzbischofs ein Gedenkgottesdienst untersagt.

Erfolg und Erstarrung – ein Fazit

Hans Filbinger war ein äußerst erfolgreicher Ministerpräsident, der sich als Bildungs- und Verwaltungsreformer einen Namen machte und aktive Umweltpolitik zu einer Zeit betrieb, als dies noch nicht dem Trend folgte, sondern ihm voranging. Auch seine Energiepolitik und seinen Einsatz für die Atomkraft verstand er – anfangs durchaus im Einklang mit einer Mehrheit seiner Zeitgenossen – als Beitrag zum Umweltschutz. Filbingers Politik weist an dieser Stelle eine Vielzahl »moderner« Elemente auf. Vor dem Hintergrund seiner Zeit und seines Amtsverständnisses kann er durchaus als Reformer und Modernisierer gelten.

Andererseits exponierte sich Filbinger massiv gegen die »68er« und die entstehenden Protestbewegungen, allen voran die Anti-AKW-Bewegung. Bundespolitisch wirkte er in seiner Partei als Gegengewicht jeglicher modernisierenden Dynamik, beispielsweise hinsichtlich der Diskussion um die Ostpolitik. In gesellschaftspolitischen Fragen wie etwa in der »Ausländerpolitik« zeigte er sich beharrend und oftmals vom Willen beseelt, auch bundespolitisch konservative Akzente zu setzen. Einzuordnen ist dies auch in Bestrebungen einer – letztlich ausgebliebenen – konservativen Tendenzwende in den 1970er-Jahren. Seine Positionen pflegte Filbinger bis ins hohe Alter auch mittels Korrespondenz und umfänglicher Reisetätigkeit zu befördern. Sie sind durch ein hohes Maß von Statik gekennzeichnet, Konzessionen an den »Zeitgeist« ausschließend.

Prinzipiell verschlossen war Filbinger nicht, wenn es galt, im Licht neu eingetretener Ereignisse frühere Positionen zu überdenken. So war beispielsweise seine Haltung zur Atomkraft in späteren Jahren weniger rigoros. Unbeweglich bis zum Ende hingegen blieb er bezüglich der Vorwürfe im Zu-

Vier Ministerpräsidenten Baden-Württembergs im Stuttgarter Landtag anlässlich der Feierlichkeiten zum 25-jährigen Bestehen der Landesverfassung im November 1978 (v. l. n. r.): Kurt Georg Kiesinger, Lothar Späth, Hans Filbinger und Gebhard Müller.

sammenhang mit seiner Tätigkeit in der Marinejustiz zwischen 1943 und 1945. Selbst vorsichtige kritische Reflexionen waren für Filbinger wohl von vornherein ausgeschlossen – was dazu beitrug, dass eine von ihm angestrebte Rehabilitierung, trotz prominenter Unterstützer wie etwa Golo Mann oder Elisabeth Noelle-Neumann und trotz auch offensichtlich falscher bzw. verzerrter Darstellungen seitens seiner Gegner, nahezu völlig erfolglos blieb. Der eigentlich zentrale Punkt, der zu Filbingers Rücktritt führte, war nicht die Frage seiner persönlichen Haltung zum Nationalsozialismus, sondern die Frage nach dem Umgang mit den Anschuldigungen. Der versierte Politiker zeigte hier wenig Gespür für die Erwartungen der (medialen) Öffentlichkeit und eine politische Kultur, die sich seit der Zeit seines Eintritts in die Landespolitik rasant gewandelt hatte.

JOSEF SCHUNDER

Manfred Rommel (1928–2013) Weltoffenheit und Toleranz im Stuttgarter Rathaus

Er war Anwalt von Demokratie und geordneten Finanzen. Unbestechlichkeit und Mutterwitz wurden seine Markenzeichen. Als Oberbürgermeister machte er vor, wie man als Politiker ohne Anbiederung populär sein kann.

Manchmal wurde Manfred Rommel gefragt, was er am Vormittag des denkwürdigen 27. Oktober 1977 getan habe. Die Antwort: Als auf dem Stuttgarter Dornhaldenfriedhof mit seiner Genehmigung drei tote Staatsfeinde in die Erde gelegt wurden, saß der Stuttgarter Oberbürgermeister im Rathaus und »arbeitete Akten auf« – Luftlinie kaum drei Kilometer von der Stelle entfernt, an der die verhassten deutschen Topterroristen Andreas Baader, Gudrun Ensslin und Jan-Carl Raspe ein gemeinsames Grab erhielten. Aber richtiger Alltag hat im OB-Büro trotzdem nicht geherrscht. Immer wieder gingen Rommels Gedanken zu diesem Friedhof hinüber. Immer wieder hat man ihm über die Lage berichtet.

Die Stimmung war seit Monaten aufgeregt bis explosiv gewesen. Deutschland stand im Banne des Terrorismus, der besonders Repräsentanten des Staats und der Wirtschaft bedrohte. Die, die da nun in Särgen lagen, hatten Schrecken verbreitet und bewirkt, dass Hysterie entstand und dass Teile der Bevölkerung immer öfter an Lynchjustiz dachten. Da wunderte es nicht, dass an diesem 27. Oktober auf dem Gottesacker schier tumultartige Zustände herrschten. Hunderte von Reportern belagerten den Friedhof. Viele bedrängten die Angehörigen. Einer forderte von den Totengräbern sogar, die Sargdeckel zu öffnen und Fotos von den in der Tübinger Gerichtsmedizin sezierten Toten zu ermöglichen – vergeblich. Weggefährten oder Sympathisanten der Terroristen folgten den Särgen. Die Ordnungsmacht filmte und versuchte nach dem Begräbnis, die Identität der vermummten Trauergäste zu klären, die nicht schnell genug vom Friedhof über den Zaun im Wald verschwinden konnten.

Da und dort flammte blanker Hass auf, während ein evangelischer Pfarrer darum kämpfte, die Würde des Abschieds von drei toten Menschen zu wahren – mit Worten, um die er in den Tagen zuvor in vielen Stunden schwer gerungen hatte, und wohlwissend, dass auf beiden Seiten noch mehr Emotionen zum Ausbruch kommen könnten, wenn er nicht die richtige Balance fände. Emotionen bei denen, die den im Gefängnis von Stuttgart-Stammheim gestorbenen Terroristen nicht verzeihen konnten, Emotionen aber auch bei denen, die nicht an einen Suizid der Gefangenen glaubten und sie für Opfer von staatlichen Mordtaten hielten. »Andreas Baader, Jan-Carl Raspe und Gudrun Ensslin sind tot. Wir legen sie in diese Erde«, sagte Pfarrer Bruno Streibel sehr zurückgenommen. Der Balanceakt, den er und andere zu bewältigen hatten, glückte leidlich. Erst nach dem Begräbnis kam es zu Reibereien zwischen Staat

»Irgendwo muss jede Feindschaft enden, und für mich endet sie in diesem Fall beim Tod.« Diese Worte machen ihn in ganz Deutschland berühmt: Auf einer Pressekonferenz am 24. Oktober 1977 rechtfertigt der Stuttgarter Oberbürgermeister Manfred Rommel seine Genehmigung, die RAF-Terroristen Andreas Baader, Gudrun Ensslin und Jan-Carl Raspe gemeinsam in einem Grab auf dem Stuttgarter Dornhaldenfriedhof beisetzen zu lassen.

und Staatskritikern. Unten in der Stadt, nicht am Hang oben auf dem Friedhof. Doch das Eis war brüchig gewesen.

Absage an den »Freund-Feind-Wahn«

Man muss diese Umstände kennen, um ermessen zu können, wie selbstbewusst und wie unbeirrbar Manfred Rommel im sogenannten Deutschen Herbst, der Hochphase von Terror und Terrorhysterie, Kurs hielt – und warum ihn das berühmt machte. Ohne seine Entscheidung hätte es das Gemeinschaftsgrab für die Terroristen, die im Leben so verschworen gewesen waren, nicht gegeben. Kein Grab für Baader und Raspe. Denn nur die Eltern Ensslin konnten als Stuttgarter Bürger für ihre tote Tochter ein Grab in Stuttgart beanspruchen. Viele rieten Rommel, ja forderten ultimativ, das vom Vater Helmut Ensslin erbetene Gemeinschaftsgrab zu verweigern. Die toten Terroristen würden besser im Wald verscharrt, in den Neckar geworfen, gar in der Kläranlage entsorgt. Manche hatten Rommel sogar in den Tagen vor dem Begräbnis bei der Familie des Arbeitgeberpräsidenten Hanns Martin Schleyer angeschwärzt, den die Terroristen der Roten Armee Fraktion (RAF) erschossen hatten, weil sie Baader, Ensslin und Raspe nicht aus

Ein Medienspektakel und ein Balanceakt für alle Beteiligten: Die Beerdigung dreier RAF-Terroristen in Stuttgart am 27. Oktober 1977.

Stammheim lospressen konnten. Rommel wolle den Mördern ein Ehrengrab geben, führten manche bei Schleyers Angehörigen Klage. Die Familie Schleyer war fassungslos über Rommels Entscheidung. Zusammen mit seinem Ersten Bürgermeister Jürgen Hahn musste er sich in einem persönlichen Gespräch erklären. Und selbst viele im Volk, die nicht geiferten, konnten diesen Oberbürgermeister nicht verstehen. Das Terroristengrab werde zum Wallfahrtsort von Staatsfeinden und Verblendeten, warnten sie. Er entehre die Toten, die neben dem Terroristengrab in der Erde liegen.

Kurzum: Dieser Rommel gab ihnen Rätsel auf. Und der Oberbürgermeister, der erst im dritten Jahr seiner Amtszeit war, stand unter maximalem Druck. Doch er wankte nicht. Um seine Zustimmung zur Beisetzung gefragt, zögerte Rommel keinen Moment. Man könne keine getrennten Friedhöfe für Ehrsame und Böse unterhalten, sagte er. »Irgendwo muss jede Feindschaft enden, und für mich endet sie in diesem Fall beim Tod«, hielt er den Kritikern souverän entgegen.

Die Anfeindungen hätten ihm nicht besonders zugesetzt, sagte Rommel später. Er habe an der Richtigkeit seines Handelns nicht gezweifelt. Denn andernfalls hätte man nach seiner festen Überzeugung befürchten müssen, dass die Särge Baaders und Raspes »wie fliegende Holländer« durch Deutschland gefahren werden und niemand sie haben will. Er wollte unter allen Umständen vermeiden, dass im Zeichen der zeitbedingten Emotionalität über die Beisetzung überall, noch im kleinsten Bezirksbeirat, gestritten wird. Als Held oder als Märtyrer sei er sich wegen der Anfeindungen nicht vorgekommen, sagte Rommel. Die Demokratie brauche kein Heldentum, aber Vernunft und kaltes Blut. »Wir mussten raus aus dem Freund-Feind-Wahn.«

Die Welt staunt über diesen Oberbürgermeister

Was der Christdemokrat im Oktober 1977 lebte, war eine seiner Grundüberzeugungen. Daheim erschloss sich die Richtigkeit seines Tuns damals vielen nicht. Doch die Weltpresse horchte auf. Interviewer standen im Rathaus Schlange. Die Welt staunte über diesen deutschen Oberbürgermeister. Und auch Schleyers jüngster Sohn Jörg sollte viele Jahre später sagen, Rommel habe richtig reagiert. Die Zeit gab Rommel Recht, der im Übrigen schon Tage vor der Aufregung um das Begräbnis, Mitte September 1977, die Öffentlichkeit und die Politik zur Ordnung gerufen hatte. Das war, als besonders die CDU den Stuttgarter Schauspieldirektor Claus Peymann in die Wüste schicken wollte und die Polizeigewerkschaft zum Boykott des Theaters aufgerufen hatte. Peymanns Sakrileg: Er hatte am Schwarzen Brett des Staatstheaters einen Spendenaufruf ausgehängt, mit dem Gudrun Ensslins Mutter um Spenden für die Zahnbehandlung der »politischen Gefangenen« bat. Und er hatte selbst 100 Mark gegeben.

Wichtige CDU-Mitglieder, vor allem der damalige Fraktionschef im Landtag, Lothar Späth, forderten Peymanns sofortige Abberufung. Rommel dagegen kritisierte den Theatermann zwar als »Virtuosen der politischen Ungeschicklichkeit«, verteidigte aber auch entschieden die Freiheit der Kunst. Ihm sei es lieber, sagte Rommel, man habe einen bedeutenden Künstler als Schauspieldirektor und nicht einen politisch klugen, aber künstlerisch miesen Theaterchef. Im Verwaltungsrat der Staatstheater setzte Rommel durch, dass Peymann wenigstens noch den laufenden Vertrag erfüllen konnte.

Freiheit der Kunst, Toleranz, Vernunft, menschliches Maß auch in emotional äußerst aufgewühlten Situationen: Als der Terrorismus Deutschland und auch ihn, den Stuttgarter OB, auf die Probe stellte, hat Rommel diese Eigenschaften erstmals aufblitzen lassen. In jenen Tagen entstand der Ruf, Rommel sei der letzte Liberale im Land. Nicht wenige Beobachter sind überzeugt davon, dass seine Partei ihm die Absage an kleingeistige Politik nie vergaß und ihm deswegen eine größere Karriere als Ministerpräsident oder gar als Bundespräsident verwehrte.

Rommel indes war in seiner Zeit als OB nur einmal wirklich beseelt von dem Wunsch nach dem Ministerpräsidentenamt: als Hans Filbinger den Posten 1978 aufgeben musste, nachdem der Schriftsteller Rolf Hochhuth Filbingers Rolle als Marinerichter des Naziregimes aufgedeckt hatte. In einem kurzen, aber aufregenden Wettbewerb um das Amt des Regierungschefs unterlag Rommel parteiintern unerwartet klar dem Innenminister Lothar Späth. Rommel trauerte nur kurz. Mehr und mehr fand er Gefallen an den Möglichkeiten, die die starke Stellung des Oberbürgermeisters ihm gab. In vielen politischen Fragen fühlte er sich als in der Wolle gefärbter Wertkonservativer seiner Partei verbunden. In vielen grundsätzlichen Fragen der Politik war er als vom Volk gewähltes Stadtoberhaupt so frei, seiner Partei zu widersprechen und ihr die Spielregeln der Demokratie in Erinnerung zu rufen. Unermüdlich übermittelte er in Interviews auch an die Bürger seine wichtigste Botschaft überhaupt: Vor dem Hintergrund der deutschen Geschichte müssten sich alle für die Erhaltung und Stärkung der Demokratie einsetzen – und zwar aktiv. Gleichgültigkeit gegenüber der Demokratie reiche nicht aus.

Warnender Zeigefinger? Manfred Rommel am 16. August 1978 mit seinem Parteikollegen Lothar Späth im Landtag in Stuttgart nach Späths Wahl zum baden-württembergischen Ministerpräsidenten.

Weihnachten im Hause Rommel im Jahr 1932 in Dresden. Der vierjährige Manfred auf dem Dreirad, das ihm die Eltern geschenkt haben.

Rommels Impetus rührte von der eigenen Geschichte her. Als Hitlerjunge war er in Nazi-Deutschland selbst infiziert vom Uniformenkult und den Ritualen der rassistischen Ideologen. Und es sollte nach dem Zweiten Weltkrieg noch einige Zeit dauern, bis er sich von den Denkweisen befreite, die sich in den Nazijahren in seinem Kopf eingenistet hatten. Er denke noch immer wie ein Faschist, sagte der Sozialdemokrat und damalige Biberacher Landrat Fritz Erler ihm direkt nach dem Kriegsende. Aber fortan nahm Manfred Rommel die Aufgabe, die alten Gespenster zu bannen und die Demokratie zu festigen, so ernst wie wenig andere.

Der lange Schatten des Vaters

Angetrieben hat ihn dazu auch das Trauma der Familiengeschichte, die sich in der Hitler-Zeit mit der deutschen Geschichte verband: der Tod seines Vaters Erwin Rommel durch die Einnahme von Gift. Dazu hatte der Diktator Adolf Hitler Erwin Rommel gezwungen, weil er ihn der Komplizenschaft mit den letztlich erfolglosen Attentätern des 20. Juli 1944 verdächtigte. Der Aufstieg des Vaters zum Generalfeldmarschall des Führers und später Erwin Rommels Fall in Hitlers Ungnade ließen Manfred Rommel nie mehr los. Auch nicht die Tatsache, dass sein Vater erst der Faszination durch Hitler erlag, sich danach aber in einem inneren Ringen vom »Führer« entfernte.

Die Frage, wie schnell und wie konsequent sich Erwin Rommel von Hitler abwandte, wird die Forschung vermutlich noch lange beschäftigen. Für den Sohn stand die Verehrung des Vaters bei aller kritischen Auseinandersetzung nie in Frage. Am Beispiel seines Vaters habe er begriffen, dass das »Dritte Reich« von allen Normen abwich, die man an moderne Staaten anlege, sagte er. Die unglückselige Familiengeschichte vergaß er nie. Der Schatten des Vaters umgab Manfred Rommel immer. Die Auseinandersetzung damit habe ihn belastet, sagten viele Weggefährten. Dem Politiker Manfred Rommel war sie aber auch Antrieb, immer nach vorn zu denken und den Rückhalt für die spät erworbene deutsche Demokratie zu stärken. Das tat er im Wissen darum, wie Menschen von einer totalitären Ideologie erobert und zur Komplizenschaft mit einem Unrechtsstaat verführt werden können. Für ihn waren die Fragen, wie die Katastrophe zu verhindern gewesen wäre, das Lebensthema schlechthin.

Die strikte Anwendung der Vernunft, die stetige Hinterfragung auch der eigenen Denkansätze, das Misstrauen gegen romantische Verklärung der Politik schienen ihm die besten Mittel zu sein, um zu verhindern, dass sich die deutsche Tragödie so oder ähnlich wiederholt. Das wurde ihm zur zweiten Natur. Bisweilen habe er als Oberbürgermeister in Besprechungen seine Meinung bis zu viermal geändert, sagte Rommel einmal. Eine als falsch erkannte Position zu räumen, bereitete ihm keine Probleme. Es schien ihm allemal sinnvoller zu sein, als sie aus falscher Scham bis zum Letzten zu verteidigen.

Ein Pionier der Integration

Die Toleranz ist eine andere Eigenschaft, die Rommel in seiner aktiven Berufszeit vorexerzierte. Leben und leben lassen – dieses Motto könnte auch mit seinem Namen verbunden sein. Schon drei Jahre nach dem Amtsantritt setzte er in diesem Sinn ein Zeichen, als er Leitlinien für die künftige Ausländerpolitik präsentierte. Von Integration war in Deutschland damals kaum die Rede, aber immer noch von Gastarbeitern. Rommel schrieb, in ihren ausländischen Einwohnern sehe die Landeshauptstadt einen voll zu integrierenden Teil ihrer Wohnbevölkerung. Und in jenen Jahren reizte der Pionier der Integration seine CDU sogar mit der Forderung, den Einwanderern die doppelte Staatsbürgerschaft zu ermöglichen.

Man müsse halt seinen Stil finden, hat er, nach dem Geheimnis seiner Popularität gefragt, einmal gesagt. Rommel machte es vor. In den Anfängen hat allerdings auch er einige Zeit gesucht. Nach dem Krieg gebärdete sich der 17-Jährige, dem man manche Illusionen und den Vater genommen hatte, zunächst als fauler und zielloser Schüler. Nach dem Abitur im oberschwäbischen Biberach liebäugelte Rommel damit, Militärhistoriker oder Journalist zu werden, rang sich dann aber doch zum Jurastudium in Tübingen und wenig später zur Mitgliedschaft in der CDU durch. Die gestrenge Mutter Lucie Rommel und die hübsche Romanistikstudentin Liselotte Daiber, die ihn sein ganzes weiteres Leben bis zum Tod am 7. November 2013 begleiten und unterstützen sollte, brachten ihn auf Kurs. Aus Rommel wurde ein Karrierebeamter des Landes unter den CDU-Politikern Hans Filbinger und Kurt Georg Kiesinger, für den Rommel 1966 bei der Erstellung der Regierungserklärung als Bundeskanzler mitwirkte. Man bescheinigte ihm gleichermaßen einen Sinn fürs Grundsätzliche und Programmatische wie für Detailfragen.

Besondere Talente entfaltete Rommel auf dem Gebiet der Finanzpolitik, wo er als der Mann mit dem Taschenrechner und als Erfinder der »mittelfristigen Finanzplanung« hervortrat. So legte er in den 1960er- und 1970er-Jahren einen Grundstein für eine Politik im Land und in den Kommunen, die die zwangsläufigen Folgen ihrer Maßnahmen nicht aus den Augen verliert. Dabei ließ er sich stets von der Überzeugung leiten, dass die Demokratie ihr Ansehen verspiele, wenn sie ihre finanziellen Möglichkeiten überreize. Dass er nicht nur der Mann mit dem Taschenrechner war, sondern auch ein Politiker mit umfassender Bildung, mit einem moralischen Kompass und mit felsenfesten Überzeugungen, wurde nach seiner Zeit als Spitzenbeamter des Landes klar: nach dem 14. Januar 1975, an dem er sein Amt als Oberbürgermeister der Landeshauptstadt Stuttgart antrat. Dazu war es überraschend gekommen. Im Sommer 1974 war völlig unerwartet Stuttgarts parteiloser Oberbürgermeister Arnulf Klett gestorben. Die CDU griff nach dem OB-Sessel. Rommel, zu dem Zeitpunkt Staatssekretär im Finanzministerium, sollte es richten. Widerwillig ließ er sich vom CDU-Landesvorsitzenden (und Ministerpräsidenten) Filbinger zur Kandidatur dienstverpflichten. Die ersten Auftritte im Wahlkampf schienen aber ein Desaster allererster Ordnung anzukündigen. Mangels kommunalpolitischer Detailkenntnisse empfahl er bei Veranstal-

Im Sonderzug zwischen Tübingen und Bonn arbeitet Manfred Rommel (3. v. l.) im Dezember 1966 an der Regierungserklärung des neu gewählten Kanzlers Kurt Georg Kiesinger (r.) mit.

tungen oft, dazu lieber seinen Gegenkandidaten Peter Conradi von der SPD zu befragen. Auch das äußere Bild des CDU-Kandidaten ließ zu wünschen übrig. Schon dachte die Kreispartei über die Ablösung ihres Bannerträgers nach. Doch dann leitete man einige Korrekturen ein, die nicht ohne Erfolg blieben.

Rommel besserte bei der Frisur nach und verordnete sich ein wenig künstliche Gesichtsbräune. Bei seinen öffentlichen Auftritten fand er immer mehr eine eigene Linie, indem er konsequent jegliche Versprechungen verweigerte und die realistische Betrachtung der Finanzverhältnisse forderte. Ein Parteifreund im Staatsministerium entwarf einen zugkräftigen Slogan, zu dem Rommel allerdings ein gespaltenes Verhältnis hatte: »Oberbürgermeister wird nur oiner, dem Wüstenfuchs sai Kloiner.« Dieser Slogan stellte den Kriegshelden und Afrikakämpfer Erwin Rommel, unter dessen Schatten Manfred Rommel sowieso schon litt, ungeniert in den Dienst der Wahlkampagne.

Am Ende hat der tote Erwin Rommel den Wahlsieg seines Sohnes wahrscheinlich mitbefördert. Jedenfalls obsiegte Manfred Rommel im zweiten Wahlgang klar mit 58,9 Prozent gegen seinen verbliebenen Hauptkonkurrenten Peter Conradi (39,5 Prozent) und wurde damit der erste christdemokratische Oberbürgermeister einer deutschen Großstadt. Zweimal wählten die Stuttgarter ihn in der Folge wieder, zuletzt mit deutlichen 71,7 Prozent. Die SPD hatte da schon kapituliert und gegen Rommel, von dem sie viele ihre Positionen vertreten sah, keinen Kandidaten mehr aufgeboten.

1. Dezember 1974: Der Kandidat der CDU für die Stuttgarter Oberbürgermeisterwahl, Manfred Rommel, stößt gemeinsam mit seiner Frau Liselotte auf den Wahlsieg an. Zwei Mal sollte er wiedergewählt werden.

Ein Meister der Aphorismen und der Rede

Mit Rommels Amtsantritt im Januar 1975 nahm in Stuttgart tatsächlich auch eine wundersame Beziehung zwischen Stadtbevölkerung und Stadtoberhaupt ihren Anfang. Wohl wenige Oberbürgermeister schafften es, so viele Bevölkerungsgruppen zu erreichen und so große Akzeptanz zu finden. Nach anfänglich tastendem Vorgehen, bei dem auch manch kleiner Missgriff oder Fehler nicht ausgeschlossen war, entwickelte Rommel immer mehr ein eigenes und unverwechselbares Profil – mit Mutterwitz, Selbstironie und teilweise schwarzem Humor. Obschon in Grundfragen der Gesellschaft und der Sozialsysteme klar als Wertkonservativer gepolt, erwies er sich als klug genug, die Vielfalt des Lebens in der Großstadt zu erkennen und zu akzeptieren. Auch da agierte er, wie bei seinem Kunstverständnis, mit Toleranz, Augenmaß und Gelassenheit. Die Bürger liebten seine geistreichen Aphorismen, mit denen er politische Probleme und menschliche Eigenheiten auf den Punkt brachte. Nicht minder liebten sie seine Gedichte, mit denen er sich auch über sich selbst lustig machte. Viele Jahre galt Rommel als der erfolgreichste Stuttgarter Buchautor.

Im Amt erwies er sich ebenfalls als Mann des Wortes, der mit großer Sorgfalt an den Texten für seine rund 5000 dienstlichen Reden feilte und auch Denkschriften vorlegte. Ob beim Volksfest, bei der närrischen Prunksitzung, im Gemeinderat oder bei einem seiner Auftritte als Präsident des Deutschen Städtetags: Rommel verstand das Instrument der

Bei fast zwei Dutzend Volksfesten hat Manfred Rommel Schlagkraft bewiesen. Die Fassanstiche auf dem Cannstatter Wasen, hier im September 1989, haben ihren Teil zu seinen hohen Popularitätswerten beigetragen.

Rede wie wenig andere zu spielen. Sogar sein Lispeln konnte er noch wirkungsvoll einsetzen. Und was er zu sagen hatte, ließ aufhorchen.

Er sei einer der nachdenklichsten Deutschen, lobte die *Washington Post*. Urteile wie diese waren Rommels Anmerkungen zum Lauf der Politik und seiner Wirkung als moralisches Gewissen der Deutschen geschuldet. Stuttgart, das war für viele erst einmal Manfred Rommel. Manche Kommunalpolitiker wurmte es sogar ein wenig, dass er weiter strahlte als ihre Heimatstadt, die lange Zeit für bieder, brav und spießig befunden wurde. Deutschlandweit betrachtete man Rommel als idealtypischen Schwaben im besten Sinn.

Aber nicht immer war Rommel liberal, lustig und pflegeleicht. Im Rathaus sagte man ihm nach, dass er die Zügel notfalls kraftvoll anziehe. Und auch nach außen konnte er deutlich werden. Nicht nur in der aufgeregten Terrorismuszeit verstand er es, unter großem Zeitdruck zu formulieren, was nötig war, etwa die Aufforderung, nicht alle Schwarzen unter Generalverdacht zu stellen, weil ein illegaler afrikanischer Flüchtling auf einer Brücke in Stuttgart Polizisten getötet hatte, da er sich in die Enge getrieben fühlte. »Es hätte auch ein Weißer sein können. Es hätte auch ein Schwabe sein können«, sagte Rommel. Viele Bürger murrten, manche tobten. Doch Rommel trat im Zweifel für die Opfer des übertriebenen Volkszorns ein. Und obwohl er seine Stuttgarter nicht selten mit unbequemen Mahnungen konfrontierte, erfreute sich dieser OB eines ungewöhnlich großen Rückhalts bei den Bürgern. Er sei populär, ohne Populist zu sein, sagte der damalige Ministerpräsident Erwin Teufel bei Rommels Abschied aus dem Amt des Oberbürgermeisters.

Damals und auch noch bei Rommels Tod stand für viele Stuttgarter fest, dass dieser Mann ein Glücksfall für die Landeshauptstadt war. Ein Supermann ohne jeden Fehler war er trotzdem nicht. Beim Schutz von Kulturdenkmalen legte er wenig Gespür an den Tag. Beim Städtebau glänzte Stuttgart unter Rommels Leitung nicht. Kritiker nannten Rommels Stuttgart »Kaputtgart«. Fußgänger und Radfahrer mussten in der autogerechten Stadt um ihre Rechte kämpfen. Zudem war Rommel ein Geburtshelfer und entschiedener Freund des milliardenschweren Bahnprojekts Stuttgart 21, das noch für einen tiefen Riss in der Stadtgesellschaft sorgen sollte – allerdings erst 15 Jahre nach seinem Abschied aus dem Rathaus.

Auch nach seinem Ausscheiden aus der aktiven Politik war Manfred Rommel ein gern gesehener Gast: hier beim Neujahrsempfang der CDU im Stuttgarter Rathaus 2007.

Witz und Gymnastik gegen die Schüttelkrankheit

Kritiker aus der Wirtschaft kreideten Rommel in den letzten Jahren seiner Amtszeit an, er lasse es an Impulsen für die Entwicklung des Standortes Region Stuttgart fehlen. Dabei hatte sich Rommel für den Ausbau des Flughafens, des öffentlichen Nahverkehrs, der Kongressflächen und – wenn auch vergeblich – für die Schaffung eines Regionalkreises verkämpft. Stein gewordene Denkmale seines Schaffens sind aber nicht sehr zahlreich. Was bleibt, ist vor allem die Erinnerung an ein unbestechliches, gewissenhaftes, großzügiges und heiteres Stadtoberhaupt, hinter das sich die Masse der Bürger gern scharte – und die Erinnerung an einen Menschen, der auch seiner 1995 entdeckten Parkinson-Erkrankung beispielhaft mit Witz und Gymnastik trotzte. Bis zum August 2013, als er wegen der Schüttelkrankheit daheim in seinem Haus in Stuttgart-Sillenbuch schwer stürzte und den Folgen dieses Sturzes am 7. November im Stuttgarter Katharinenhospital erlag. Das offizielle Stuttgart, die Mitglieder des Landtags und Tausende von Bürgern hielten inne, als Rommels Tod bekannt wurde.

Literaturhinweise

Walter Mühlhausen: Friedrich Ebert

Braun, Bernd/Mühlhausen, Walter (Hrsg.): Vom Arbeiterführer zum Reichspräsidenten. Friedrich Ebert (1871–1925). Katalog zur ständigen Ausstellung in der Reichspräsident-Friedrich-Ebert-Gedenkstätte, Heidelberg 2012.

Friedrich Ebert 1871–1925. Mit einem einführenden Aufsatz von Peter-Christian Witt, 2. Aufl. Bonn 1980.

Kolb, Eberhard (Hrsg.): Friedrich Ebert als Reichspräsident. Amtsführung und Amtsverständnis, München 1997.

Mühlhausen, Walter: Friedrich Ebert – Sein Leben, sein Werk, seine Zeit. Begleitband zur ständigen Ausstellung in der Reichspräsident-Friedrich-Ebert-Gedenkstätte, Heidelberg 1999.

Mühlhausen, Walter: Friedrich Ebert 1871–1925. Reichspräsident der Weimarer Republik, 2. Aufl. Bonn 2007.

Mühlhausen, Walter: Friedrich Ebert. Sozialdemokrat und Staatsmann, Leinfelden-Echterdingen 2008.

Witt, Peter-Christian: Friedrich Ebert. Parteiführer – Reichskanzler – Volksbeauftragter – Reichspräsident, 4. Aufl. Bonn 2008.

Christopher Dowe: Matthias Erzberger

Dowe, Christopher: Matthias Erzberger. Ein Leben für die Demokratie, Stuttgart 2011.

Dowe, Christopher (Red.): Matthias Erzberger. Ein Demokrat in Zeiten des Hasses, Karlsruhe 2013.

Epstein, Klaus: Matthias Erzberger und das Dilemma der deutschen Demokratie, Berlin 1962.

Erzberger, Matthias: Erlebnisse im Weltkrieg, Stuttgart/Berlin 1920.

Haus der Geschichte Baden-Württemberg (Hrsg.): Matthias Erzberger. Ein Wegbereiter der deutschen Demokratie. Buch zur Dauerausstellung in der Erinnerungsstätte Matthias Erzberger in Münsingen-Buttenhausen, Stuttgart 2011.

Bernd Braun: Constantin Fehrenbach

Akten der Reichskanzlei. Das Kabinett Fehrenbach, bearb. von Peter Wulf, Boppard am Rhein 1972.

Bachem, Karl: Vorgeschichte, Geschichte und Politik der deutschen Zentrumspartei, 9 Bde., Aalen 1967/68 (Neudruck der Ausgabe Köln 1927–1932).

Becker, Josef: Constantin Fehrenbach, in: Zeitgeschichte in Lebensbildern. Aus dem deutschen Katholizismus des 20. Jahrhunderts, hrsg. von Rudolf Morsey, Bd. 1, Mainz 1973, S. 137–147.

Braun, Bernd: Constantin Fehrenbach (1852–1926), in: Reinhold Weber/Ines Mayer (Hrsg.): Politische Köpfe aus Südwestdeutschland, Stuttgart 2005, S. 106–115.

Braun, Bernd: Die Weimarer Reichskanzler. Zwölf Lebensläufe in Bildern, Düsseldorf 2011.

Braun, Bernd: Die Reichskanzler der Weimarer Republik. Von Scheidemann bis Schleicher, Stuttgart 2013.

Mannes, Astrid Luise: Reichskanzler Constantin Fehrenbach. Eine Biographie, Berlin 2006.

Morsey, Rudolf: Die deutsche Zentrumspartei 1917–1923. Düsseldorf 1966.

Wulf, Peter: Constantin Fehrenbach, in: Wilhelm von Sternburg (Hrsg.), Die deutschen Kanzler. Von Bismarck bis Merkel, 1. Aufl. Berlin 2006, S. 272–283.

Ulrike Hörster-Philipps: Joseph Wirth

Braun, Bernd: Die Reichskanzler der Weimarer Republik. Von Scheidemann bis Schleicher, Stuttgart 2013.

Erler, Gernot/Sattler, Karl-Otto (Hrsg.): Die unterlassene Ehrung des Reichskanzlers Josef Wirth. Blüten eines provinziellen Antikommunismus. Ein dokumentarisches Lesebuch, Freiburg i. Br. 1980.

Herbstritt, Georg: Ein Weg der Verständigung? Die umstrittene Deutschland- und Ostpolitik des Reichskanzlers a. D. Dr. Joseph Wirth in der Zeit des Kalten Krieges (1945/51–1955), Frankfurt/M. 1993.

Hörster-Philipps, Ulrike: Joseph Wirth 1879–1956. Eine politische Biographie, Paderborn 1998.

Küppers, Heinrich: Joseph Wirth. Parlamentarier, Minister und Kanzler der Weimarer Republik, Stuttgart 1997.

Morsey, Rudolf: Leben und Überleben im Exil am Beispiel von Joseph Wirth, Ludwig Kaas und Heinrich Brüning, in: Um der Freiheit willen. Eine Festgabe von und für Johannes und Karin Schauff, Pfullingen 1983, S. 86–117.

Ott, Hugo: »Dieser Feind steht rechts.« Überlegungen zur Reichstagsrede von Reichskanzler Dr. Wirth nach der Ermordung Rathenaus im Jahr 1922, in: Alemannisches Jahrbuch 1979/80, S. 189–213.

Wirth, Joseph: Reden während der Kanzlerschaft, Berlin 1925.

Bernd Braun: Hermann Müller

Akten der Reichskanzlei. Das Kabinett Müller I, bearbeitet von Martin Vogt, Boppard am Rhein 1971.

Akten der Reichskanzlei. Das Kabinett Müller II, 2 Bde., bearbeitet von Martin Vogt, Boppard am Rhein 1970.

Braun, Bernd: »Solange man schnaufen kann, muss man kämpfen!« – Zu Krankheit und Tod von Reichskanzler Hermann Müller, in: Zeitschrift für die Geschichte des Oberrheins 157 (2009), S. 403–428.

Braun, Bernd: Die Weimarer Reichskanzler. Zwölf Lebensläufe in Bildern, Düsseldorf 2011.

Braun, Bernd: Die Reichskanzler der Weimarer Republik. Von Scheidemann bis Schleicher, Stuttgart 2013.

Hoffend, Andrea: »Mut zur Verantwortung« – Hermann Müller. Parteivorsitzender und Reichskanzler aus Mannheim, Mannheim 2001.

Schiff, Victor: So war es in Versailles … Mit Beiträgen von Otto Landsberg, Hermann Müller, Friedrich Stampfer, Berlin 1929.

Vogt, Martin: Hermann Müller, in: Wilhelm von Sternburg (Hrsg.), Die deutschen Kanzler. Von Bismarck bis Merkel, Berlin 2006, S. 251–271.

Winkler, Heinrich August: Von der Revolution zur Stabilisierung. Arbeiter und Arbeiterbewegung in der Weimarer Republik 1918 bis 1924, Bonn 1984.

Winkler, Heinrich August: Der Schein der Normalität. Arbeiter und Arbeiterbewegung in der Weimarer Republik 1924 bis 1930, Bonn 1985.

Winkler, Heinrich August: Der Weg in die Katastrophe. Arbeiter und Arbeiterbewegung in der Weimarer Republik 1930 bis 1933, Bonn 1987.

Ines Mayer: Clara Zetkin

Badia, Gilbert: Clara Zetkin. Eine neue Biographie, Berlin 1994.

Hochreuther, Ina: Frauen im Parlament. Südwestdeutsche Parlamentarierinnen von 1919 bis heute, 2. Aufl. Stuttgart 2002.

Puschnerat, Tânia: Clara Zetkin: Bürgerlichkeit und Marxismus: Eine Biographie, Essen 2003.

Riepl-Schmidt, Maja (Mascha): Wider das verkochte und verbügelte Leben. Frauenemanzipation in Stuttgart seit 1800, Stuttgart 1990.

Zetkin, Clara: Ausgewählte Reden und Schriften, 3 Bde., Berlin 1957–1960.

Monika Pohl: Ludwig Marum

Fischer, Detlev: Ludwig Marum (1882–1934). Karlsruher Rechtsanwalt und Badens erster republikanischer Justizminister, in: Karlsruher Juristenportraits aus der Vorzeit der Residenz des Rechts, Karlsruhe 2004, S. 58–64.

Ludwig Marum. Briefe aus dem Konzentrationslager Kislau. Ausgewählt und bearbeitet von Elisabeth Marum-Lunau und Jörg Schadt, mit einem Lebensbild von Joachim W. Storck, Mannheim/Karlsruhe 1984.

Pohl, Monika: Ludwig Marum. Ein Sozialdemokrat jüdischer Herkunft und sein Aufstieg in der badischen Arbeiterbewegung 1882–1919, Karlsruhe 2003.

Pohl, Monika: Ludwig Marum – Gegner des Nationalsozialismus. Das Verfolgungsschicksal eines Sozialdemokraten jüdischer Herkunft, Karlsruhe 2013.

Pohl, Monika: Von Karlsruhe nach Kislau. Die Schaufahrt ins Konzentrationslager am 16. Mai 1933, in: Reinhold Weber/Peter Steinbach/Hans-Georg Wehling (Hrsg.): Baden-württembergische Erinnerungsorte, Stuttgart 2012, S. 442–452.

Wiedmann, Ulrich: Der Kislau-Prozess. Ludwig Marum und seine Henker. Ein szenischer Bericht, Neckarsteinach 2007.

Peter Steinbach: Johann Georg Elser

Erinnerungs- und Forschungsstätte Georg Elser Königsbronn (Hrsg.): Georg Elser – Adolf Hitlers gefährlichster Gegner, Königsbronn [o. J.]

Fritze, Lothar: Legitimer Widerstand? Der Fall Elser, Berlin 2009.

Lothar Gruchmann (Hrsg.): Johann Georg Elser. Autobiographie eines Attentäters: der Anschlag auf Hitler im Bürgerbräu 1939, München 1989.

Renz, Ulrich: Georg Elser. Ein Meister der Tat, Stuttgart 2014.

Renz, Ulrich: Bürgerbräukeller: Hochburg und Trümmerfeld. Schriftenreihe der Georg-Elser-Gedenkstätte Königsbronn Bd. 12, Königsbronn 2011.

Steinbach, Peter/Tuchel, Johannes: Georg Elser. Der Hitler-Attentäter, Berlin 2010.

Angela Borgstedt: Sophie Scholl

Beuys, Barbara: Sophie Scholl. Biographie, München 2010.

Chaussy, Ulrich/Ueberschär, Gerd R.: »Es lebe die Freiheit!«. Die Geschichte der Weißen Rose und ihrer Mitglieder in Dokumenten und Berichten, Frankfurt/M. 2013.

Hartnagel, Thomas (Hrsg.): Sophie Scholl, Fritz Hartnagel. Damit wir uns nicht verlieren. Briefwechsel 1937–1943, Frankfurt/M. 2005.

Hikel, Christine: Sophie Scholl. Inge Scholl und die Weiße Rose, München 2013.

Jens, Inge: Hans Scholl, Sophie Scholl. Briefe und Aufzeichnungen, Frankfurt/M. 1994.

Zankel, Sönke: Mit Flugblättern gegen Hitler. Der Widerstandskreis um Hans Scholl und Alexander Schmorell, Köln/Weimar, Wien 2008.

Peter Steinbach: Claus Schenk Graf von Stauffenberg

Hoffmann, Peter: Claus Schenk Graf von Stauffenberg und seine Brüder, Stuttgart 1992.

Hoffmann, Peter: Stauffenberg und der 20. Juli 1944. 2. Aufl., München 2007.

Krockow, Christian Graf von: Eine Frage der Ehre. Stauffenberg und das Hitler-Attentat vom 20. Juli 1944, Berlin 2002.

Riedel, Manfred: Geheimes Deutschland. Stefan George und die Brüder Stauffenberg, Köln 2006.

Schlie, Ulrich: »Es lebe das heilige Deutschland«. Ein Tag im Leben des Claus Schenk Graf von Stauffenberg. Ein biographisches Porträt, Freiburg im Breisgau 2009.

Steffahn, Harald: Stauffenberg. 3. Aufl., Reinbek bei Hamburg 2002.

Steinbach, Peter: Claus von Stauffenberg. Zeuge im Feuer, Leinfelden-Echterdingen 2007.

Ueberschär, Gerd R.: Stauffenberg. Der 20. Juli 1944, Frankfurt/M. 2004.

Venohr, Wolfgang: Stauffenberg. Symbol des Widerstands. 3. Aufl., München 2000.

Reinhold Weber: Eugen Bolz

Hagen, August: Eugen Bolz 1881–1945, in: Ders.: Gestalten aus dem schwäbischen Katholizismus, Bd. 3, Stuttgart 1955, S. 202–243.

Köhler, Joachim: Eugen Bolz (1881–1945). Politiker aus Leidenschaft. Zum 100. Geburtstag des württembergischen Ministers und Staatspräsidenten, in: Rottenburger Jahrbuch für Kirchengeschichte 1 (1982), S. 21–32.

Miller, Max: Eugen Bolz – Staatsmann und Bekenner, Stuttgart 1951.

Raberg, Frank: Eugen Bolz. Zwischen Pflicht und Widerstand, Leinfelden-Echterdingen 2009.

Sailer, Joachim: Eugen Bolz und die Krise des politischen Katholizismus in der Weimarer Republik, Tübingen 1994.

Beate Kosmala: Gertrud Luckner

Wollasch, Hans-Josef: Gertrud Luckner. »Botschafterin der Menschlichkeit«, Freiburg im Breisgau 2005.

Wollasch, Hans-Josef: »Betrifft: Nachrichtenzentrale des Erzbischofs Gröber in Freiburg«. Die Ermittlungen der Geheimen Staatspolizei gegen Gertrud Luckner 1942–1944, Konstanz 1999.

Borgstedt, Angela: »... zu dem Volk Israel in einer geheimnisvollen Weise hingezogen«. Der Einsatz von Hermann Maas und Gertrud Luckner für verfolgte Juden, in: Michael Kißener (Hrsg.): Widerstand gegen die Judenverfolgung, Konstanz 1996, S. 227–259.

Barbara Distel: Lina Haag

Distel, Barbara: Im Schatten der Helden. Kampf und Überleben von Centa Beimler-Herker und Lina Haag, in: Dachauer Hefte. Studien und Dokumente zur Geschichte der nationalsozialistischen Konzentrationslager 3/1987, S. 21–57.

Haag, Lina: Eine Handvoll Staub. Widerstand einer Frau 1933–1945, Frankfurt/M. 1995.

Joachim Radkau: Theodor Heuss

Becker, Ernst-Wolfgang: Theodor Heuss. Bürger im Zeitalter der Extreme, Stuttgart 2011.

Burger, Reiner: Theodor Heuss als Journalist. Beobachter und Interpret von vier Epochen deutscher Geschichte, Münster 1999.

Campbell, Joan: Der Deutsche Werkbund 1907–1934, Stuttgart 1981.

Dormann, Michael (Hrsg.): Theodor Heuss – Bürger der Weimarer Republik. Briefe 1918–1933, München 2008.

Frielinghaus-Heuss, Hanna: Heuss-Anekdoten, Gütersloh 1965.

Heuss, Theodor: Würdigungen. Reden, Aufsätze und Briefe aus den Jahren 1949–1955, Tübingen 1955.

Heuss, Theodor: Erinnerungen 1905–1933, Tübingen 1963.

Heuss, Theodor: Die großen Reden. Der Staatsmann, Tübingen 1965.

Merseburger, Peter: Der Bürger als Präsident, München 2012.

Radkau, Joachim: Theodor Heuss, München 2013.

Julia Angster: Kurt Schumacher

Albrecht, Willy: Kurt Schumacher. Ein Leben für den demokratischen Sozialismus, Bonn 1985.

Dowe, Dieter (Hrsg.): Kurt Schumacher und der »Neubau« der deutschen Sozialdemokratie nach 1945, Bonn 1996.

Heine, Fritz: Kurt Schumacher. Ein demokratischer Sozialist europäischer Prägung, Göttingen 1969.

Merseburger, Peter: Der schwierige Deutsche. Kurt Schumacher. Eine Biographie, Stuttgart 1995.

Schober, Volker: Der junge Kurt Schumacher 1895–1933, Bonn 2000.

Kurt Hochstuhl: Carlo Schmid

Binder, Hans-Otto: Carlo Schmid (1896–1979), in: Reinhold Weber/Ines Mayer (Hrsg.): Politische Köpfe aus Südwestdeutschland, Stuttgart 2005, S. 246–256.

Friedrich Ebert Stiftung (Hrsg.): Europa und die Macht des Geistes. Gedanken über Carlo Schmid (1896–1979), Bonn 1997.

Hochstuhl, Kurt: Carlo Schmid. Demokrat und Europäer. Zum 100. Geburtstag, in: Mitteilungen aus dem Bundesarchiv 1/1997, S. 3–7.

Jens, Walter: Auf einen Politiker: Carlo Schmid – ein Meister der Beredsamkeit, in: Ders.: Macht der Erinnerung, Düsseldorf 1997, S. 208–226.

Taddey, Gerhard (Hrsg.): Carlo Schmid – Mitgestalter der Nachkriegsentwicklung im deutschen Südwesten, Stuttgart 1997.

Weber, Petra: Carlo Schmid 1896–1979. Eine Biographie, München 1996.

Jörg Brehmer: Reinhold Maier

Brehmer, Jörg: Reinhold Maier (1889–1971), in: Reinhold Weber/Ines Mayer (Hrsg.): Politische Köpfe aus Südwestdeutschland, Stuttgart 2005, S. 267–276.

Maier, Reinhold: Die Reden. Eine Auswahl. Bd. 1, hrsg. von der Reinhold-Maier-Stiftung Baden-Württemberg, Stuttgart 1981.

Maier, Reinhold: Ein Grundstein wird gelegt, Tübingen 1964.

Maier, Reinhold: Erinnerungen 1948–1953, Tübingen 1966.

Reinhold Maier. Ausstellung zum 100. Geburtstag des ersten Ministerpräsidenten von Baden-Württemberg, hrsg. vom Hauptstaatsarchiv Stuttgart, Stuttgart 1989.

Raberg, Frank: Eugen Bolz. Zwischen Pflicht und Widerstand, Leinfelden-Echterdingen 2009.

Matz, Klaus-Jürgen: Reinhold Maier. Eine politische Biographie, Bonn 1989.

Philipp Gassert: Kurt Georg Kiesinger

Buchstab, Günter/Gassert, Philipp/Lang, Peter Thaddäus (Hrsg.): Kurt Georg Kiesinger 1904–1988. Von Ebingen ins Kanzleramt, Freiburg 2005.

Gassert, Philipp: Kurt Georg Kiesinger 1904–1988. Kanzler zwischen den Zeiten, München 2006.

Kurt Georg Kiesinger 1904–1988. Rechtslehrer – Ministerpräsident – Bundeskanzler. Katalog zur Ausstellung des Hauptstaatsarchivs Stuttgart vom 27. April bis 12. Mai 2004, bearb. von Albrecht Ernst, Stuttgart 2004.

Erik Lommatzsch: Hans Filbinger

Filbinger, Hans: Die geschmähte Generation. Politische Erinnerungen, 3. Aufl., Esslingen 1994.

Filbinger-Riggert, Susanna: Kein weißes Blatt. Eine Vater-Tochter-Biographie, Frankfurt/M. 2013.

Heck, Bruno (Hrsg.): Hans Filbinger. Der »Fall« und die Fakten. Eine historische und politologische Analyse von Heinz Hürten, Wolfgang Jäger, Hugo Ott, Mainz 1980.

Knesebeck, Rosemarie von dem (Hrsg.): In Sachen Filbinger gegen Hochhuth. Die Geschichte einer Vergangenheitsbewältigung, Reinbek bei Hamburg 1980.

Neubauer, Franz: Das öffentliche Fehlurteil. Der Fall Filbinger als ein Fall der Meinungsmacher, 2. Aufl., Regensburg 2007.

Sepaintner, Fred Ludwig (Hrsg.): Hans Filbinger. Aus neun Jahrzehnten, Leinfelden-Echterdingen 2003.

Wette, Wolfram (Hrsg.): Filbinger. Eine deutsche Karriere, Springe 2006.

Bislang gibt es keinen wissenschaftlichen Forschungsstand zu Hans Filbinger. Bei den hier angegebenen Werken handelt es sich durchweg um Memoiren und/oder Veröffentlichungen, die als Bestandteil der Debatte um Filbinger zu betrachten sind – anklagend oder verteidigend.

Josef Schunder: Manfred Rommel

Krause-Burger, Sibylle: Über Manfred Rommel, Stuttgart 1982.

Puhl, Widmar: Manfred Rommel – der Oberbürgermeister, Wiesbaden 1990.

Rommel, Manfred: Trotz allem heiter, Stuttgart 1998.

Schunder, Josef: Manfred Rommel – die Biografie, Stuttgart 2012.

Die Autorinnen und Autoren

Angster, Julia, Prof. Dr., geb. 1968, ist Professorin für Neuere und Neueste Geschichte an der Universität Mannheim.

Borgstedt, Angela, PD Dr. habil., geb. 1964, lehrt Geschichte am Historischen Institut der Universität Mannheim und ist Geschäftsführerin der dortigen Forschungsstelle Widerstand gegen den Nationalsozialismus im deutschen Südwesten.

Braun, Bernd, Dr., geb. 1963, ist wissenschaftlicher Mitarbeiter der Stiftung Reichspräsident-Friedrich-Ebert-Gedenkstätte in Heidelberg und Lehrbeauftragter am Historischen Seminar der Universität Heidelberg.

Brehmer, Jörg, geb. 1976, ist Gymnasiallehrer und unterrichtet am Limes-Gymnasium Welzheim. Er ist Mitglied des Verwaltungsrats der Reinhold-Maier-Stiftung Baden-Württemberg.

Distel, Barbara, Dr., geb. 1943, war von 1975 bis 2008 Leiterin der KZ-Gedenkstätte Dachau.

Dowe, Christopher, Dr., geb. 1973, arbeitet am Haus der Geschichte Baden-Württemberg und ist Kurator der Ausstellung in Erzbergers Geburtshaus in Münsingen-Buttenhausen.

Gassert, Philipp, Prof. Dr., geb. 1965, ist Inhaber des Lehrstuhls für Zeitgeschichte an der Universität Mannheim.

Hochstuhl, Kurt, Dr., geb. 1954, ist Leiter des Staatsarchivs Freiburg im Landesarchiv Baden-Württemberg und ordentliches Mitglied der Kommission für geschichtliche Landeskunde in Baden-Württemberg.

Hörster-Philipps, Ulrike, Dr. habil., geb. 1949, ist Historikerin und Vorsitzende der Joseph-Wirth-Stiftung e. V. Sie habilitierte sich mit einer politischen Biographie über Joseph Wirth an der Albert-Ludwigs-Universität Freiburg.

Kosmala, Beate, Dr., geb. 1949, ist wissenschaftliche Mitarbeiterin der Gedenkstätte Stille Helden in der Stiftung Gedenkstätte Deutscher Widerstand in Berlin.

Lommatzsch, Erik, Dr., geb. 1974, ist wissenschaftlicher Mitarbeiter am Lehrstuhl für Zeitgeschichte der Universität Mannheim.

Mayer, Ines, Dr., geb. 1963, unterrichtet an der Philipp-Matthäus-Hahn-Schule Balingen. Sie ist Landeskundebeauftragte beim Kultusministerium Baden-Württemberg und Vorstandsmitglied des Vereins KZ-Gedenkstätte Bisingen.

Mühlhausen, Walter, Prof. Dr., geb. 1956, ist Geschäftsführer der Stiftung Reichspräsident-Friedrich-Ebert-Gedenkstätte in Heidelberg und apl. Professor an der Technischen Universität Darmstadt.

Pohl, Monika, Dr., geb. 1949, ist Oberstudienrätin am Ludwig-Marum-Gymnasium Pfinztal. Sie ist zweite Vorsitzende des Forum-Ludwig-Marum e. V. Karlsruhe.

Radkau, Joachim, Prof. Dr., geb. 1943, war von 1980 bis 2009 Professor für Neuere Geschichte an der Universität Bielefeld.

Schunder, Josef, geb. 1957, ist Redakteur bei den Stuttgarter Nachrichten und dort verantwortlich für die Berichterstattung über die Kommunalpolitik in Stuttgart.

Steinbach, Peter, Prof. Dr., geb. 1948, ist wissenschaftlicher Leiter der Gedenkstätte Deutscher Widerstand in Berlin. Bis 2013 war er Professor für Neuere und Neueste Geschichte am Historischen Institut der Universität Mannheim.

Weber, Reinhold, Prof. Dr., geb. 1969, ist Zeithistoriker bei der Landeszentrale für politische Bildung Baden-Württemberg und Honorarprofessor an der Eberhard Karls Universität Tübingen. Er ist Mitglied der Kommission für geschichtliche Landeskunde in Baden-Württemberg.

Personenregister

Bildnachweis

AdsD/Friedrich-Ebert-Stiftung 12, 35, 48, 125, 127, 134

Archiv des Deutschen Caritasverbandes, Freiburg i. Br. 101, 102, 104

Bundesarchiv/BArch: Seite 17 (Bild 102-00488/Georg Pahl), 19 (Bild 183-S12021/o. A.), 36 (Bild 183-R14433/o. A.), 40 (Bild 183-13155-0001/o. A.), 41 (Plak 005-032-043), 47 (Bild 102-06154/Georg Pahl), 49 (Bild 102-09058/Georg Pahl), 53 (Bild 102-13801/Georg Pahl), 54 (Bild Y 10-12585), 57 (Bild Y 10-12633), 59 (Plakat Y 2/376), 129 (Plak 004-011-001), 131 (Bild B 145 Bild-00047409/o. A.), 149 (Plak 104-TA099-001), 157 (Plak 006-002-012)

Renate Deck, Forchtenberg 78

picture alliance, Frankfurt 56 (pciture alliance/akg-images), 81 (picture alliance/dpa), 83 (picture alliance/akg-images/Florian Profitlich), 128 (picture alliance/akg-images), 137 (picture alliance/akg-images), 151 (picture alliance/dpa), 159 ((picture alliance/dpa), 161 (picture alliance/dpa), 167 (picture alliance/dpa), 168 (picture alliance/dpa), 169 (picture alliance/Norbert Försterling), 173 (picture alliance/Michael Moesch), 174 (picture alliance/dpa), 175 (picture alliance/dpa)

Deutsch-Französisches Institut, Ludwigsburg 139

Familienarchiv Heuss, Basel/ Stiftung Bundespräsident-Theodor-Heuss-Haus, Stuttgart 118, 121 (PUBLIFOTO)

Gedenkstätte Deutscher Widerstand, Berlin 69, 70, 71, 72, 79, 85, 86, 87, 88, 90, 93

Generallandesarchiv Karlsruhe 27 (231 Nr. 2937 (610a)), 28 (N Fehrenbach Nr. 106), 32 (N Fehrenbach Nr. 161)

Großer Bilder-Atlas des Weltkrieges 21

Haus der Geschichte Baden-Württemberg, Stuttgart 20, 22 (Foto: Alfred Weidener), 24, 25 (Foto: privat)

Keystone Pressedienst GmbH & Co. KG, Hamburg 51

Landesarchiv Baden-Württemberg, Staatsarchiv Freiburg 106 (W 140 Nr. 16321)

Landesmedienzentrum Baden-Württemberg, Stuttgart 61, 94, 96, 97, 99, 117, 119, 126, 136, 141, 142, 144, 147, 153, 155, 156, 165

Library of Congress, Washington, D. C. 11

Mahn- und Gedenkstätte Ravensbrück/Stiftung Brandenburgische Gedenkstätten (MGR/SBG), Fürstenberg/Havel 105 (ZNr. 1679)

Fritz Meinhard/Stuttgarter Zeitung, Stuttgart 122, 146, 162

Frank Miller, Newark/Delaware 45

Privat/Bernd Braun 50

Privat 109, 110, 111, 114, 115, 170, 172

Clemens Rosset (†), Freiburg i. Breisgau 30

Sammlung Rainer Voigt/Joseph-Wirth-Stiftung 39

Schweizerisches Bundesarchiv, Bern 75 (CH-BAR#E4320B#1970/25#2*)

Stadtarchiv & Historische Museen Karlsruhe 62, 64, 65, 67

Stadtarchiv Weimar 29 (63-1M/1)

Stiftung Reichspräsident-Friedrich-Ebert-Gedenkstätte, Heidelberg 13, 17, 31, 43

SZ Photo 98 (SZ Photo/Imago), 133 (SZ Photo/Süddeutsche Zeitung Photo)

George (Jürgen) Wittenstein/akg 77

Württembergische Landesbibliothek, Stuttgart 113

Lektorat und Bildredaktion: Nicole Janke, Neuhausen auf den Fildern
Satz und Gestaltung: DOPPELPUNKT, Stuttgart
Druck und Weiterverarbeitung: EDICA, Polen
Produktion: **G**rafik**M**edia**P**roduktionsmanagement, Köln

ISBN 978-3-95451-412-0

Unser Newsletter informiert Sie
regelmäßig über Neues von emons:
Kostenlos bestellen unter
www.emons-verlag.de

Bibliografische Information der Deutschen Nationalbibliothek
Die Deutsche Nationalbibliothek verzeichnet diese Publikation in der Deutschen Nationalbibliografie; detaillierte bibliografische Daten sind im Internet über http://dnb.d-nb.de abrufbar.